AS MAIORES BATALHAS DA HISTÓRIA

Nigel Cawthorne

AS MAIORES BATALHAS DA HISTÓRIA

Estratégias e Táticas de Guerra que Definiram a História de Países e Povos

m.Books

M.Books do Brasil Editora Ltda.

Rua Jorge Americano, 61 - Alto da Lapa
05083-130 - São Paulo - SP - Telefones: (11) 3645-0409/(11) 3645-0410
Fax: (11) 3832-0335 - e-mail: vendas@mbooks.com.br
www.mbooks.com.br

©2005 Arcturus Publishing Limited.
©2010 M.Books do Brasil Editora Ltda. Todos os direitos reservados. Proibida a reprodução total ou parcial. Os infratores serão punidos na forma da lei.

Do original: History's Greatest Battles. Masterstrokes of war.
ISBN original: 0-572-03164-5

Dados de Catalogação na Publicação

Cawthorne, Nigel.
As Maiores Batalhas da História. Estratégias e Táticas de Guerra que Definiram a História de Países e Povos/ Nigel Cawthorne.
2010 – São Paulo – M.Books do Brasil Editora Ltda.
1. História Geral 2. História do Mundo 3. Batalhas e Guerras

ISBN: 978-85-7680-098-9

Editor: Milton Mira de Assumpção Filho

Tradução: Glauco Peres Dama
Produção editorial: Lucimara Leal
Coordenação gráfica: Silas Camargo
Editoração e capa: Crontec

Créditos das imagens

AFP/ Getty Images
Página 217

Ann Ronan Picture Library / HIP / TopFoto
Página 139

Art Archive / Victoria and Albert Museum London / Eileen Tweedy
Imagem da capa: *A Batalha de Waterloo*, de Félix Philippoteaux, 1874

Corbis
Páginas: 11, 37, 46, 60-61, 78-79, 84, 109, 120, 148-149, 158-159, 167, 172, 182, 189, 206, 286-287, 295 e 297

Hulton Archive
Páginas: 54, 57, 68, 114, 116, 123, 134, 139, 145, 152, 181, 187, 192-193, 197, 205 e 226

Mary Evans Picture Library
Páginas: 74, 88-89, 93, 223, 232-233, 238-239 e 256-257

Picture Desk
Página 43

TimeLife / Getty Imagens
Páginas: 8, 21, 24, 124, 212-213 e 277

Topham Picturepoint
Páginas: 30-31, 97, 128-129, 177, 240 e 253

Sumário

Introdução 7

Maratona • 490 a.C. 8

Granico • 334 a.C. 14

Canas • 216 a.C. 20

Alésia • 52 a.C. 28

Floresta de Teutoburgo • 9 d.C. 36

Jerusalém • 70 d.C. 42

Châlons-sur-Marne • 451 d.C. 52

Tours • 732 56

Hastings • 1066 60

Crécy • 1346 66

Agincourt • 1415 71

Constantinopla • 1453 78

Bosworth • 1485 82

Lepanto • 1571 87

Blenheim • 1704 92

Culloden • 1746 102

Plassey • 1757 108

Quebec • 1759 113

Yorktown • 1781 119

Trafalgar • 1805 123

Austerlitz • 1805 128

Moscou • 1812 133

Waterloo • 1815 139

Sebastopol • 1854-55 148

Gettysburg • 1863 158

Vicksburg • 1863 166

Kut-al-Amara • 1916 171

Bagdá • 1917..176

Cambrai • 1917 180

Dunquerque • 1940 186

Tobruk • 1941 192

Creta • 1941 204

Alamein • 1942 212

Stalingrado • 1942-43 222

Kursk • 1943...238

Kohima e Imphal • 1944..244

Dia D • 1944...257

Iwo Jima • 1945...276

Berlim • 1945 282

Dien Bien Phu • 1954...290

Introdução

GRANDES BATALHAS MARCAM MOMENTOS DECISIVOS DA HISTÓRIA. Ocorrem em épocas e lugares onde culturas e ideologias se confrontam. Maratona, em 490 a.C., mostrou que a nascente civilização grega poderia conter a força do Oriente. E em Granico, em 334 a.C., a maré virou-se contra o grande Império Bizantino. Podemos, talvez, ver isso como o início de uma disputa entre Ocidente e Oriente que continuou ao longo da História, até os dias atuais.

Canas mostrou a Roma que sua força militar não era incontestada e, por fim, levou à destruição de Cártago. Em Alésia, Júlio César finalmente destruiu a Gália, fazendo da civilização romana a força suprema na cultura ocidental. A derrota romana na Floresta de Teutoburgo interrompeu a expansão do Império para o Norte, enquanto a destruição da resistência em Jerusalém em 70 d.C. reafirmou o poder romano no Oriente e permanece o evento mais significativo na diáspora judia.

O avanço dos hunos enfraqueceu em Châlons-sur-Marne, enquanto a invasão muçulmana na Europa foi interrompida em Tours. No entanto, o próprio mundo muçulmano alcançou uma vitória permanente ao conquistar Constantinopla em 1453, uma cidade fundada como capital de um Império Cristão.

De fato, todas as grandes batalhas neste livro são cruciais na História. Se alguma delas tivesse sido diferente, o mundo teria sido um lugar muito diferente. E nenhuma delas — exceto, talvez, Iwo Jima e Berlim — foi um ponto final. Mesmo Iwo Jima e Berlim marcam pontos significativos em conflitos maiores cujos resultados poderiam, fácil e catastroficamente, ter sido diferentes. É fácil esquecer como seria o mundo em que vivemos sem o milagre de Dunquerque.

Algumas batalhas neste livro foram vencidas por líderes inspirados. Alexandre, o Grande; Júlio César; Marlborough; Wolfe; Napoleão; Nelson; Washington; Grant e outros vencedores são nomes que ecoam ao longo de gerações. Em algumas batalhas, novas tecnologias influenciaram o resultado. Crécy e Agincourt foram vencidas por arqueiros ingleses, pessoas comuns que poderiam, literalmente, ter erguido o dedo em riste para a aristocracia francesa; enquanto em Yorktown, caipiras americanos, com uma pequena ajuda dos franceses, derrotaram a nação mais poderosa da Terra.

Mas os verdadeiros vitoriosos sempre foram os soldados comuns que, por meio de sua coragem, determinação e sacrifício, mudaram o curso da História. Que não esqueçamos isso...

Maratona
A Vitória dos Gregos sobre a Pérsia
490 A.C.

Em Maratona, uma pequena força de gregos impediu o avanço do grandioso exército persa em uma batalha que alteraria o equilíbrio de poder entre Oriente e Ocidente. É comemorada ainda hoje, quase 2500 anos depois, por uma famosa corrida.

MARATONA • 490 A.C.

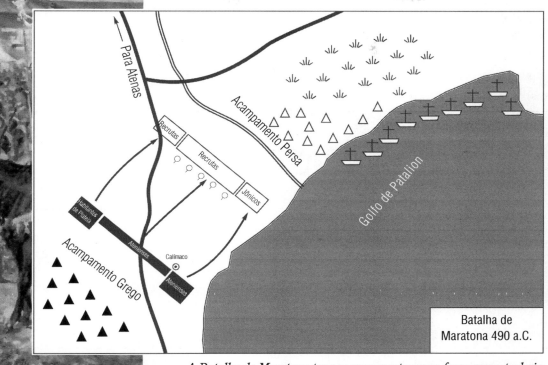

A Batalha de Maratona provou que uma pequena força grega poderia sobrepujar um poderoso exército persa por meio de um estratagema. Foi uma lição extremamente útil aos gregos por mais trezentos anos.

Os gregos se estabeleceram na costa da Ásia, no Egeu, por volta de 1000 a.C. No século VI a.C., entraram em conflito com os persas. Sob o comando de Ciro, o Grande (600-529 a.C.), o império persa expandiu-se para o Oeste, até a costa da Anatólia, e, em aproximadamente 550 a.C., havia arrasado as pequenas cidades-estado da Grécia Jônica.

Em 546 a.C., Atenas caiu no controle do tirano Hípias, eleito com popularidade. A fim de recuperar poder, a aristocracia ateniense fez uma aliança com os espartanos, que então invadiram Atenas em 510 a.C. Hípias foi expulso do poder, mas tratou de escapar até a Pérsia, onde tinha abrigo concedido. Depois, os atenienses se rebelaram e expulsaram a guarnição militar espartana.

Temendo um contra-ataque espartano, os atenienses convidaram o novo rei persa, Dario I, a formarem uma aliança. Como parte das negociações subsequentes, exigiu-se que os gregos se submetessem ao que consideravam um ritual sem significado — a entrega de água e terra. Para os persas, no entanto, essa cerimônia significava que os atenienses estavam entregando seu território a Dario.

Dois anos depois da aliança, os atenienses repeliram um contra-ataque espartano sem a ajuda dos persas. O regime em Atenas mudou mais uma vez, e os novos líderes consideraram nula e sem efeito a aliança com a Pérsia. Naquela época, os persas estavam envolvidos em campanhas no Vale dos Hindus e na Cítia, agora parte da Ucrânia, por isso mal prestaram atenção. As cidades-estado da Grécia Jônica aproveitaram para se rebelar; apesar de os atenienses terem ido em sua ajuda, a revolta foi rapidamente contida.

Os persas agora tinham contas a acertar com Atenas, e, em 492 a.C., tentaram invadir a Grécia pelo Norte, mas sua frota foi arruinada por uma tempestade. Atacaram novamente no verão de 490 a.C. Dessa vez, 600 galés[1] seguiram caminho através do grupo de ilhas Cíclades, a partir do Sul. O objetivo era dominar Atenas e reerguer Hípias ao poder.

Atenas era uma cidade murada, próxima ao interior, o que a protegia de um ataque direto pelo mar. Sob conselho de Hípias, o comandante persa Datis desembarcou a força de invasão em uma baía perto de Maratona, aproximadamente 40 quilômetros ao norte de Atenas. Além da praia, havia uma ampla planície — um terreno perfeito para a cavalaria persa.

Os atenienses tinham uma escolha. Podiam ficar dentro das muralhas da cidade e aguardar que os persas os sitiassem, ou emergir e enfrentar o inimigo. Um dos generais atenienses, Miltíades, era da Península de Galípoli, então parte do Império Persa. Havia lutado ao lado dos persas na campanha de Cítia, mas depois os traíra, após fugir para a Grécia. Como Miltíades tinha uma forte motivação para lutar e conhecia o estilo persa para a guerra, os atenienses o nomearam comandante supremo. Ele decidiu que seria melhor levar a batalha até o inimigo e encontrar os persas na cabeça de praia[2] deles.

Os atenienses criaram um exército de 10 mil homens — praticamente todos os homens saudáveis na cidade. Os espartanos prometeram ajuda, mas somente após o final do mês: eles tinham importantes festivais religiosos a cumprir. Das cidades-estado gregas aliadas a Atenas, apenas a pequena Plateia assistiu os atenienses, enviando mil hoplitas (soldados de infantaria fortemente armados).

Os persas chegaram com um exército de aproximadamente 25 mil homens contra essa pequena força, incluindo grandes contingentes de arqueiros e de cavalaria. Os cavaleiros carregavam, algumas vezes, arcos e flecha, mas geralmente

---

[1] *Galés* eram navios movidos a remos, frequentes em guerras na Europa. (N.R.)
[2] *Cabeça de praia:* é a área conquistada em litoral inimigo, geralmente por meio de assalto anfíbio, para se efetuar desembarque de tropas e material e para subsequentes operações. (N. R.)

estavam equipados com armadura, lanças e dardos. Esse gigantesco exército formou tropas ao longo do litoral, com a esquadra persa atrás.

Quando os gregos chegaram, após uma marcha de 42 quilômetros caminho abaixo a partir de Atenas, assumiram suas posições na extremidade interna do vale. Era um local mais estreito, e seus flancos estavam protegidos por montes rochosos em ambos os lados. Miltíades sabia que as táticas persas seriam o uso de cavalaria para atacar a falange grega em seus flancos, forçando uma formação em direção ao centro, onde poderia ser vencida pela infantaria pesada. Pensando nisso, ele instruiu os gregos a reforçarem seus flancos cortando árvores e afiando galhos, a fim de criar perigosos obstáculos conhecidos como *abatis*.

Houve um atraso antes do início da batalha. Fontes antigas estabelecem a duração do intervalo entre três e oito dias. Certamente, o ataque não era interesse de Miltíades. Com a estrada para Atenas bloqueada por seus homens, a cidade estava segura, e, quanto mais atrasasse, mais chance havia de os espartanos chegarem.

Não se sabe por que os persas hesitaram. Talvez considerassem reembarcar suas tropas e descer em outro lugar. Neste caso, seria improvável o sucesso dessa estratégia, porque se exige um longo tempo para transferir tropas e cavalos da costa para os navios e depois tudo de volta. Além disso, os gregos tinham vigias em toda a costa abaixo, e Miltíades e seu exército estariam à espera dos persas onde quer que chegassem.

A batalha finalmente se iniciou, com saraivadas e mais saraivadas de flechas persas, e depois a linha persa começou a avançar nos flancos com a sua cavalaria. O historiador grego Heródoto, nascido aproximadamente seis anos após a batalha, escreveu que os gregos correram até a linha persa quando ela ainda estava a mais de um quilômetro e meio de distância. Parece improvável, porque soldados gregos a pé eram fortemente armados; portanto, se corressem por qualquer distância, logo ficariam exaustos. Era difícil manter uma formação durante uma corrida; por esse motivo, exércitos gregos tradicionalmente se agrupavam em um ritmo de passos normais. Além disso, qualquer avanço dos gregos teria significado o abandono de sua posição bem protegida na parte mais estreita do vale, onde haviam preparado suas defesas.

Conforme a linha persa avançou, teria ficado cada vez mais claro, para Datis, que ele não seria capaz de usar sua cavalaria.

À medida que o vale se estreitava, sua linha de infantaria começou a preencher toda a largura da planície, por isso não havia terreno apropriado em nenhum lado para que os cavaleiros se organizassem. Quando os dois exércitos se aproximaram, a cavalaria foi forçada a ficar atrás da linha de infantaria, e não pôde ser empregada em seu tradicional papel de atacar os flancos inimigos.

Extremamente superado em números de homens, Miltíades teve de evitar que sua força fosse cercada. Posicionou mais tropas nos flancos, o que enfraqueceu o centro de seu exército. Além disso, ele teria precisado mover-se adiante em algum ponto, para dar a seus extensos flancos um espaço suficiente para girar antes de atacar o centro persa. Era necessário um ritmo perfeito para que esse movimento desse certo. Se fosse executado cedo demais, os flancos seriam expostos a ataque da cavalaria persa; se acontecesse tarde demais, a infantaria persa poderia rachar o exército grego em dois.

Na opinião de peritos militares de hoje, os gregos haviam chegado à linha persa em boa ordem e com muita energia para lutar, e Miltíades havia ordenado ataque durante a corrida, quando os persas estavam a aproximadamente 183 metros. Os persas começaram a fazer os gregos retrocederem no centro, onde suas forças eram mais fracas. O centro, comandado pelos veteranos Aristides e Temístocles, retrocedeu por uma distância considerável, mas, com isso, foi criado um funil. Enquanto isso, a infantaria persa criou um obstáculo que protegeu os gregos contra a cavalaria persa.

Aristides e Temístocles então reuniram seus homens e os gregos providenciaram um contra-ataque no centro. Ao mesmo tempo, os flancos viraram. O centro persa, estendido, viu-se sob ataque por três lados. A linha se rompeu e os persas correram até a praia.

A luta estava longe do final. Unidades persas individuais resistiram, reuniram-se e até mesmo se contra-atacaram. O monumento ao grego morto, o Soros, está a quase um quilômetro de onde a batalha começou. Considera-se que seja o lugar onde a falange grega devastou a última resistência persa.

Tradicionalmente, os gregos não perseguiam seus inimigos depois que os expulsavam do campo de batalha. Nesse caso, entretanto, eles perseguiram os persas caminho abaixo, até a costa, e capturaram sete de suas galés, enquanto os persas lutavam para proteger sua retaguarda e evitar que os gregos incendiassem as outras embarcações. Um dos comandantes gregos, Calímaco, foi morto, e outro grego teve o braço arrancado enquanto se agarrava a uma embarcação persa conforme ela se afastava.

De volta ao campo de batalha, a extensão da vitória grega era terrivelmente óbvia. Os persas haviam sofrido 6.400 baixas, enquanto os gregos haviam perdido apenas 192 homens.

Mesmo os espartanos ficaram relutantemente impressionados quando finalmente apareceram para ver o campo de batalha. Miltíades estava ciente, no entanto, da controvérsia de sua decisão de atacar os persas na costa em vez de deixá-los dominar a cidade. Havia até alguns atenienses que teriam ficado felizes em ver o retorno do tirano Hípias.

Assim que possível, portanto, Miltíades ordenou que um mensageiro corresse os quase 42 quilômetros até Atenas, com notícias sobre sua vitória. Essa jornada épica foi a primeira maratona.

A derrota de Maratona fora apenas um revés tático para Datis, porque ele ainda tinha uma força sólida sob seu controle. Ele navegou em direção a Atenas, onde pretendia fazer um segundo desembarque. Enquanto Aristides ficara para proteger os prisioneiros persas de guerra — os gregos tradicionalmente tratavam bem os prisioneiros —, Miltíades comandou aproximadamente 8 mil homens em uma marcha forçada de volta a Atenas.

Quando Datis atacou o porto de Atenas, Miltíades e seu exército estavam alinhados ao longo do cume acima dele. Os persas observaram que a situação militar era impossível, por isso navegaram de volta até a Anatólia. Especula-se que Hípias tenha morrido no caminho. Os espartanos chegaram a Maratona alguns dias depois, antes de os corpos serem queimados, após uma marcha de 241 quilômetros em três dias. Tudo o que lhes restara fazer foi oferecer congratulações aos atenienses, antes de se afastarem marchando.

Maratona tornou-se uma vitória lendária, e o tesouro ateniense em Delfos foi construído a partir de suas pilhagens. Diz-se, inclusive, que as 192 figuras no friso do Partenon — agora parte dos Mármores de Elgin no Museu Britânico — representam os 192 gregos mortos em Maratona.

Granico
Alexandre Constrói um Império
334 A.C.

O rei macedônio Alexandre, o Grande, já havia lutado para controlar a Grécia. Ele então atravessou até a Ásia e infligiu a primeira de uma série de derrotas ao Império Persa em Granico.

INABALADOS PELA DERROTA SOFRIDA EM MARATONA, os persas voltaram dez anos depois em números ainda maiores. Dessa vez foram liderados por Xerxes, que havia sucedido o pai Dario, em 486 a.C. Os gregos regressaram à estreita passagem de Termópilas, onde o rei espartano Leônidas e 300 homens enfrentaram uma força de 200 mil. No final das contas, eles foram flanqueados e massacrados, mas essa ação suicida atrasou os persas por três dias, tempo o bastante para Atenas ser evacuada. Os persas, então, tomaram a cidade e a saquearam. No entanto, a esquadra ateniense derrotou os persas na batalha de Salamis, que fez Xerxes bater em retirada por não ter à disposição navios para trazer suprimentos.

Quando Filipe II, o pai de Alexandre, o Grande, assumiu o poder na Macedônia, em 359 a.C., procurou unir a Grécia e levar a batalha aos persas. Em 336 a.C., enviou uma força expedicionária à Ásia Menor sob responsabilidade de seu general Parmênio, mas ele foi assassinado antes de liderar sua força principal em batalha. Depois de suceder o pai, Alexandre definiu sua própria autoridade na Grécia, antes de cruzar a Ásia Menor, em 334 a.C. Estavam sob seu comando 35 mil homens, incluindo 5 mil de cavalaria. A maior parte da força era de veteranos macedônios, e o restante das tropas era formada por gregos, fornecidos mediante uma aliança das cidades-estado chamada Liga de Corinto.

Alexandre, o Grande, tinha apenas 21 anos quando derrotou os persas no rio Granico. Foi a primeira de muitas vitórias que fariam dele o mestre mais conhecido do mundo na época em que ele morreu, aos 32 anos, em 323 a.C.

O exército de Alexandre era notável por sua combinação de armas. Havia arqueiros cretenses e macedônios levemente armados e dardeiros agrianos da Trácia. A falange de infantaria com 9 mil homens, bem disciplinada e praticamente invencível, carregava escudos e era armada com lanças de quatro metros de comprimento. Esse corpo principal de tropas era auxiliado pelos 3 mil homens da guarda real, conhecidos como Hipaspistas, que lutavam a pé. Havia ainda a força de ataque de cavalaria.

Enquanto os persas tinham uma vantagem de dois para um na cavalaria em Anatólia, a invencível unidade de infantaria de Alexandre superava em quantidade os soldados persas a pé. Depois de avaliar as chances, o general persa Memnon de Rodes recomendou a adoção de uma tática da terra arrasada, antes de bater em retirada para o Leste. No entanto, Memnon era um mercenário grego, e os sátrapas persas — governadores provinciais — não confiavam nele nem queriam ver sacrificadas as suas províncias. Consequentemente, os persas se entrincheiraram na margem oriental do rio Granico, agora chamado Kocabas, que flui para o Mar de Mármara, o oceano que separa Europa e Ásia.

Se Alexandre seguisse em direção sul para libertar as cidades jônicas Éfeso e Mileto, os persas poderiam atacá-lo pela retaguarda. Por outro lado, se seguisse em direção leste contra eles, esses acreditariam ter uma posição fortalecida o bastante para resistir ao ataque de seu grande exército. O rio tinha largura de dezoito a vinte e sete metros. Variava em profundidade, tinha uma corrente forte e apresentava margens irregulares e íngremes. Isso evitava um ataque eficaz com a cavalaria e garantia que um assalto de infantaria teria enfrentado dificuldade em manter sua formação.

Alexandre decidiu mover-se diretamente contra os persas. Antes de unir-se a eles em batalha, visitou Troia, onde, junto com Heféstion, amigo durante sua juventude, participou de jogos funerais para os heróis homéricos Aquiles e Pátroclo. Alexandre disse que Aquiles era seu ancestral e que Pátroclo fora seu amigo. Acompanhado de Heféstion, ele fez sacrifícios a Atenas, serviu uma libação em honra aos heróis e depositou coroas de flores. Na tumba de Aquiles, os dois se untaram com óleo e correram em volta da catacumba, conforme a tradição. Alexandre então relatou como Aquiles fora afortunado por ter em Pátroclo um amigo fiel durante sua vida e nada menos que um poeta como Homero para imortalizá-lo depois de sua morte. Perguntaram a ele se gostaria de ver a lira de Páris, cuja sedução de Helena de Esparta deu início às Guerras Troianas. Alexandre se recusou, dizendo que Páris a usara para acompanhar canções de adultério para cativar e enfeitiçar o coração das mulheres. Em vez disso, ele queria ver a lira usada por Aquiles para cantar os feitos gloriosos de bravos heróis. Alexandre também pegou um escudo sagrado do templo troiano de Atenas, que mais tarde salvou sua vida na Índia.

Depois, Alexandre selecionou 18 mil de suas melhores tropas — 13 mil de infantaria e 5 mil de cavalaria —, antes de marchar em direção ao rio Granico. Chegou lá em três dias, e descobriu que os persas já haviam assumido posições de forte defesa na margem distante; eles ocuparam uma frente com cerca de 2,3 quilômetros. Estranhamente, os persas dispuseram sua cavalaria na linha de frente ao longo da margem do rio, onde havia pequena possibilidade de fazer um ataque, e com a infantaria mais atrás, em posição elevada. Considera-se que isso não tenha sido um erro tático, mas sim uma tentativa de atrair Alexandre à ideia de ordenar um ataque de cavalaria através do rio. Os persas sabiam que ele encabeçaria esse tipo de ataque, e, se pudessem matá-lo no primeiro movimento, a batalha — e a guerra — estaria ganha.

Eles estavam quase certos. Alexandre queria começar com um ataque direto. À medida que avançou em direção ao rio, posicionou sua infantaria no centro,

GRANICO • 334 A.C.

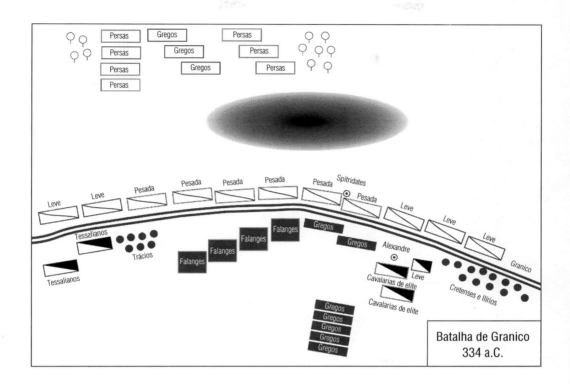

com colunas de cavalaria em cada flanco, enquanto a caravana de equipamentos se movia para a retaguarda. Ele então avançou acima, em direção à margem do rio, em uma semiformação, atrás de uma grande cobertura de cavalaria e infantaria leves.

Mas Parmênio e seus outros generais receavam a situação e levantaram objeções religiosas. Era maio — o mês macedônio de Daesius —, quando campanhas militares eram tradicionalmente proibidas porque os homens eram necessários para a colheita. Alexandre, então, fez um rápido ajuste no calendário e declarou que não era mais maio, mas um segundo Artemisius ou abril. Fontes polemizam sobre o que aconteceu em seguida. O historiador Diodoro da Sicília, que viveu no primeiro século a.C., escreveu que Parmênio, o subcomandante de Alexandre, tratou de persuadi-lo a atrasar o ataque até a manhã seguinte. Havia boa razão para isso. Os persas sempre começavam seus dias com sacrifícios ao amanhecer. Isso daria aos macedônios oportunidade de surpreender os persas ao se moverem correnteza abaixo durante a noite, antes de atravessarem para a outra margem de manhã.

Por outro lado, o escritor grego Plutarco escreveu, no primeiro século d.C., que Alexandre atacou imediatamente, dizendo que iria "desonrar o Helesponto se ele temesse o Granico". Com treze tropas de cavalo, ele teria enfrentado uma saraivada de dardos antes de seguir para a margem lamacenta no outro lado do rio. Essa descrição mais entusiasmada é compartilhada por outros historiadores. No entanto, baseia-se nos escritos do historiador da corte de Alexandre, que tinha motivos para ser hostil a Parmênio; por isso o relato mais cauteloso de Diodoro provavelmente está mais perto da verdade.

Independentemente de terem atacado de imediato ou esperado até a manhã, a situação mudou completamente depois que os homens de Alexandre estavam no outro lado do rio. Os dois exércitos agora se encaravam em uma planície lisa, que era terreno perfeito para o exército bem treinado de Alexandre. Os persas estavam conscientes de que sua infantaria não tinha chance contra a falange macedônia, por isso partiram para um ataque de cavalaria, na expectativa de flanquear os macedônios à esquerda e então atacar a sua retaguarda. No entanto, Parmênio frustrou o ataque, enquanto os arqueiros e a infantaria leve de Alexandre eram enviados contra os mercenários gregos de Memnon à direita. Isso expandiu a linha persa, uma tática típica de Alexandre.

Alexandre, então, liderou sua cavalaria de elite em um ataque decisivo contra o enfraquecido centro. Havia uma batalha furiosa, e Alexandre estava no meio dela. Facilmente identificado devido a sua esplêndida armadura e a grandes penas em seu capacete, ele foi atacado por dois comandantes persas, Roesaces e seu irmão Spitridates. A lança de Alexandre quebrou-se na armadura de Roesaces, mas ele teve a presença de espírito de golpear o persa na face com a lança partida. Nisto, Spitridates golpeou Alexandre na cabeça com uma acha[1], arrancando uma das plumas e rachando o capacete até o couro cabeludo. Spitridates estava prestes a desferir o golpe fatal quando Cleito, um colega soldado de Alexandre, atravessou-o com uma lança, enquanto Alexandre liquidava Roesaces com uma espada.

Com a morte de Spitridates e a de Roesaces, a linha persa se desfez e a falange macedônia se aglomerou. A infantaria persa fugiu, mas os macedônios não se preocuparam em persegui-la. Em vez disso, eles se voltaram aos mercenários gregos, massacrando entre 3 mil e 4 mil onde eles estavam. Outros 2 mil se renderam e foram enviados de volta à Grécia para serem vendidos como escra-

---

[1] *Acha* era uma arma usada em épocas medievais em tempos de guerra, com corte por um lado e, por outro, um bico curvo muito aguçado, feito da mesma forma que o machado de cortar lenha, para desarmar o inimigo, rompendo-lhe as armaduras que lhe protegiam o corpo. (N. E.)

vos. Memnon escapou milagrosamente, mas morreu pouco tempo depois, aparentemente de causas naturais. Mais tarde, Alexandre tomou a viúva de Memnon como amante.

Um historiador grego do século II d.C. afirma que a batalha acabou tão rápido que as únicas perdas sofridas pelos macedônios foram de 85 de cavalaria e 30 de infantaria. Sem dúvida, o número de feridos foi consideravelmente maior. A Pérsia perdeu um total de 4 mil tropas, incluindo mil de cavalaria.

Alexandre se moveu rapidamente para libertar as cidades gregas jônicas, instalando suas próprias províncias e guarnecendo-as com soldados gregos. Ele não tinha um uso próprio para os gregos, preferindo usar seus macedônios para lutar.

Depois da vitória macedônia no Rio Granico, fontes escritas relatam que Parmênio conseguiu tomar Dascylium, capital da Helespontina Frígia, sem nenhuma luta. No entanto, consideráveis evidências arqueológicas sugerem que a cidade passou por uma batalha. Alexandre recebeu então a rendição de Sardis, capital da próspera província da Lídia, o que lhe permitiu pagar suas tropas. Depois, avançou na direção de Mileto, a maior cidade grega na margem leste do mar Egeu, que tinha um excelente porto.

Alexandre dominou outras cidades costeiras, cortando suprimentos para a marinha persa. Então, visitou Górdia, em Frígia, onde ficava o lendário nó górdio. Fora amarrado ao redor de uma coluna pelo rei frígio Midas, no século VIII a.C. De acordo com a lenda, só poderia ser desfeito pelo futuro conquistador da Ásia. Sempre afeiçoado por oráculos e presságios divinos, Alexandre tentou desfazer o nó. Conta a história que, quando ele falhou, sacou sua espada e partiu o nó em dois, deixando para a posteridade uma potente metáfora. Em uma outra versão da história, ele arrancou a coluna do nó, revelando, assim, seus propósitos.

Com Memnon morto, Alexandre seguiu adiante para enfrentar o imperador persa na Batalha de Isso, nas margens do rio Pinaro (hoje, rio Payaz ou rio Déli). Os persas foram derrotados de novo, mas Dario escapou. Alexandre então se voltou para o Sul e marchou pela Síria e pela Fenícia — agora Líbano —, destituindo os persas de suas bases. Depois de dominar o Egito, Alexandre retornou à Mesopotâmia, onde enfrentou Dario por uma última vez, na Batalha de Gaugamela. Mais uma vez os persas perderam, e Dario, antes o governante mais poderoso do mundo, foi assassinado por seus próprios homens quando se retiraram da batalha. Agora, toda a Ásia estava sob os pés de Alexandre. Ele tinha, então, apenas 25 anos.

Mais tarde, em uma briga, Alexandre matou Cleito, o homem que salvara sua vida na Batalha de Granico.

ns militares, porque representa a clássica manobra
Canas
Roma Leva uma Surra
216 A.C.

Os romanos se consideravam militarmente incomparáveis. Então, Aníbal, um jovem general cartaginês da África do Norte, invadiu a Itália e ameaçou inclusive Roma. Em Canas, ele massacrou dois exércitos e ensinou aos romanos uma valiosa lição de tática.

A BATALHA DE CANAS, em 2 de agosto de 216 a.C., ainda faz parte dos ensinamentos nas academias militares, porque representa a clássica manobra "duplo envolvimento", na qual uma força inferior consegue derrotar uma superior em campo aberto.

Nos séculos II e III a.C., Roma e a cidade norte-africana Cartago, perto da moderna Tunis, eram rivais pelo controle do Mediterrâneo ocidental. Uma disputa pela Sicília e a Córsega levaram essas cidades à Primeira Guerra Púnica, que durou de 264 a.C. a 241 a.C. Foi chamada "Púnica" devido à linguagem que os cartagineses herdaram de seus ancestrais, que vieram da Fenícia (atual Líbano). Em 221 a.C., Aníbal, então com 16 anos, tomou o comando das forças cartaginesas na Península Ibérica. Passou então por dois anos de violenta agitação, dominando o resto da Espanha, em uma ruptura de todos os acordos entre Roma e Cartago. Em 218 a.C., os romanos declararam guerra — a Segunda Guerra Púnica — e exigiram que Aníbal se entregasse. Mas Aníbal foi em defensiva. Deixou o irmão no comando dos exércitos na Espanha e na África do Norte e seguiu pelos Pirineus com 40 mil homens e aproximadamente quarenta elefantes. Ao atravessar os Alpes e descer até a Planície do Pó, ele tinha 20 mil homens de infantaria, 6 mil de cavalaria e apenas alguns de seus elefantes. Essa força muito reduzida era inadequada para a tarefa de refrear Roma. No entanto, a cavalaria superior de Aníbal levou vantagem sobre as forças romanas no Rio Ticino, custando aos romanos 2 mil homens.

Aníbal levou elefantes para os Alpes. Infelizmente, poucos sobreviveram à jornada. Eles certamente assustaram os legionários romanos, mas o dia foi ganho pelo comando superior de táticas de Aníbal.

Em Trébia, Aníbal matou outros 30 mil romanos e seus aliados, e, no Lago Trasimeno, liquidou outros 15 mil e ainda matou um importante comandante romano. Além disso, uma coluna de reforços romanos foi emboscada, resultando em outras 4 mil mortes. Aníbal havia custado aos romanos, aproximadamente, 50 mil tropas, em apenas dois anos. Seu exército agora estava pronto para montar um ataque a Roma.

Mas Aníbal não atacou, porque Roma ainda tinha uma estrutura militar considerável. Se ele tentasse sitiar Roma, daria aos romanos tempo para que se recuperassem. Em vez disso, ele manteve-se em movimento, na esperança de que alguns dos aliados italianos de Roma viessem para o lado cartaginês, se ele continuasse com sua série de vitórias no campo.

Chocado com as perdas sofridas, o Senado suspendeu a forma republicana de governo e colocou o destino da cidade nas mãos de um único ditador, Quinto Fábio. Com seu exército e seu poder naval, Roma estava certa de vencer no final, Fábio pensou, desde que os aliados permanecessem fiéis.

O Senado autorizou a criação de oito novas legiões. Outras oito foram enviadas pelos aliados, dando a Fábio o comando do maior exército que Roma já colocara em campo. Quando as defesas de Roma haviam se fortalecido, Fábio saiu ao encontro de Aníbal, mas este se recusou a entrar em combate com ele. Em vez disso, ele apenas manteve contato, sempre se posicionando em solo elevado. Nessa fase, Aníbal estava sobrecarregado de prisioneiros e de um grande número de saques, por isso não pôde ultrapassar Fábio. Além disso, enquanto os romanos tinham garantia de suprimentos, o exército de Aníbal sobrevivia com a procura de alimentos; por isso, Fábio fazia ataques diretos aos homens de Aníbal que saíam à procura desses alimentos.

Incapaz de atrair Fábio para a batalha, Aníbal adotou a tática de dominar as cidades que pertenciam aos aliados de Roma na Itália. Então, matou todos os homens romanos em idade militar. As mulheres e os filhos dos romanos seriam levados à força, mas os italianos locais seriam deixados em paz. Aníbal esperava que isso os encorajasse a desertar. No entanto, com um enorme exército romano vindo logo atrás, poucos foram tentados a passar para o lado cartaginês: sabiam qual seria a retaliação de Fábio.

Apesar do sucesso da estratégia de Fábio, ele foi ridicularizado com o epíteto *Cunctator* ("Aquele que Adia"). Roma queria ação. Um ditador romano era eleito por apenas um ano; ao final desse período, Fábio foi deposto. O comando do exército foi entregue a Lúcio Emílio Paulo e a Caio Terêncio Varrão, que pretendiam dar a Roma as vitórias rápidas com as quais ela estava acostumada.

Em 2 de agosto de 216 a.C., os romanos encontraram Aníbal em Canas — agora Monte di Canne —, no Sul da Itália. Perto do nascer do sol, os romanos puseram-se em forma, de modo que a sua direita se voltasse para o Rio Aufidus, do outro lado do acampamento de Aníbal. Eles tinham 80 mil homens de infantaria e 6 mil de cavalaria. Da cavalaria, 2 mil cavaleiros, sob comando de Paulo, estavam à direita, enquanto a força de elite de 4 mil cavaleiros — patrícios, cavaleiros e seus filhos — estavam à esquerda, sob comando de Varrão. As legiões de infantaria romanas estavam estabelecidas em uma formação estreita no centro, sob comando de um procônsul chamado Servílio. O plano dos romanos era concentrar a força das legiões em uma frente estreita, infligir um ataque devastador no centro do inimigo e então avançar completamente em suas linhas.

Aníbal havia sido superado em números, com apenas 35 mil homens de infantaria pesada, alguns milhares de infantaria leve e outro tanto de arremessadores. Além disso, seus homens eram, principalmente, mercenários pagos para lutar. No entanto, com 11 mil cavalos, ele desfrutava números superiores em cavalaria. Tal como os romanos, ele posicionou sua cavalaria nos flancos, com 7 mil espanhóis e celtas de cavalaria pesada à esquerda, sob comando do confiável Asdrúbal, e

CANAS • 216 A.C.

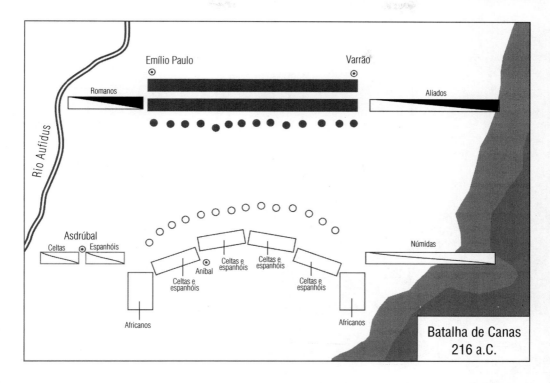

4 mil númidas[1] de cavalaria leve à direita, sob controle de Maharbal (de longe, o melhor general de cavalaria no campo). Aníbal posicionou suas tropas mais fracas — infantaria leve da Gália e da Espanha — no centro; eram flanqueadas por sua infantaria pesada africana. Seriam comandadas pelo próprio Aníbal e por Mago, seu irmão mais novo.

Apesar das derrotas que os romanos haviam sofrido nas mãos de Aníbal, o moral estava alto. Os romanos sempre dependeram da força de suas legiões para lhes dar vitória, e eles podiam ver que as forças de Aníbal estavam superadas em dois para um.

Quando o manto púrpura de Varrão foi pendurado como sinal de batalha, disse o historiador grego Plutarco:

...essa audácia do cônsul e o tamanho de seu exército — o dobro do deles — deve ter atemorizado os cartagineses. Mas Aníbal os comandou para suas armas, e, com uma pequena caravana, saiu a cavalo para fazer uma análise completa do inimigo

---

[1] *Númidas* eram os povos que viviam em tribos berberes semi-nômades que habitaram, durante a Antiguidade, a região da Numídia (na atual Argélia, a leste de Constantine, e partes da Tunísia e Marrocos), no Norte da África. (N. R.)

à medida que este se formava agora em suas fileiras, em um solo elevado não muito distante. Um de seus seguidores, Gisgo, um cartaginês de status igual ao dele, disse-lhe que os números do inimigo eram assustadores; Aníbal respondeu com semblante sério: "Há uma coisa, Gisgo, ainda mais assustadora, e que você não observou". E, quando Gisgo perguntou o que era, ele respondeu que "em todos aqueles grandiosos números diante de nós, não há um homem chamado Gisgo". Esse inesperado gracejo do general deles fez toda a companhia rir, e eles contaram isso a quem encontraram no caminho, o que causou uma risada geral entre todos.

No entanto, Aníbal tinha alguns truques na manga. Imediatamente antes da batalha, fez os gauleses e os espanhóis, mais fracos, avançarem, enquanto os afri-

CANAS • 216 A.C.

A carnificina em Canas foi horrenda, os romanos foram completamente cercados pelos cartagineses de Aníbal. Incapazes de escapar ou de usar qualquer estratégia, eles foram massacrados aos milhares.

canos, mais fortes, foram mantidos atrás, formando a linha de infantaria em um arco. De acordo com o historiador romano Lívio, cerca de 500 númidas quiseram desertar logo, antes do início da batalha. Eles jogaram ao chão seus escudos e dardos e foram levados para fora do campo de batalha. No entanto, eles tinham espadas sob as túnicas, e essas armas repentinamente foram sacadas durante a batalha. Eles atacaram a retaguarda romana, causando uma destruição terrível, e ainda mais pânico e desordem.

A batalha começou quando os combatentes de cada lado arremessaram seus dardos. Então, no lado cartaginês, arremessadores fizeram uma chuva de pedras e de bolas de chumbo sobre os romanos. Um desses projéteis parece ter acertado Paulo na cabeça, ferindo-o. Então, com um poderoso estrondo de clamores de confronto, os dois exércitos se moveram um em direção ao outro.

Os cavaleiros espanhóis e celtas à esquerda de Aníbal rapidamente dominaram a cavalaria romana, que primeiro foi emboscada no rio, e então massacrada. Paulo foi morto nessa fase – mais tarde, Aníbal o honrou enterrando seu corpo de acordo com rituais cerimoniais.

A cavalaria númida manteve-se à direita. No centro, a infantaria leve de Aníbal, que estava recebendo toda a força do assalto romano, começou a recuar.

Os romanos assumiram que isso fosse por causa de sua força superior, mas Aníbal ordenara que seus homens batessem em retirada lentamente, como se estivessem sendo forçados para trás. As formações romanas, subindo em um leve declive, foram comprimidas, mas as unidades africanas em cada lado mantiveram-se firmes e, conforme o centro cartaginês deu espaço, os romanos se viram na armadilha de Aníbal.

Tendo destruído as unidades de cavalaria à direita da linha romana, Asdrúbal cavalgou até atrás da infantaria romana e atacou a cavalaria no flanco esquerdo, pela retaguarda. Cercada na frente e na retaguarda, a cavalaria fugiu. Asdrúbal os perseguiu a partir do campo de batalha para que não tomassem mais parte da ação. Entre os cavaleiros fugitivos encontrava-se Varrão, por isso agora o exército romano efetivamente estava sem líder.

Nisso, a infantaria romana estava tão comprimida que não podia mais fazer nenhuma manobra. Tudo o que podia fazer era seguir adiante, cortando seu caminho entre as linhas espanholas e celtas — o que só lhe serviu para mergulhar ainda mais na armadilha. Então, no momento crítico, a falange africana que guardava as extremidades da linha cartaginesa viraram-se para dentro com o objetivo de atacar os flancos romanos. Retornando da perseguição, a cavalaria pesada sob o comando de Asdrúbal correu até a parte de trás da formação romana. Agora os romanos estavam completamente cercados. Não podiam manobrar até seus flancos ou a retaguarda. Apenas os que estavam fora da formação podiam lutar. Em questão de horas, 50 mil romanos foram massacrados e outros 5 mil viraram prisioneiros. Os que escaparam foram mutilados e mais tarde mortos. Cerca de 17 mil romanos haviam fugido, e essas tropas apressaram-se de volta a seu acampamento fortificado. No entanto, outros 2 mil foram mortos lá, e os restantes 15 mil foram tomados como prisioneiros.

Aníbal perdera 6 mil homens, dos quais 4 mil eram os gauleses da infantaria que haviam protegido o centro da linha. Haviam morrido outros 1.500 homens de infantaria espanhóis e africanos, junto com 500 cavaleiros. Cerca de 70 mil homens estavam mortos em uma área com o tamanho aproximado do Hyde Park, em Londres, ou do Central Park, em Nova York. O historiador romano Lívio descreveu a cena assim:

> *Na manhã seguinte, logo que surgiu luz, eles* [os cartagineses] *se apressaram em coletar seus despojos e ver a carnificina, que era assustadora — até mesmo para os inimigos. Lá estavam jogados milhares e milhares de romanos, uns sobre os outros, a cavalaria e a infantaria indiscriminadamente misturadas, como se o*

acaso as tivesse juntado na batalha ou na confusão. Lá e aqui, entre os mortos, figuras sangrentas, cujos ferimentos começaram a pulsar com o frio do amanhecer, levantaram-se, apenas para serem mortas pelos inimigos. Alguns foram descobertos deitados ali, vivos, com as coxas e os tendões retalhados, expondo o pescoço e pedindo a seus conquistadores que lhes drenassem o resto de sangue. Outros foram encontrados com a cabeça enterrada em buracos no solo. Aparentemente, eles próprios haviam cavado os buracos e tentado se sufocar colocando terra sobre a face. O que mais chamou a atenção de todos foi um númida extraído vivo de debaixo de um romano morto, deitado ao longo dele. Seu nariz e suas orelhas foram lacerados conforme o romano, incapaz de segurar uma arma, havia expirado em um furor de ódio, rasgando o inimigo com seus dentes.

Os anéis de ouro dos cavaleiros romanos foram coletados e, mais tarde, despejados no chão do Senado em Cartago. Aníbal permitiu que todos os prisioneiros não romanos retornassem para casa; sua esperança era que isso encorajasse os aliados de Roma a se rebelarem.

Com Aníbal, Roma havia sofrido a maior derrota de sua história. Os generais de Aníbal agora queriam marchar na própria Roma, que agora estava sem defesa, mas ele se recusou. Dizem que Maharbal se queixou, dizendo: "Aníbal, você sabe como ganhar uma guerra, mas não sabe como usar sua vitória".

Os romanos foram vencidos em Canas porque se valeram apenas da superioridade de seus legionários, enquanto Aníbal havia empregado complexas manobras contra as quais eles não podiam reagir. Até Canas, táticas romanas não existiam. Agora eles haviam aprendido uma lição.

Canas transformara Aníbal em mestre da península italiana, mas os romanos reverteram para as táticas vitoriosas de Fábio. Embora a vitória tivesse trazido com ela algumas deserções entre os Estados italianos, Aníbal não estava em posição de defendê-los. Carente de homens e de equipamentos militares devido à marinha romana, que dominou o Mediterrâneo, as forças de Aníbal ficaram mais fracas. Em 204 a.C., o general romano Cipião — mais tarde, Cipião Africano — atacou Cartago e Aníbal foi forçado a retornar para a África do Norte, a fim de defender sua terra natal. Em 202 a.C., Cipião superou Aníbal na Batalha de Zama, depois da qual Aníbal se escondeu. Quando foi finalmente encurralado na vila bitiniana Libyssa, no Norte da Anatólia, em 183 a.C., ele preferiu envenenar-se a ser capturado.O ditador Quinto Fábio Máximo Cunctator foi também a inspiração para a Sociedade Fabiana na Inglaterra, que planejou apresentar o socialismo à nação por meio de táticas gradualistas similares.

Alésia
César Derrota os Gauleses
52 A.C.

Depois de dez anos, Júlio César finalmente conseguiu armar uma cilada para o líder gaulês Vercingétorix em uma fortificação e o cercou. Ele então combateu um segundo exército gaulês que havia chegado para lutar contra o cerco.

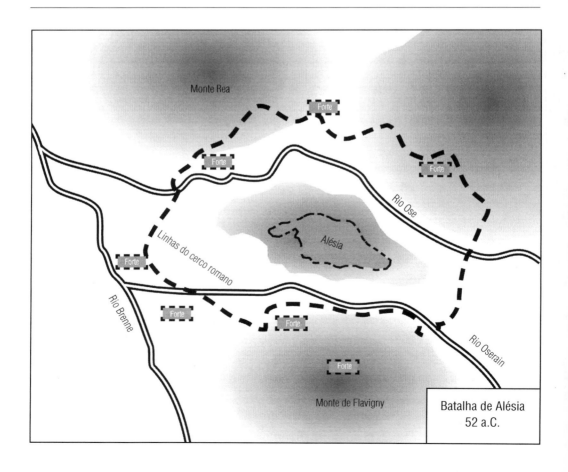

Batalha de Alésia
52 a.C.

ALÉSIA • 52 A.C.

No INVERNO DE 53-52 A.C., os carnutos se rebelaram na Gália, uma região recentemente anexada por Júlio César e suas legiões. Os carnutos eram uma tribo celta que deu seu nome a Chartres, que fora seu posto de comando druídico. No *oppidum* (cidade fortificada) deles, Cenabum (agora Orleans), eles se rebelaram e massacraram todos os comerciantes que eram cidadãos romanos, junto com o oficial de suprimentos de César. O povo senone no Nordeste viu isso como um sinal para formar forças de guerrilha e começar a interromper o suprimento de alimentos do exército romano.

Em outro lugar, outras forças gaulesas se moviam contra as legiões romanas em seu trimestre invernal. Na época, César estava atuando em funções de magistrado na Gália Cisalpina (agora Norte da Itália). No entanto, no final de fevereiro, ele se apressou pelos Alpes, desafiando neves pesadas nas montanhas Cévennes, para chegar inesperadamente a Agedincum (agora Sens, em Borgonha), onde ele passou em revista suas legiões. Tito Labieno foi enviado com quatro legiões para refrear os senones e os parísios, no Norte, enquanto o próprio César liderou seis legiões em direção a Gergóvia, a fortaleza dos arvernos no alto da colina, perto de onde agora está Clermont-Ferrand.

O líder arverno, Vercingétorix, não era apenas um combatente formidável; ele era também um político habilidoso e havia assegurado a ajuda da tribo aedui, ex-aliada de César, que durante anos servira como auxiliar e era altamente valorizada por César em termos de cavalaria. Enquanto César sitiava Gergóvia, os aedui se rebelaram e massacraram algumas das tropas romanas e todos os cidadãos romanos, em Cabillonum, agora Chalon-sur-Saône, até a retaguarda. Com o seu cerco, a Gergógiva agora em perigo, César tentou tomar por assalto o forte na colina, mas foi repelido à custa de muitas perdas. Vercingétorix causara a primeira derrota total de César na Gália, forçando-o a bater em retirada.

Líderes tribais, antes leais a César, trocaram sua fidelidade a favor de Vercingétorix, eleito comandante supremo: algumas fontes dizem que ele foi nomeado rei da Gália. Estima-se que 45 tribos juntaram-se na batalha contra Roma. Eles incendiaram o depósito do exército em Noviodunum (agora Nevers) e lá massacraram os mercadores romanos.

A situação de César era crítica. Seus aliados tribais haviam desertado. Os arvernos, exultantes por sua vitória em Gergóvia, estavam em sua retaguarda; os bitúriges, da moderna Bordeaux, estavam em seu flanco esquerdo; e os aedui barravam a sua frente. De acordo com o teórico militar J. F. C. Fuller, um dos pioneiros da moderna guerra de tanques: "Uma coisa apenas o salvou — a sua admirável invencibilidade".

Até Alésia, os gauleses pensavam estar seguros dentro de suas fortalezas em montes. Júlio César arrasou a resistência gaulesa em Alésia por meio de uma enorme exibição de engenharia militar.

...ISE afsiégée par César.

ALÉSIA • 52 A.C.

Com as suas linhas de suprimentos sob ataque, César retrocedeu até o Loire, onde se reuniu com as legiões de Labieno. Ele também reforçou a sua cavalaria com auxiliares alemães. Os aedui, particularmente, viram com horror a sua substituição, considerando-os bárbaros cruéis. Vercingétorix agora estava no comando de números superiores, mas César conseguiu refreá-lo com seus cavaleiros alemães.

Naquele verão, Vercingétorix percebeu que seria difícil manter a liderança se não tivesse uma clara vitória. As tribos sob seu controle estavam acostumadas a guerrear entre si por território e pilhagem; eles achavam difícil a cooperação, na melhor das hipóteses. No entanto, Vercingétorix conseguiu persuadir os líderes tribais a destruir seus depósitos de grãos, para que os romanos ficassem desprovidos de comida durante sua campanha. Os bitúriges queimaram mais de vinte de suas próprias cidades em um dia, mas imploraram que Avaricum (agora Bourges) fosse poupada. Ela era, como César disse, "a cidade mais leal em toda a Gália", e eles pensavam que poderia ser facilmente defendida. César a tomou de assalto em um mês.

Vercingétorix agora estava na defensiva, e retrocedeu seu enorme exército para o forte no topo de um monte em Alésia, a capital dos mandúbios. Esse *oppidum* estava no pico do Monte Auxois, logo acima do que hoje é a vila de Alise-Sainte-Reine, cerca de 48 quilômetros a noroeste de Dijon.

César imediatamente captou a nova situação, então isolou Vercingétorix de seus aliados, cercando Alésia. A chave para a estratégia de César era a sua habilidade em engenharia de exército. Todo o platô de Alésia foi rapidamente cercado por uma série de muros, num total de 16 quilômetros. Seus homens cavaram uma trincheira de cinco metros e meio de largura; ao lado dela, havia um fosso cheio de água. Foram construídas armadilhas. Cada uma delas era um buraco cuidadosamente oculto no solo, de vários metros de profundidade, com uma estaca afiada em seu centro. Qualquer um que caísse no buraco poderia ser empalado. Então, longe e atrás da primeira linha de defesa, foi construída uma segunda parede, de 2,80 metros de altura e com parapeitos baixos para defesa na parte de cima. Havia torres quadradas a intervalos regulares, onde foi montado o impressionante equipamento de cerco dos romanos. Tudo isso foi projetado para manter Vercingétorix e seu exército aprisionados.

Mas César também esperava que outros gauleses se juntassem à causa de Vercingétorix. Por essa razão, começou a construir uma completa segunda linha de fortificações, paralela à primeira e virada para fora. Essas defesas tinham entre 21 e 24 quilômetros de extensão. O exército de César agora estava seguro entre

ALÉSIA • 52 A.C.

os dois círculos de fortificações, e os gauleses dificilmente poderiam acreditar em seus olhos quando vissem a escala dessa façanha da engenharia militar.

Vercingétorix enviou destaques de cavalaria para destruir os trabalhos de construção e os destacamentos de busca de alimentos, enquanto as obras estavam em progresso. Quando o cerco se intensificou, havia batalhas de cavalaria no corredor de quase cinco quilômetros entre o muro externo do forte e o muro interno da circunvalação de César. Na noite anterior ao cerco completo de Alésia pelas fortificações romanas, Vercingétorix expediu toda a sua cavalaria. A missão deles era retornar às suas tribos e alistar todos os homens em idade militar. A vida de 80 mil homens dentro do forte estava nas mãos deles. Os cavaleiros escaparam pelo último intervalo nas linhas romanas e galoparam adiante para levantar reforços.

Depois de calcular que havia pouco milho para durar um mês, Vercingétorix introduziu um racionamento apertado. Conforme os estoques diminuíam, todas as pessoas da cidade que não podiam sustentar armas foram conduzidas para fora do forte do monte em direção a um território não ocupado. Mulheres, crianças e idosos gritaram lastimosamente, implorando que os romanos os tomassem como escravos, mas com isso os romanos teriam a preocupação de lhes fornecer alimento. César enviou guardas para garantir que suas tropas recusassem a admissão de mulheres e crianças, e elas foram abandonadas à fome entre as linhas.

Enquanto isso, os outros líderes tribais chegaram com o que César disse ser um quarto de um milhão de homens. Estudiosos modernos creem que os guerreiros somassem algo entre 80 mil e 100 mil. Uma grande aclamação se ergueu dentro de Alésia quando eles foram avistados. Vercingétorix e seus homens pensaram que estivessem salvos.

Como essas novas tropas acamparam em um monte a pouco mais de um quilômetro e meio de distância fora do muro romano externo, César e seus tenentes, incluindo Caio Trebônio e Marco Antônio, prepararam-se para uma batalha em duas frentes.

A luta começou com uma batalha de cavalaria no primeiro dia, que terminou com vitória romana, graças à ousadia dos cavaleiros alemães. Depois de um dia de descanso, as fortificações romanas foram simultaneamente atacadas por dentro e por fora, mas aguentaram firme.

De acordo com Júlio César em *Comentários sobre as Guerras Gaulesas*:

> *Quando os gauleses estavam a certa distância das trincheiras, a chuva de dardos que eles descarregaram lhes rendeu alguma vantagem. Mas, quando se aproxima-*

ram mais, de repente, se viram perfurados pelos aguilhões ou caindo nos buracos, sendo então empalados, enquanto outros foram mortos por pesadas lanças do cerco, arremessadas a partir da bateria e das torres. Suas perdas eram intensas em todos os lugares, e, quando chegou o amanhecer, haviam falhado em penetrar nas defesas em todos os pontos...

Os dominados perderam muito tempo ressaltando os implementos que Vercingétorix havia preparado para a incursão militar e preenchendo os primeiros trechos de fosso; antes que chegassem às fortificações principais, souberam da retirada da força de apoio, por isso voltaram à cidade sem realizar nada.

Por volta de meio-dia do quarto dia, os gauleses atacaram outra vez, por ambos os lados. Depois de uma terrível batalha, os romanos conquistaram uma grande vitória. Quando César atacou a força de apoio pela frente, a cavalaria alemã os golpeou na retaguarda, e eles foram dispersos. Completamente derrotados, eles foram perseguidos no campo pelos auxiliares alemães.

No dia seguinte, sem esperança de ajuda, Vercingétorix se rendeu. Ele reuniu os líderes tribais e disse-lhes que não havia feito guerra por motivos pessoais, mas pela liberdade da Gália. Agora eles precisam decidir entre matá-lo, para apaziguar os romanos, ou entregá-lo vivo. Uma comitiva foi enviada a César, que ordenou que os derrotados gauleses largassem as armas e lhe trouxessem seus líderes tribais. Então, ele sentou-se na fortificação em frente de seu acampamento e esperou.

A rendição de Vercingétorix para César foi registrada por Plutarco:

Vercingétorix, depois de vestir sua armadura mais bonita e decorar seu cavalo, cavalgou através dos portões. César estava sentado, e Vercingétorix, depois de cavalgar em círculo por ele, desceu do cavalo, tirou a armadura e sentou-se aos pés de César, quieto e imóvel, até ser levado em custódia pelo triunfo.

J. F. C. Fuller escreveu:

Assim, esse memorável cerco chegou ao fim pela derrota simultânea de dois exércitos por um único exército, não maior que um e incomparavelmente menor que o outro. Um exército que era não apenas o que sitiava, mas era ele mesmo sitiado, e tivera que manter em ordem quarenta quilômetros de trincheira, ao mesmo tempo, para atingir seu objetivo e se proteger da derrota. Apesar da escassez e da frequente imprecisão de detalhes fornecidos por César, e da consequente dificuldade em reconstruir alguns dos incidentes, o cerco de Alésia permanece uma das mais extraordinárias operações registradas na história militar.

Cerca de 20 mil aeduis e arvernos foram separados dos prisioneiros e voltaram a suas tribos, em uma tentativa de recuperar sua lealdade. Os arvernos também tiveram que entregar alguns reféns, para garantir seu futuro bom comportamento. Os outros sobreviventes foram divididos entre os soldados de César e vendidos como escravos.

Em Roma, o Senado honrou César com ações de graça por vinte dias. Vercingétorix foi levado a Roma acorrentado, onde permaneceu como prisioneiro de honra pelos próximos seis anos, enquanto César combateu Pompeu na Guerra Civil. Com controle total do mundo romano, César exibiu Vercingétorix em seu triunfo gaulês em 52 a.C. Então, de acordo com as tradições, o gaulês foi estrangulado nas profundezas da Prisão Mamertina, em Roma.

A derrota de Vercingétorix em Alésia essencialmente terminou com qualquer esperança de uma Gália independente. César teve mais dois anos para completar a pacificação da província, e a romanização da Gália permanece um de seus feitos mais duradouros.

As ruínas das fortificações de Alésia foram redescobertas cerca de dezenove séculos depois. Atento à contribuição da cavalaria alemã na derrota de Vercingétorix, o imperador Napoleão III, da França, providenciou uma estátua grandiosa do líder gaulês, a ser erguida no local. Vercingétorix viera para simbolizar a coragem da França em combater seus inimigos. Logo depois disso, Napoleão III perdeu o poder, também em derrota para os alemães, desta vez na Batalha de Sedan, em 1870.

Floresta de Teutoburgo
Dominando as Águias Romanas
9 D.C.

Longo tempo após a expansão do Império Romano ser contida nas florestas da Germânia, o primeiro imperador de Roma, César Augusto, vaguearia em seu palácio, à noite, chorando: "Quintílio Varo, devolva as minhas legiões".

EM 12 A.C., O IMPERADOR ROMANO César Augusto mandou suas legiões ao longo do Reno, da Gália e da Germânia — ocupadas pelos romanos — até o Elba. A área foi pacificada por seu genro, o futuro imperador Tibério, até ele ser chamado de volta a Roma em 7 a.C. Tibério foi substituído por Públio Quintílio Varo, ex-governador da Síria, um lugar conhecido por suas corrupções sexual e financeira. Parece que ele levou consigo a depravação dos costumes sírios. Fontes antigas o acusam de má conduta sexual com filhos e filhas de nobres germanos e de obter lucros pessoais dos impostos implacáveis que impôs. Ele conseguiu alienar os líderes germanos que haviam jurado lealdade a Roma.

Um deles era um jovem germânico chamado Armínio, que se tornou chefe da tribo Cherusci. Ele uniu-se às forças auxiliares de Roma com seu irmão Flavo, ganhando cidadania romana e obtendo grau de cavaleiro. Nos anos imediatamente anteriores à rebelião, ele servira sob Tibério, em Panônia, a província romana imediatamente a sudeste.

De volta à Germânia, Varo pensou que Armínio fosse um fiel aliado e o recepcionou como convidado no acampamento romano em Minden, no Rio Visurgis (agora Weser). Mas Armínio tinha um problema. Ele havia se apaixonado por Tusnelda, filha de seu tio Segestes, um dos conselheiros de Varo. Quando Segestes se opôs à união, Armínio e Tusnelda fugiram. Segestes então acusou Armínio de raptar sua filha. Em uma situação normal, esse tipo de acusação seria ouvido por Varo, o embaixador romano. A última coisa que Armínio queria, no entanto, era o destino de seu casamento ser decidido por um estrangeiro.

Devido ao nível geral de descontentamento no país, havia um jeito simples para Armínio resolver o problema. Varo estava preparando-se para mover-se de seu acampamento de verão no Weser para seus alojamentos no Oeste — os romanos não se sentiam seguros o bastante na Alemanha para passar o inverno longe demais do Reno. O movimento não apenas acarretou o movimento de tropas; ele também envolveu o deslocamento de milhares de esposas, crianças, escravos e vivandeiros[1], além de seus pertences.

Chegou a notícia de que acontecera uma rebelião tribal ao longo da rota. Essa informação provavelmente surgiu por meio do próprio Armínio, que ofereceu escoltar Varo com seus auxiliares de Cherusci. Apesar de Segestes ter alertado Varo de que Armínio estava lhe tramando algo, Varo, com a sua típica autoconfiança, desprezou isso como rixa de família.

Varo tinha três legiões sob seu comando, cerca de 18 mil homens, mais três unidades de cavalaria, outros 900. No entanto, alguns estavam longe, em outras tarefas, e estima-se que ele tenha saído de Minden com algo entre 12 mil e 18 mil homens. Com eles estavam seis coortes[2] de infantaria aliada, 3.500 a 4 mil homens, e três esquadrões de cavalaria auxiliar, outros 600, sob comando de Armínio. Havia outros 8 mil a 10 mil não-combatentes. Com vagões de suprimentos e carroças de equipamentos, a coluna se estendia por 14,5 quilômetros.

Eles seguiram primeiro para a guarnição militar romana em Aliso, perto do que hoje é

---

[1] *Vivandeiro* – vendedor de produtos ou prostituta que segue uma unidade militar para lhe prover serviços. (N. R.)
[2] *Coortes* é um tipo de milícia, ou ordem militar antiga. (N. R.)

Os romanos tinham orgulho de sua destreza militar. Sua derrota na Floresta de Teutoburgo foi uma grande humilhação.

Paderborn. Os romanos não haviam construído nenhuma estrada pavimentada na Germânia, mas a coluna seguiu um caminho já muito usado que seguia até uma região pantanosa. No segundo dia, eles se moveram para uma área densamente coberta de árvores. Chuvas sazonais haviam transformado boa parte da área em um pântano, e os movimentos se restringiam a poucos caminhos secos. Ocasionalmente, árvores precisavam ser cortadas para construir trilhas elevadas sobre terreno lamacento, por isso os engenheiros seguiam à frente na coluna. Nessas condições, Varo não ordenou que o exército se dispusesse em formação de marcha de campo apropriada com guerreiros na frente, nem mesmo quando Armínio repentinamente desapareceu da coluna.

Uma tempestade caiu, transformando a trilha em lama. Árvores caídas se juntaram à confusão. De repente, Armínio atacou a retaguarda romana. Ao longo de toda a coluna, germanos começaram a atirar lanças por detrás das árvores. Varo chamou a sua cavalaria leve — auxiliares germanos — e descobriu que eles haviam desertado por um homem.

Os germanos tinham ido embora, quando os romanos haviam se organizado em uma formação de combate. Os engenheiros começaram a construir rapidamente um acampamento em uma área de solo seco e plano, e Varo ordenou a queima de toda a bagagem supérflua. Na manhã seguinte, a coluna se formou para marchar os 32 quilômetros até Aliso, com os civis e os suprimentos no meio. Varo esperava entrar em combate com Armínio em uma batalha campal ao mover-se em território aberto, mas os germanos recuaram: preferiam pequenas ações de assédio. A cavalaria romana pesada poderia evitar que formações maiores atacassem a coluna, mas sem cavalaria leve não havia defesa contra emboscadas de menor escala e lanças atiradas a partir da vegetação rasteira.

Perto do fim do dia, a coluna alcançou um ponto onde a trilha entrava em outra área coberta de árvores na Floresta de Teutoburgo, perto de onde hoje fica Bielefeld, na Vestfália. Os ataques germânicos se intensificaram a partir da copa das árvores, por isso a coluna romana parou à noite em um novo campo fortificado.

Os romanos descobriram que teriam de seguir em frente ou morrer no amanhecer do dia seguinte. Mais tribos alemãs estavam se unindo ao exército de Armínio, e, juntos, eles ameaçavam sobrepujar as posições romanas. A única salvação possível estava na guarnição militar em Aliso. O que Varo não sabia era que ela também estava sob ataque.

A coluna precisava passar pela Ravina Dören para chegar a Aliso. Havia um declive espessamente coberto de árvores em um lado do acesso e um pântano no outro. Era o lugar perfeito para uma emboscada. Quando a trilha penetrava na ravina, ela era cruzada por correntezas rápidas. Além de ela ser lamacenta, Armínio teve de passar a noite derrubando árvores para bloquear o caminho.

Quando a coluna chegou à ravina, eles encontraram germanos que haviam lutado em Panônia e eram, portanto, familiares com a luta romana de ordem unida. Outros germanos arremessaram lanças a partir da encosta coberta de árvores. Mesmo assim, os romanos fizeram progresso na esperança de encontrar abrigo dentro da própria ravina. Infelizmente, começou a chover de novo, logo que eles atingiram seu objetivo, o que fez do caminho um mar de lama, impedindo qualquer outro progresso. Em alguns lugares eles não podiam nem se levantar ou se defender. Seus escudos estavam encharcados, por isso muito pesados para que os segurassem.

Incapazes de seguir adiante, os romanos tentaram retornar à segurança de seu acampamento. Nisso, Armínio atacou. Os alvos do primeiro assalto foram os cavalos dos romanos. Animais feridos entraram em pânico, pinoteando e caindo, criando um caos entre a infantaria ao redor. A retirada, que começara em boa ordem, tornou-se uma confusão.

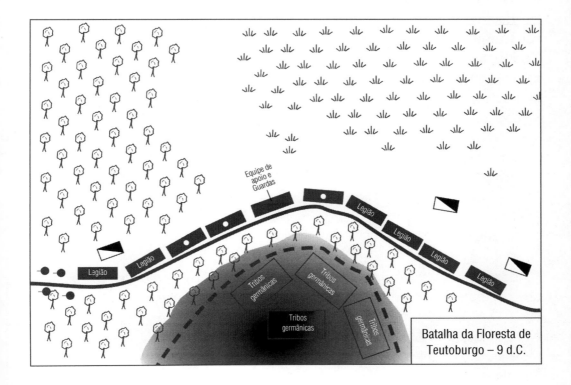

Batalha da Floresta de Teutoburgo – 9 d.C.

FLORESTA DE TEUTOBURGO • 9 D.C.

Varo foi ferido, por isso cometeu suicídio para não cair nas mãos dos germanos, conhecidos por torturar vítimas e usá-las em sacrifícios humanos. Seus servos o enterraram. Alguns comandantes romanos seguiram o exemplo de Varo, enquanto outros lutaram apenas para serem massacrados onde estavam. Todos os não-combatentes também foram abatidos.

Dos três estandartes Águia das legiões de Varo — o XVII, o XVIII e o XIX —, dois foram capturados. O portador do estandarte da terceira legião mergulhou em um pântano com o seu estandarte para evitar que os germanos o pegassem. Os que foram capturados ou que se renderam foram crucificados, enterrados vivos ou sacrificados para deuses germânicos em bosques sagrados; cabeças de romanos mortos foram colocadas em lanças ao redor do acampamento dos germanos. Armínio ordenou que o corpo de Varo fosse trazido à tona e decapitado, e a cabeça foi enviada para Marobóduo, rei dos marcomanos, em um gesto persuasivo para que se unisse à revolta. Marobóduo permaneceu neutro e enviou a cabeça para Augusto, para funeral. Posteriormente, segundo a história, Augusto, já envelhecido, teria, ocasionalmente, perambulado à noite pelos salões de seu palácio, gritando: "Quinctili Vare, legiones redde!" ("Quintílio Varo, devolva as minhas legiões!").

Tibério retornou à Alemanha no ano seguinte, mas Armínio não entraria em combate com ele. Augusto morreu em 14 d.C., e foi sucedido como imperador por Tibério. No ano posterior, o sobrinho de Tibério, Germânico César, foi enviado para vingar Varo. O historiador romano Tácito, do século I d.C., descreve o que ele encontrou:

> *No território aberto, estavam ossos embranquecidos, espalhados onde homens haviam fugido, amontoados onde eles haviam ficado e se defendido. Fragmentos de lanças e de membros de cavalos estavam lá — e também cabeças humanas, presas a troncos de árvores. Em bosques próximos estavam os altares bizarros onde os germanos haviam massacrado os coronéis romanos e comandantes veteranos de companhia.*

Germânico providenciou que os ossos fossem enterrados com as honras militares apropriadas, e a Águia da perdida XIX Legião foi recuperada. Ele perambulou pela Alemanha por três anos, matando homens, mulheres, crianças e idosos, mas não alcançou Armínio. No entanto, algumas vezes, ele foi atraído para florestas e pântanos, onde Armínio o feria, mas nunca infligiu outra derrota decisiva. Germânico tratou de capturar a esposa de Armínio, Tusnelda, que estava grávida.

Ela se recusou a trair o marido, e foi levada para Ravena, onde criou seu filho, e nunca viu o marido de novo.

Com a continuidade da guerra, Armínio disse a seus homens: "Minha luta tem sido aberta, e não traiçoeira, e tem sido contra homens armados, não mulheres grávidas. Os bosques da Alemanha ainda exibem as Águias romanas e os estandartes que eu fixei lá em honra aos deuses de nossos pais". E ele deu a seus seguidores uma escolha simples: "Sigam Segestes em uma escravidão vergonhosa ou sigam Armínio para a glória e a liberdade".

Germânico foi trazido de volta por Tibério, em 17 d.C., deixando os germanos para lutar uma guerra civil, e Armínio foi assassinado por um de seus aliados em 19 d.C. Ele não havia unido o povo alemão; no entanto, conseguira manter a Alemanha fora do Império Romano — por isso, como Tácito o chamou, ele foi *"liberator haud dubie Germanie"* ("inquestionavelmente, o libertador da Alemanha").

Jerusalém
Defendendo o Templo
70 D.C.

Ao esmagar a resistência judia em Jerusalém, os romanos consolidaram seu império oriental, expulsando judeus de suas próprias terras, em uma diáspora que possui consequências políticas e religiosas até hoje.

A PALESTINA JÁ HAVIA MUITO TEMPO ERA UM ESTADO subordinado ao Império Romano, mas, depois da morte de Herodes, o Grande, em 6 d.C., seguida pelo banimento de seu filho, ela tornou-se província da Judeia e passou a ser governada diretamente por Roma. Havia tumultos esporádicos contra o controle romano em Jerusalém, mas houve um período de relativa calma sob o comando do pupilo de Calígula, Herodes Agripa, neto de Herodes, o Grande. O tumulto recomeçou depois da morte de Herodes Agripa, em 44 d.C.

As coisas pioraram sob Géssio Floro, procurador de 64 a 66 d.C. Sua postura antissemita encorajou a grande população grega de Caesarea Maritima (agora Horbat Qesari, Sul de Haifa) a massacrar os judeus de lá. Gregos em outras cidades da Palestina fizeram o mesmo. Os judeus responderam matando gentios na Galileia, em Samaria e em qualquer outro lugar, e uma revolta completa estourou.

Céstio Galo, governador romano da Síria, avançou através da Palestina e tentou cercar Jerusalém, mas foi completamente derrotado e forçado a bater em retirada. Em derrota total, Céstio abandonou seus equipamentos e seus instru-

JERUSALÉM • 70 D.C. 43

Os judeus levantaram uma resistência extrema, mas não puderam resistir por longo tempo ao poder do grandioso Império Romano.

mentos de cerco. A cidade ficou livre por três anos, e siclos[1] de prata cunhados durante aquele período tinham a inscrição "Jerusalém, a Sagrada". Instalou-se um governo revolucionário, que tomou o controle de todo o país.

Simplesmente, os romanos não podiam deixar que essa situação continuasse. Em 67 d.C., Nero enviou o futuro imperador Vespasiano com uma força de 60 mil

---

[1] *Siclo* é o nome aportuguesado da moeda corrente oficial de Israel. Usa-se também *sheqel* ou *shekel*. (N. T.)

homens, em uma tentativa de liquidar a revolta. Ele desfez a resistência no Norte e então cercou Jotapata, a cidade mais forte na Galileia. Os judeus atacaram repetidamente os equipamentos de cerco e as fortificações dos romanos, ateando-lhes fogo. Eles romperam um testudo — uma formação de proteção do exército, em forma de tartaruga, feita quando se sobrepunham os escudos — dos romanos ao derramarem óleo fervente sobre ela; eles também derrubaram agressores ao derramarem feno-grego fervido sobre tábuas que haviam colocado ao longo do cascalho, deixando-as escorregadias. A cidade resistiu por quarenta e sete dias, e sucumbiu apenas porque fora traída. Um desertor disse a Vespasiano que os defensores estavam exaustos e que a guarda dormia perto do amanhecer. Em uma noite enevoada, o filho de Vespasiano, Tito (que também se tornou imperador), liderou um destacamento para escalar os muros e tomar a cidade. De acordo com o historiador judeu Joseph ben Matthias, sobrevivente do cerco (seu nome romanizado era Flavius Josephus), apenas seis judeus morreram durante a luta, mas 300 foram feridos. As baixas romanas, ele disse, foram "pesadas". Até Vespasiano foi ferido no pé por uma flecha.

Os romanos então avançaram para Jerusalém, que possuía fortificações muito mais resistentes. Torres enormes reforçavam os muros, e ravinas profundas tornavam inacessível a maioria das fortificações. Mesmo se um ataque violasse os muros externos, haveria novas linhas de defesa a se deparar nas divisões internas.

No entanto, os habitantes tinham um problema, porque estavam divididos uns contra os outros na nova atmosfera de liberdade. A rivalidade entre as diferentes facções era tão feroz que a maioria dos grandes depósitos de comida da cidade havia sido destruída antes da chegada dos romanos. Havia árvores frutíferas e pequenos jardins na cidade, mas a comida precisava ser contrabandeada do lado de fora. Isso apresentaria um problema premente, porque a população estava repleta de refugiados.

Por outro lado, os sitiadores se viram com pouca água. Os suprimentos limitados não puderam satisfazer as demandas de 60 mil soldados e de seus numerosos vivandeiros. Esse problema logístico prolongar-se-ia pelos cinco meses do cerco.

No entanto, não havia carência de água na cidade. Cisternas mantinham milhões de galões, e uma extensa rede de túneis traziam água de fontes subterrâneas de fora da cidade.

Vespasiano partiu quando os romanos chegaram a Jerusalém no início da primavera de 70 d.C., deixando as quatro legiões nas mãos de Tito. Com apenas 30 anos de idade, Tito possuía pouca experiência militar e não desejava sitiar uma cidade tão forte quanto Jerusalém. Por isso, ele mandou um emissário, acompanhado por Josefo, para negociar uma rendição. A resposta dos judeus foi atirar uma flecha que feriu o mensageiro.

Tito começou uma exploração de reconhecimento da cidade, preparando o cerco. No entanto, quase foi capturado quando um destacamento de guerra judeu lançou-se contra o seu destacamento. Os judeus, então, lançaram um ataque em escala total sobre a legião acampada no Monte das Oliveiras, no leste, e quase já a havia derrotado, antes de Tito chegar com reforços.

Os muros de Jerusalém eram vulneráveis a equipamentos de cerco apenas no canto noroeste do muro externo. O muro não era muito forte naquele ponto, pois fora completado afobadamente no início da guerra com os romanos. Assim, Tito moveu para lá sua força principal e começou a trabalhar.

Arqueiros e lanceiros guardavam os soldados, enquanto providenciavam os trabalhos de cerco. Os romanos também posicionaram, ao longo do muro,

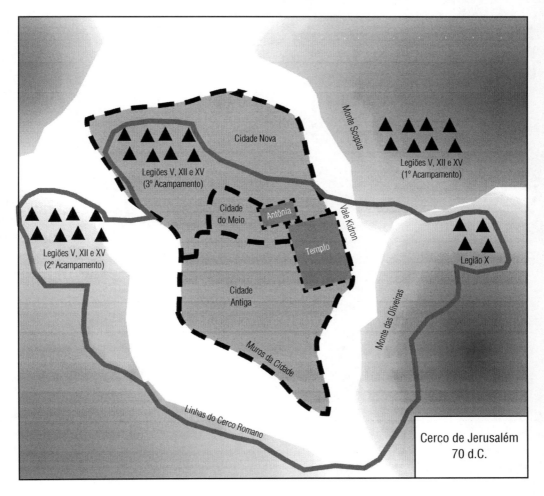

Os romanos estavam guarnecidos com enormes equipamentos de cerco, que os destacamentos judeus de assalto sabotaram inúmeras vezes. Mas, finalmente, as máquinas romanas destruíram as defesas da cidade.

catapultas de disparo de flechas e de arremesso de pedras. A maior delas podia arremessar uma pedra de meia tonelada a uma distância de quase quinhentos metros. Os defensores ouviam os zumbidos das pedras e também tinham observadores para localizá-las. No entanto, os romanos enegreceram as pedras, deixando-as mais difícil de localizar. Os judeus também tinham catapultas, que

JERUSALÉM • 70 D.C.

eles haviam apreendido de Céstio, mas eles não tinham prática no uso, por isso faziam disparos ineficazes.

Os romanos concluíram seus trabalhos de cerco em cinco dias, e já estavam perto o bastante para que seus aríetes[2] atingissem o muro. A distância era medida por meio de um peso de chumbo preso a uma linha. Os judeus empregaram repetidos ataques nos aríetes, e Tito precisou trazer reforços para prevenir que colocassem os aríetes fora de ação.

Os homens de Tito também construíram grandes torres com 23 metros de altura — altas o bastante para que o topo ficasse fora do alcance de qualquer objeto arremessado pelos judeus. As torres eram cobertas por placas de metal, para proteção contra fogo, e seu peso excessivo evitava que fossem viradas. No entanto, uma delas ruiu sob seu próprio peso em uma noite em particular, para consternação dos romanos.

O muro foi violado depois de dez dias de ataques. Os defensores recuaram para dentro do segundo muro, abandonando os subúrbios no meio, então os romanos rapidamente esvaziaram as casas de lá e seguiram acima, fora do alcance dos arqueiros do segundo muro. Eles começaram a atacá-lo no centro, fora do alcance da artilharia judia, na Fortaleza Antônia. Foram cinco dias até violar o segundo muro; depois disso, os judeus recuaram para trás do primeiro muro que protegia a Cidade Alta e o Monte do Templo. Essas eram as áreas mais fortificadas da cidade.

Tito impediu que seus soldados saqueassem as áreas que eles haviam acabado de dominar, esperando que isso encorajasse os defensores a se renderem.

---

[2] *Aríete* é uma antiga máquina de guerra constituída por um forte tronco de freixo ou árvore de madeira resistente, com uma testa de ferro ou de bronze a que se dava em geral a forma da cabeça de carneiro. Os aríetes eram utilizados para romper portas e muralhas de castelos ou fortalezas. (N. R.)

Em vez disso, os judeus lançaram um contra-ataque. Os romanos estavam aprisionados em uma armadilha formada por um labirinto de ruas estreitas, porque Tito havia deixado apenas uma brecha estreita no muro. Somente quando ele levou arqueiros lá para cima, para cobrir a sua retirada, eles conseguiram escapar. Os judeus conseguiram que os romanos recuassem para além do segundo muro.

Passaram-se mais três dias de lutas pesadas, antes que o muro pudesse ser violado de novo. Desta vez, Tito certificou-se de que o muro estava demolido, antes de recompensar seus homens e esperar por quatro dias. O rompimento dos dois muros externos produzira inúmeras deserções — embora aqueles que partiram talvez fossem apenas não-combatentes fugindo das condições de confinamento na área ainda nas mãos dos judeus. De qualquer maneira, os defensores que restaram precisariam de toda a comida que pudessem arranjar, e alguns dos "desertores" parecem ter sabotado os suprimentos de água dos romanos. A esta altura, os defensores na Cidade Alta e no Monte do Templo recusaram-se a se render.

Tito ordenou mais trabalhos de cerco, depois de quatro dias. Cada uma das quatro legiões construiu suas próprias rampas; duas contra a Cidade Alta e duas contra a Fortaleza Antônia no Monte do Templo. As catapultas judias tornaram-se mais eficazes agora que os romanos estavam mais perto, e os judeus fizeram chover flechas e pedras abaixo sobre os romanos. Tito ainda tinha esperança de uma rendição, porque, de acordo com Josefo, ele não queria que o cerco terminasse com a destruição do templo. O próprio Josefo foi mandado como emissário, mas precisou ficar fora do alcance dos arqueiros quando gritou seu pedido, porque os judeus o consideravam um lacaio romano.

Os judeus abandonaram a cidade quando a comida diminuiu. Em um primeiro momento, os soldados romanos tentaram pará-los, para tornar mais intensa a fome entre os defensores, mas Tito ordenou que deixassem passar os judeus em fuga. Josefo escreveu que os ricos entre eles engoliram moedas de ouro, usadas para comprar comida fora da cidade, depois que o dinheiro passou por seus intestinos. Pessoas mais pobres descobriram que não estavam em melhor situação fora da cidade. A cavalaria romana capturou os que saíam à procura de alimento e os crucificou.

Foi necessária uma semana para que as novas fortificações ficassem prontas. Os aríetes foram então levados para cima, mas os judeus conseguiram sabotar uma das rampas que levavam até o Monte do Templo, fazendo-a desmoronar. Três judeus fizeram um ataque audacioso contra as outras três fortificações, ateando fogo aos aríetes. Quando os romanos tentaram apagar o fogo, os judeus saíram correndo da cidade e os rechaçaram. Então, destruíram as rampas e atacaram os romanos. Foram refreados pelos guardas do acampamento, que enfrentavam pena de morte se abandonassem seus postos, permitindo a Tito fazer um ataque flanqueante com suas tropas de elite. As tropas mandaram os judeus de volta para a cidade, mas sete dias de trabalho foram perdidos.

Os romanos estavam, agora, confusos em relação ao que fazer. Alguns queriam fazer um assalto total na cidade, mas Tito rejeitou a ideia por considerá-la muito custosa. Outros preferiam reconstruir as rampas e tentar outra vez. No entanto, agora havia escassez de material de construção na área. Outros, ainda, preferiam um bloqueio, mas o terreno ao redor de Jerusalém possibilitava o contrabando de comida para a cidade, e Tito temia que uma inatividade prolongada abatesse o moral de seus homens.

A resposta de Tito foi a circunvalação. Ele construiria outro muro ao redor do muro que rodeava Jerusalém, fechando os defensores dentro da cidade. Teria oito quilômetros de extensão, com treze torres no lado de fora que, efetivamente, adicionariam dois quilômetros a sua extensão. Tito fez suas legiões competirem entre si na disputa para construir as diferentes seções do muro. Josefo escreve que o muro foi concluído em três dias. A essa medida, cada legião teria construído oitocentos metros de muro por dia.

As condições internas da cidade eram horríveis. Uma medida de grão custava meia tonelada de prata, e as pessoas se limitavam a comer restos e esterco de vaca. As crianças estavam inchadas de fome, e ninguém tinha força para enterrar os mortos. Tito estava chocado com a visão dos corpos jogados nas ravinas com "matéria densa esvaindo-se de debaixo de carcaças viscosas".

Agora que os defensores estavam visivelmente enfraquecidos, Tito ordenou que fossem construídas enormes fortificações contra a Fortaleza Antônia. Os subúrbios estavam sem materiais de construção no processo. Todas as árvores na área já haviam sido cortadas, e madeira era trazida de até quinze quilômetros de distância. Jerusalém, antes em uma zona rural fértil, agora era uma fortaleza em um deserto. O material era tão escasso que as fortificações demoraram vinte e um dias para ficarem prontas.

Os judeus tentaram atacar, mas agora estavam muito fracos para lutar, e recuaram devido à ação dos romanos e sua artilharia. Finalmente, o ataque começou, mas os defensores judeus derramaram grandes pedras nos aríetes. Os judeus haviam também escavado embaixo de uma das rampas, para enfraquecê-la, e o peso das pedras a fez ruir. No entanto, isso também enfraqueceu o muro. Os romanos formaram um testudo, seguiram caminho até o muro e tentaram alavancar as pedras com uma barra de metal. Naquela noite, o muro desmoronou.

Os judeus então construíram, às pressas, outro muro atrás dele. Era fraco, mas os romanos não estavam dispostos a atacá-lo, e um discurso de Tito não foi capaz de inspirar seus homens. De acordo com Josefo, um homem se ofereceu para atacar sozinho. Apenas outros onze o seguiram, e eles foram facilmente repelidos. Os romanos tomaram o muro furtivamente, dois dias depois. Um pequeno destacamento o escalou à noite, matou os guardas e soou trombetas como sinal para o resto do exército avançar.

Os judeus retrocederam no Templo fortemente protegido. Uma luta pesada irrompeu, mas os romanos não conseguiram avançar. Em vez disso, começaram a desmantelar a Fortaleza Antônia, interessados no material de construção necessário para quando cercassem o Templo. Josefo disse que Tito relutou em lutar no próprio Templo e tentou persuadir os judeus a se renderem. Entretanto, apesar de não terem mais carneiros para sacrificar — um ritual que fora mantido durante todo o cerco —, a força moral dos judeus não estava abalada.

Tito, então, tentou um ataque noturno com uma força constituída pelas trinta melhores tropas provenientes de cada centúria. Diz-se que ele próprio queria liderar o assalto, mas foi convencido a assistir a ele a partir da Fortaleza Antônia. Assim, os guardas judeus foram alertados. Uma luta feroz se desenrolou por oito horas, mas ainda assim os romanos não puderam avançar. Apenas várias horas após o amanhecer, Tito finalmente cancelou o ataque.

Os romanos, depois, dedicaram-se a limpar a área ao redor do Templo. Demorou sete dias para nivelar só a Antônia, então foram construídos muros de defesa ao longo dos lados oeste e norte do Templo. Esses esforços foram obstruídos, quando os romanos se viram atacados pelos judeus. A essa altura, a madeira necessária precisava vir de uma distância de quase vinte quilômetros. Enquanto isso, os romanos atacaram o muro ocidental do Templo com suas catapultas, mas, depois de seis dias, o estrago era pequeno.

Os judeus tentaram se proteger da invasão dos muros de defesa ateando fogo aos pórticos frente à Antônia. Quando os romanos tentaram persegui-los fora do pórtico ocidental, os legionários se viram numa cilada e foram queimados até a morte.

Com os muros de defesa completos, os romanos posicionaram seus aríetes. Ao mesmo tempo, alguns soldados conseguiram arrancar pedras da fundação do portão norte, mas as pedras remanescentes continuaram a suportá-lo. Agora os judeus não tinham mais comida; estavam limitados a comer grama e couro. Ainda assim, eles rechaçaram os atacantes.

Os romanos atearam fogo aos portões e pórticos restantes; chamas se acenderam por um dia e uma noite. Os romanos, então, as apagaram. Movendo-se para o pátio interno, eles encontraram uma rígida resistência, e um dos romanos jogou no Templo uma vareta em chamas. Josefo escreveu que Tito não queria o Templo queimado — em vez disso, estima-se, ele queria transformá-lo em um Panteão Romano. Mas ele não estava mais no controle de seus homens, que desejavam vingança. No entanto, outros estudiosos sustentam que Tito ordenou a queima do templo e violou a santidade de seu recôndito antes das chamas consumirem a construção. Depois, seus homens saquearam e queimaram a cidade, e o massacre foi terrível.

Alguns judeus escaparam por meio de túneis subterrâneos; outros permaneceram para opor resistência na Cidade Alta. Foram necessários mais dezoito dias para construir as fortificações de onde eles os atacariam. Quando os aríetes completaram seu trabalho, no início de setembro, os judeus na Cidade Alta estavam muito frágeis para providenciar qualquer resistência a mais. Eles foram procurados e massacrados durante os dias seguintes, e, por volta de 7 de setembro, toda a cidade estava nas mãos dos romanos.

Os romanos deixaram três torres do templo como um monumento a sua conquista e para uso pelas legiões vitoriosas. Da população judia, 110 mil foram mortos e 97 mil viraram prisioneiros. Outros milhares foram levados a Roma como escravos.

A destruição do Templo é lembrada pelo feriado judeu Tisha be-Av e a Arca de Tito, que ainda está em Roma.

A queda de Jerusalém não liquidou a resistência judia na Palestina. Os zealots, uma seita radical judia antirromanos, resistiu na montanha Fortaleza de Masada até o Sudeste, lugar que eles haviam cercado em 66 d.C. Num total de apenas mil, incluindo mulheres e crianças, eles repeliram um exército romano de 15 mil homens, durante dois anos. Mais uma vez os romanos romperam o cerco construindo enormes rampas e destruindo os muros, mas os zealots preferiram se suicidar frente à derrota. Apenas duas mulheres e cinco crianças sobreviveram, depois de se esconderem em um cano de água. Masada caiu em 7 de abril de 73 d.C., mas a destruição de Jerusalém três anos antes já havia marcado o fim do último Estado judeu na Palestina por quase 2 mil anos.

Châlons-sur-Marne
A Derrota de Átila, o Huno

451 D.C.

Átila, o Huno, sofreu a única derrota de sua carreira militar em Châlons-sur-Marne, e acreditou que morreria lá. Foi poupado pelo general romano Flávio Aécio, politicamente astuto, mas os hunos logo eram uma força exausta.

Entre 434 e 449, Átila, o Huno havia liderado uma série de ataques vitoriosos no Império Bizantino, sitiando Constantinopla e forçando o imperador Teodósio II a pagar tributo e a ceder território. Átila, então, voltou sua atenção para o Império do Ocidente, que era mais fraco. Sua desculpa era que Honória, a irmã do imperador Valentiniano, havia lhe enviado um anel. Ela vinha tendo um romance com seu administrador, que fora executado. Agora grávida, enviara o anel ao Rei dos Hunos, implorando que a resgatasse. Ele havia tomado o anel como proposta de casamento e pedido metade do Império do Ocidente como dote.

Na primavera de 451, Átila forjou uma aliança com os francos e os vândalos e desencadeou um ataque no coração da Europa ocidental. Dominou Metz em abril, com um exército entre 300 mil e 700 mil, e Reims, Mainz, Strasbourg, Cologne, Worms e Trier foram destruídas. Disseram que Paris foi salva porque Santa Genoveva estava na cidade. Consequentemente, ela tornou-se sua santa padroeira.

No entanto, Átila foi contido em Orléans. Ele estava sitiando a cidade quando um exército romano, sob Flávio Aécio, chegou, assistido pelo rei visigodo Teodorico I. Desta vez, Átila descartou suas táticas de ataque-relâmpago e juntou-se a uma batalha campal na planície de Châlons-sur-Marne. Essa vasta área de terreno plano era perfeita para uma batalha de cavalaria, para vantagem dos cavaleiros de Átila.

Durante a fuga de Orléans, a história contada é que um eremita cristão aproximou-se de Átila e lhe disse: "Você é o Flagelo de Deus para o castigo severo de

CHÂLONS-SUR-MARNE • 451 D.C.

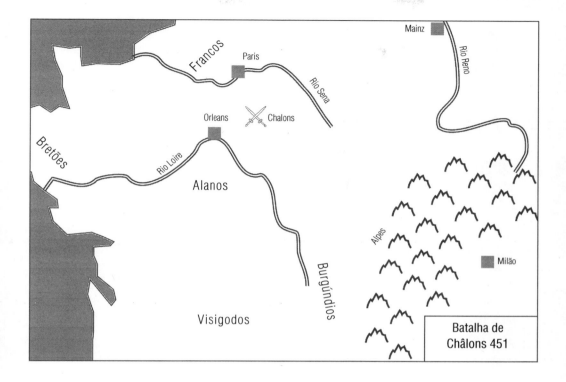

cristãos". Átila prontamente assumiu isso como título; a partir de então, ficou conhecido como *"Flagellum Dei"* ("Flagelo de Deus").

As forças cristãs se dispuseram em tropas com os romanos, sob comando de Aécio; os visigodos se reuniram sob Teodorico à esquerda; e os alanos, cuja lealdade era suspeita, juntaram-se a Sangipan no centro. O próprio Átila comandou a parte do meio das forças hunas, com os ostrogodos e outros aliados nos flancos. Enquanto Átila tinha vantagem nos cavalos, Aécio era mais adepto de batalhas com grandes formações e com lutas a pé. Antes de os exércitos entrarem em combate, algumas manobras hábeis possibilitaram que ele ocupasse um monte inclinado que tinha vista para o flanco esquerdo dos hunos.

Átila rapidamente percebeu a importância do terreno elevado e a batalha começou com um assalto furioso nas posições romanas por lá. No entanto, apesar de enviar algumas de suas melhores tropas do centro, Átila não pôde expulsar os romanos de sua posição de comando.

O lado direito do exército de Átila foi atacado por visigodos, com Teodorico na liderança. Teodorico foi, então, derrubado por um dardo e morto por sua própria cavalaria, que investiu contra ele durante a confusão. Apesar da perda do rei, os visigodos não estavam desanimados. Determinados a vingá-lo, eles viraram-se no centro, onde os alanos estavam em uma luta sangrenta, mas inconclusiva, com a força principal de Átila.

Temendo que estivessem prestes a serem cercados, os homens de Átila recuaram para seu acampamento e, da segurança de entrincheiramentos e vagões, os arqueiros hunos repeliram os cavaleiros visigodos. Mas Aécio falhou em enfatizar sua vantagem à direita, e, quando a noite caiu, o dia havia terminado em um empate.

Na manhã seguinte, Átila colocou seus melhores arqueiros fora das fortificações e fez todos os preparativos para uma resistência desesperada. Mesmo assim, ele esperava perder, por isso resolveu que nenhum homem teria a honra de matar o "Flagelo de Deus" ou de capturá-lo vivo. Assim, ele construiu uma enorme fogueira de selas hunas de lã, na qual colocou tudo o que havia saqueado e as esposas que havia trazido durante a campanha, deixando um espaço no topo para si próprio. Lá ele seria queimado vivo se o inimigo conseguisse destruir suas defesas.

Quando chegou o amanhecer, as planícies tinham cadáveres espalhados, um sinal do nível da resistên-

Os hunos eram cavaleiros insuperáveis, enquanto os romanos eram soldados de infantaria. Sob o inspirado generalato de Flávio Aécio, no entanto, as táticas superiores dos romanos derrotaram Átila.

cia erguida pelos hunos. Logo ficou claro que as forças de Aécio não estavam para atacar o acampamento de Átila, nem mesmo era uma tentativa de bloqueá-lo. Átila teve permissão para bater em retirada com os remanescentes de seu exército.

Aécio, pelo jeito, havia se apavorado, mas alguns imaginam que ele estivesse empregando táticas ardilosas. Talvez ele não quisesse que os visigodos conquistassem uma vitória muito grandiosa sob seu novo rei, Turismundo, filho de Teodorico. Afinal, os próprios visigodos haviam saqueado Roma sob o comando de Alarico apenas quarenta e um anos atrás, em 410. Aécio conseguiu que Turismundo voltasse a sua capital em Aquitaine, com isso livrando-se de um formidável inimigo e um amigo perigoso.

Átila pode ter sofrido sua primeira e única derrota em batalha, mas estava longe de liquidado. Reagrupou suas forças e invadiu a Itália no ano seguinte. Diz-se que voltou para diante dos portões de Roma porque estava impressionado com a santidade do Papa Leão I, que saiu da cidade para negociar. No entanto, ele pode ter recuado, porque o campo estava assolado por doenças e pela fome naquela época, e suas tropas, que viviam à procura de comida, mal podiam se suportar. Também é possível que ele tenha receado o retorno das legiões romanas que estavam lutando no exterior.

Os hunos coletaram seus saques e se voltaram em direção ao norte. Átila, com quarenta e sete anos, morreu no caminho. Ele havia tomado uma nova esposa, Ildico; depois de um dia de muita bebedeira, havia se ausentado com sua jovem noiva em sua noite de casamento. Na manhã seguinte, foi encontrado morto depois de uma hemorragia nasal, afogado em seu próprio sangue.

> *Depois de uma noite de muita bebedeira, Átila foi encontrado morto em consequência de uma hemorragia nasal, afogado em seu próprio sangue*

Depois da morte de Átila, as tribos germânicas se revoltaram e seus filhos brigaram entre si. Em vinte anos, os hunos deixaram de ser uma potência militar. Sem as amplas planícies asiáticas para os cavalos pastarem, os homens foram forçados a lutar a pé, como outros exércitos europeus, por isso perderam vantagem. Simplesmente, a Batalha de Châlons-sur-Marne havia destruído o mito da invencibilidade dos hunos, e, por ora, a glória de Roma estava preservada.

Tours
O Avanço do Islã é Refreado
732

Se o general franco Carlos Martel tivesse falhado em refrear o exército islâmico de Abd-ar-Rahman entre Tours e Poitiers, a Europa hoje seria muçulmana e falaria árabe. Essa não foi uma cruzada, mas uma invasão.

DEPOIS DA FUNDAÇÃO DO ISLÃ POR MAOMÉ, no século VII d.C., a fé rapidamente se espalhou em toda a Arábia, a Síria e a Pérsia e através do Egito, na Cirenaica, na Tripolitania e no restante do Magrebe, no Norte da África. Em 711, um exército de 10 mil guerreiros muçulmanos cruzou o Estreito de Gibraltar e arrasou os visigodos, que haviam se estabelecido na Espanha em 415.

As forças muçulmanas começaram, então, a fazer rápidas incursões sobre os Pireneus, e, em 725, alcançaram a Borgonha e saquearam a cidade de Autun. Em 732, cem anos depois da morte do Profeta, um grande exército, sob comando de Abd-ar-Rahman, governador de Córoba, marchou até Bordeaux, derrotou Eudes, o rei de Aquitaine, e queimou todas as igrejas.

Naquela época, os francos eram um povo dividido, mas eles rapidamente se uniram por trás de um homem: Carlos Martel. Um general franco, Martel não era seu nome de nascimento, mas sim um *nom-de-guerre* traduzido, de modo geral, como "o martelo". Ele já tinha uma reputação considerável depois de combater em campanhas na Alemanha e na França.

Abd-ar-Rahman agora se considerava governador do Sul da França. Seu próximo objetivo era Poitiers. De lá, ele pretendia capturar Tours, que era celebrada em todo o mundo cristão pela basílica de São Martin, onde estavam vários tesouros de valor incalculável. O exército muçulmano parecia irrefreável. Somava algo entre 60 mil e 400 mil, a maioria cavaleiros. A Europa não tinha visto nada como isso desde Átila, o Huno e sua chegada com seus soldados montados, quase 200 anos antes. Naqueles dias, apenas exímios cavaleiros, como os hunos, conseguiam cavalgar em batalha, por isso as batalhas europeias eram tradicio-

Carlos Martel já era um exímio general que havia reunido todo o reino franco. Seu apelido "Martel" significa "o martelo".

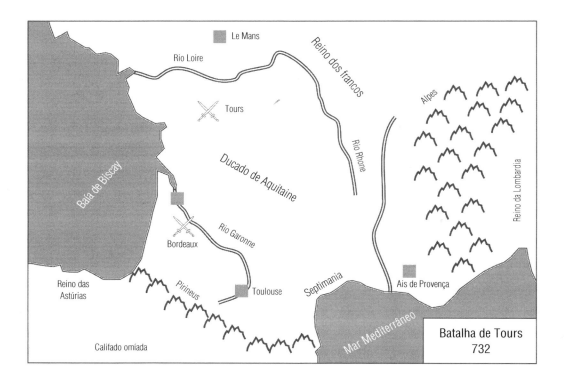

nalmente lutadas a pé. No entanto, melhorias recentes em selas e arreios haviam possibilitado ações de cavalaria, e o exército de Carlos Martel também ostentava cavalaria ao lado da infantaria.

Em outubro de 732, os francos e os mouros se encontraram na estrada que seguia de Poitiers até Tours. Abd-ar-Rahman parou seu exército, pois queria descobrir a força do inimigo, e esperava que atacassem. Em território desconhecido, ele não queria perseguir o inimigo e arriscar a perda de seu exército entre as florestas e as correntezas.

As forças de Martel também pararam e montaram acampamento à margem da floresta, porque ele sabia que poderia recuar nela se fosse atacado. Martel também tinha um motivo para atrasar qualquer ataque. O clima estava tremendamente frio, e os mouros estavam vestidos com roupas leves de suas campanhas de verão, enquanto os francos estavam aquecidos em suas peles de lobo. Por sete dias, os dois exércitos se observaram a certa distância.

Na manhã do oitavo dia, Abd-ar-Rahman não podia mais esperar; decidiu pelo ataque. Martel formou seu exército em um quadrado de infantaria, que resistiu firmemente contra o ataque dos mouros. Enquanto isso, enviou cavaleiros através da floresta para atacar o exército de Abd-ar-Rahman pela retaguarda.

Os francos desfrutaram várias vantagens na batalha seguinte. Os árabes tinham saqueado muito conforme atravessaram a França, e tinham uma grande quantidade de tesouros para proteger, enquanto os francos não possuíam bagagem que os atrapalhasse. Além disso, os cavaleiros árabes eram basicamente lutadores de guerrilha e não estavam acostumados ao tipo de batalha campal na qual haviam entrado. Por outro lado, os francos eram disciplinados e treinados em guerra clássica e tinham o Loire atrás, por isso não poderiam recuar, mesmo se quisessem.

No entanto, os árabes também tinham uma vantagem: a armadura. Usavam capacetes pontudos e armadura flexível feita de anéis de metal interligados, que também cobriam os cavalos — eram praticamente invencíveis. Conforme a batalha avançou, os francos começaram a se enfraquecer.

Mas os homens de Martel ainda sabiam como desviar os mouros. Quando a batalha estava quase perdida, uma coluna de francos abriu caminho lutando até os vagões de tesouros dos mouros. Cercando-os, começaram a expulsá-los. Isso deixou os mouros em pânico, e eles correram do campo de batalha para recapturá-los. Abd-ar-Rahman ordenou que seus homens voltassem para a briga, mas foi morto por uma lança. A batalha então chegou a um fim, após uma série de combates diferentes.

Os cavalos árabes estavam irascíveis, mas os cavalos dos francos eram maiores, e os homens de Martel também eram maiores e mais pesados. Os cavaleiros muçulmanos estavam armados com cimitarras[1], mas não eram páreo para as lanças da cavalaria franca. Além disso, a infantaria franca usava cacetetes e bastões pesados em meio à multidão. Ondas dos ataques da cavalaria dos mouros foram diminuindo, e a luta continuou de maneira confusa até o cair da noite.

Os dois lados então recuaram para seus campos. Durante toda a noite, os francos ouviram os ruídos altos de armas, conforme os tenentes de Abd-ar-Rahman brigavam sobre a liderança, enquanto outros lutavam uma pequena guerra civil pelos vagões de tesouros. Ao amanhecer, os sons de luta haviam terminado. Quando surgiu o sol, Martel viu que seus inimigos haviam desaparecido. Eles pegaram o tesouro e se apressaram em direção ao Sul.

A batalha em Tours foi um histórico ponto de virada. Por sua vitória contra ar-Rahman, Martel havia encerrado a difusão do islamismo na Europa Ocidental. De certo modo, no entanto, a Espanha manter-se-ia em mãos muçulmanas por mais cinco séculos.

---

[1] *Cimitarra* é uma espada de lâmina curva mais larga na extremidade livre, com gume no lado convexo, usada por certos povos orientais, tais como árabes, turcos e persas, especialmente pelos guerreiros muçulmanos. É a espada mais típica do Oriente Médio e da Índia muçulmana. (N. R.)

Hastings
O Fim da Inglaterra Anglo-Saxônica
1066

A Batalha de Hastings foi um evento crucial na História para os ingleses. Pela última vez, a nação foi invadida por forças estrangeiras hostis. Os ingleses nunca mais sofreram esse tipo de ataque.

A Batalha de Hastings foi tão importante para a Inglaterra que até hoje é representada no campo de batalha, depois de mais de nove séculos. A conquista normanda também teve o efeito de envolver a Inglaterra na cultura predominante da história europeia.

EDUARDO, O CONFESSOR, foi o último rei da velha linha real inglesa. Ao morrer sem filhos, em janeiro de 1066, houve um problema com a sucessão. Eduardo certamente teria nomeado William, Duque da Normandia, como seu herdeiro. No entanto, Harold Godwineson, Conde de Wessex e Kent, e um dos favoritos de Eduardo, foi coroado rei da Inglaterra.

Em agosto de 1066, William, experiente em campanhas militares, reuniu uma força de 4 mil cavaleiros e 7 mil soldados de infantaria na foz do rio Dives, na costa da Normandia. Mas eles não puderam embarcar, devido ao vento manter-se em condições não favoráveis. Harold temeu uma invasão durante todo aquele verão, particularmente na área Hastings-Pevensey, mas, em 8 de setembro, concluiu-se

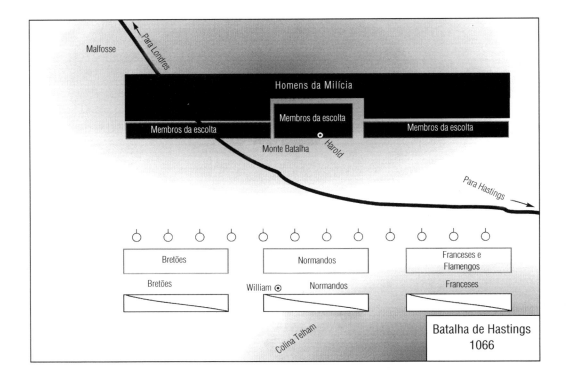

que o início dos ventos fortes de outono impossibilitariam qualquer ataque pelo mar. Assim, a frota inglesa se dispersou e o exército saiu.

Naquele mesmo dia, um outro reivindicante do trono inglês, o rei norueguês Harald Hardraade, chegou ao estuário do Tyne. Juntando forças com o irmão ressentido de Harold, Tostig, antes Duque de Nortúmbria, Hardraade dominou York, em 20 de setembro. Harold rapidamente reuniu um exército de não mais de 2 mil homens e saiu em direção Norte, deixando totalmente sem defesa o Sul da Inglaterra.

Os ingleses encontraram as forças norueguesas na Ponte Stamford, em 25 de setembro, e as massacraram. Hardraade e Tostig foram mortos, e, dos 300 barcos vikings que haviam chegado no Tyne, apenas vinte e quatro foram necessários para levar para casa os sobreviventes. William suspirou aliviado quando ouviu as notícias. Considerava Hardraade um inimigo muito mais terrível que Harold.

Dois dias depois, o vento no Canal virou-se para o sul. Parece que William planejou navegar diretamente até o norte, a partir da Normandia, e parar na Ilha de Wight, o que lhe deu uma base costeira para ataques em terra firme. No entanto, uma ventania ocidental o levou do Canal até Pevensey, onde ele chegou, em 28 de setembro. Lá, na praia, ele construiu um forte temporário nas ruínas de uma fortaleza romana. Dois dias depois, ele moveu todo o seu exército dezesseis

HASTINGS • 1066

A tapeçaria de Bayeux celebra a vitória normanda sobre os ingleses na Batalha de Hastings. Tem 70 metros de comprimento e meio metro de largura, com mais de 70 cenas contando a história da batalha. Aqui, o rei inglês Harold é morto por uma flecha no olho.

quilômetros para o leste, para o pequeno porto pesqueiro de Hastings, que propiciou uma base muito melhor para uma invasão. Lá, acima da cidade, ele construiu dois fortes de madeira com fossos cercados.

Em 2 de outubro, Harold soube que William havia chegado e começou sua marcha em direção sul. Em Londres, reuniu apressadamente uma força com cerca de 7 mil homens, fracamente armados, a maioria sem treinamento. Embora William não fosse uma ameaça real a Londres e ao assento do poder, seus homens estavam saqueando Kent — o condado de Harold —, por isso Harold praticamente não tinha opção, além de marchar a sul e confrontá-lo.

Harold chegou diante de Hastings, em 13 de outubro, onde acampou durante a noite. Quando William cavalgou para fora de sua fortaleza de Hastings, às seis da manhã seguinte, meia hora antes do nascer do sol, encontrou o exército de Harold já em formação. Eles estavam em dez ou doze fileiras e distribuídos ao longo de uma serra alta, bloqueando seu caminho. Os flancos ingleses estavam protegidos por correntezas e depressões, e sua retaguarda, por uma encosta íngreme.

O solo era alagadiço na base da serra. Apenas uma faixa estreita no centro era firme o bastante para o exército de William transpor conforme marchava rumo à batalha. William enviou suas tropas através dessa estreita brecha e os colocou em formação no pé da serra — os franceses à direita, os bretões à esquerda e seus próprios normandos no centro. Foi um movimento arriscado, especialmente para aqueles à esquerda, porque apresentavam seu lado desprotegido ao inimigo. Os ingleses poderiam ter descido a encosta como um enxame e atacado a qualquer tempo, mas Harold mostrou uma precaução incomum, mantendo sua posição no solo elevado.

Os arqueiros normandos moveram-se para a frente e dispararam, quando eram aproximadamente 9h30 da manhã, mas as flechas foram contidas por uma parede de escudos ingleses, e os arqueiros, expostos em sua posição, sofreram grandes perdas. A infantaria normanda foi a próxima. Foram mortos por ingleses com alabardas nas duas mãos. Observando o problema, William enviou a cavalaria, mas sua eficácia foi prejudicada ao atacar encosta acima.

Quando a cavalaria recuou, no entanto, os ingleses, indisciplinados, saíram em perseguição, indo de encontro à infantaria normanda. A linha normanda começou a ceder, e circulou um rumor sobre a morte de William, o que fez alguns normandos fugirem. Sentindo que isso poderia se transformar em uma comoção, William ergueu seu capacete para que seus homens vissem que estava vivo. Isso acalmou suas tropas. Eles atacaram e retrocederam em filas, mantendo uma implacável pressão na linha inglesa, enquanto davam a si mesmos períodos de descanso.

Ocasionais ataques simulados atraíram mais ingleses encosta abaixo, rumo à morte, mas essa tática também custou algumas vidas normandas. À noite, William sabia que precisava vencer naquele dia ou render-se, pois Harold teria reforços no dia seguinte, enquanto William não teria nenhum. Ele ordenou um ataque total, e, dessa vez, os arqueiros atiraram para o alto, e as flechas em queda diminuíram as linhas inglesas. Os ingleses foram forçados a diminuir a sua linha, a fim de manter sua parede de proteção, o que deixou espaço para os normandos montarem a serra nos flancos. A essa altura, o exército normando transformou-se em uma máquina assassina, mas eles demoraram mais duas horas para abrir caminho, com uma gadanha[1], até onde Harold havia caído, possivelmente morto por uma flecha no olho. Seus irmãos Gyrth e Leofwine morreram com ele.

Os ingleses em fuga executaram uma vigorosa ação reacionária na fronteira da floresta de Andredsweald que cobria boa parte de Kent, mas foram reduzidos para um homem. A estrada até Londres agora estava aberta para William. Em vez de ir direto para a capital, ele a cercou, isolando a cidade. Os líderes ingleses que restavam se renderam a ele em Berkham-stead, e William foi coroado rei na Abadia de Westminster, no Natal de 1066. No entanto, houve resistência contra William até 1071, e foi necessário construir uma série de castelos pelo país para manter as pessoas em submissão.

William expulsou os antigos lordes saxões e repartiu suas terras entre seus cavaleiros. Manteve boa parte do velho sistema saxão de administração e lei, mas isso foi superado com o sistema feudal em prática no Continente, e foi introduzido um corpo de uma nova "lei da floresta" continental.

A conquista também rompeu tradicionais laços da Inglaterra com a Escandinávia, e levou o país, politicamente, à Europa Ocidental. O inglês vernacular foi substituído por latim e franco-normando em documentos oficiais e outros registros, e o inglês escrito não reapareceu até o século XIII.

---

[1] *Gadanha* consiste de uma lâmina na extremidade de um cabo de madeira ou metálico de aproximadamente 170 centímetros, com uma pega perpendicular no extremo oposto e outra pega no meio para fornecer controle sobre a posição da lâmina. (N. R.)

Crécy
A Inglaterra Domina a Europa
1346

A vitória dos arqueiros ingleses sobre cavaleiros montados franceses, em Crécy, fez da Inglaterra o poder dominante na Europa Ocidental pelos próximos cem anos. Ela também uniu a França em uma única nação.

Q UANDO O REI FRANCÊS CARLOS IV MORREU, em 1328, o trono francês foi reivindicado por Eduardo III da Inglaterra, com base no fato de Isabela, sua mãe, ser irmã de Carlos IV. Eduardo era também Conde de Ponthieu, na costa francesa, e Duque de Guyenne, que era parte de Aquitaine, no sudoeste da França.

No entanto, de acordo com a Lei Sálica dos francos, uma herança não poderia ser transmitida pela linha feminina. Naquele ponto, Filipe de Valois, filho de outro ramo da família, também reivindicou o trono. Uma assembleia da França foi convocada para resolver a questão. Nomearam Valois como Filipe VI, e Eduardo pareceu aceitar a decisão. No entanto, quando Filipe tentou confiscar Guyenne, em 1337, Eduardo reafirmou sua reivindicação ao trono e foi para a guerra. Os ingleses apossaram-se da ilha de Cadzand, ao largo da costa de Flandres, em 11 de novembro, e logo depois fizeram uma aliança com os flamengos. Isso possibilitou a Eduardo uma cabeça de ponte para uma invasão em escala total. A recompensa foi enorme, porque a França era o país maior e mais rico na Europa naquela época, com uma população de 20 milhões de habitantes.

A população da Inglaterra era de apenas 4 milhões de habitantes, mas foi um temível inimigo. Mais unida que a França, seus oficiais eram fiéis ao estado central. Tinham a experiência do combate aos escoceses, e seus homens eram familiarizados com batalhas e disciplinados. Mais: os ingleses tinham arqueiros que usavam um tipo especial de arco longo — um camponês arqueiro poderia abater o melhor dos cavaleiros da França a uma longa distância.

CRÉCY • 1346

A eficácia do arco longo inglês já fora demonstrada contra os escoceses, primeiro na Batalha de Dupplin Moor, em 1332, e então em Halidon Hill, em 1333. As bestas flamengas também não foram páreo para o arco longo inglês na Batalha de Cadzand, em 1337, e os franceses descobriram sua eficácia em uma batalha naval em Sluys, em 1340.

No entanto, as tentativas de Eduardo de invadir a França foram um fracasso, em 1339 e em 1340. Ele tentou de novo, em julho de 1346, desembarcando perto de Cherbourg com seu filho mais velho, Eduardo, o Príncipe Negro. Eles avançaram rapidamente através da Normandia, tomando Caen, após um breve cerco. Os ingleses, então, seguiram para Rouen, onde souberam que Filipe VI estava concentrando um exército perto de Paris. A bandeira de guerra da França, a auriflama, fora tirada de seu lugar na Abadia de Saint-Denis. As pontes que cruzavam o Sena estavam rompidas, então Eduardo moveu seu exército para o norte, a fim de ter uma clara linha de retirada para Flandres. Mas seu caminho foi bloqueado pelo Rio Somme, que estava em cheia. Agora, um grande exército francês estava em seu rastro. Finalmente, ele cruzou perto de Blanchetaque e então se virou para enfrentar os franceses fora da vila de Crécy, em seu feudo de Ponthieu.

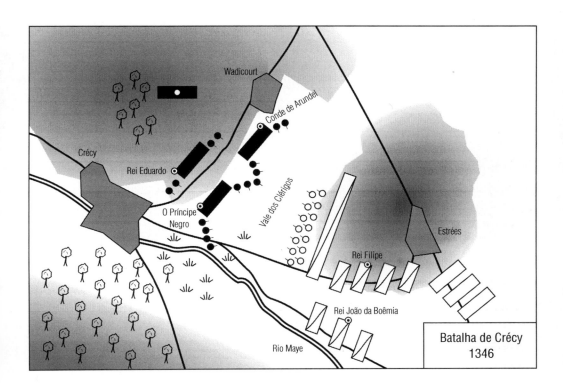

Batalha de Crécy
1346

Em Crécy, os cavaleiros franceses enviaram os besteiros[1] italianos que haviam se juntado a eles como mercenários. No entanto, eles não estavam prontos para encontrar os arqueiros ingleses, que fizeram chover flechas letais.

Muito superado em números, Eduardo posicionou seu exército para uma batalha defensiva em formação de grade, pronto para receber o ataque francês. Perto da vila de Wadicourt, à esquerda, estavam 3 mil arqueiros, mil cavaleiros desmon-

---

[1] Os *besteiros* eram soldados medievais equipados com bestas. Geralmente, envenenavam a extremidade de suas flechas com *elleboro*, ou *varatro negro*. (N. R.)

tados e alguns soldados de infantaria galeses. Estavam sob comando de Eduardo, Príncipe de Gales, de dezesseis anos, que depois chegou à fama em seu direito como o Príncipe Negro. Seus comandantes eram o Conde Godfrey de Harcourt e os Condes de Oxford e de Warwick, junto com quatro cavaleiros da liga — Lorde Stafford, Lorde Burghersh, Sir John Chandos e Sir Thomas Holland. Atrás deles, em uma cadeia montanhosa, o Rei manteve uma reserva de 2 mil arqueiros e 700 cavaleiros desmontados.

Essa modesta força de apenas 10 mil enfrentou um exército de 60 mil franceses, incluindo 12 mil soldados montados. No entanto, a força francesa não tinha disciplina e era desorganizada. Assim como as tropas trazidas pela nobreza francesa, havia contingentes estrangeiros sob o Rei Jaime II de Majorca, o Duque de Lorraine e Carlos, Rei dos Romanos, além de centenas de cavaleiros alemães e boêmios sob comando do rei cego João da Boêmia. Embora estivesse clara a superioridade do arco longo inglês sobre as bestas continentais, os cavaleiros franceses estavam prestes a ser liderados para a batalha por 6 mil besteiros provenientes de Gênova, sob os comandantes Carlo Grimaldi e Odone Doria. Estava chovendo, no entanto, e as cordas das bestas estavam molhadas.

Os soldados a pé haviam marchado por dezoito horas, quando os franceses localizaram os ingleses, por volta de seis horas da tarde. Filipe queria acampar para que o restante do exército os alcançasse, mas os cavaleiros estavam ansiosos para a batalha. Eles gritaram "Matar!", dando a impressão de que a batalha já havia começado. Incapaz de controlar seus homens, Filipe decidiu atacar.

Os besteiros genoveses seguiram em frente, seguidos por uma linha de cavaleiros sob o comando do Conde de Flandres e do Conde Carlos II de Alençon, que era irmão do rei. Quando se aproximaram dos ingleses, os genoveses lançaram sua primeira saraivada de flechas, que não chegaram até lá. Quando eles começaram a recarregar, foram atingidos por um ataque de flechas inglesas. Quase 60 mil caíram nos próximos sessenta segundos. Ao mesmo tempo, os genoveses foram golpeados com pedras e rochas arremessadas de catapultas inglesas.

Os genoveses viraram as costas e correram, mas se depararam com o caminho bloqueado por uma linha de cavaleiros. Os besteiros em fuga também haviam bloqueado o avanço dos cavaleiros, e Filipe, irritado, ordenou que seus cavaleiros os matassem. Os ingleses se deleitaram com a imagem dos franceses massacrando seus próprios mercenários, enquanto eram golpeados por flechas inglesas. Quando os cavaleiros franceses finalmente voltaram a sua ira para o inimigo, havia poucos restantes, e eles causaram um impacto pequeno nas linhas inglesas.

O campo de batalha estava repleto de mortos e de moribundos, mas não houve nenhuma tentativa de limpá-lo. Bandos distintos de cavaleiros atacaram diretamente contra as linhas inglesas e foram mortos; efetivamente sem um líder, eles não fizeram nenhuma manobra nem tentaram um movimento flanqueante. Até o cego Rei da Boêmia encontrou a morte ao unir-se ao ataque com um cavaleiro, acorrentado em ambos os lados.

Alguns soldados de Alençon forçaram caminho no flanco esquerdo, em uma tentativa de evitar as flechas inglesas. O Príncipe Eduardo foi derrubado ao chão, e depois resgatado por Richard Fitzsimmons, seu porta-estandarte. Harcourt foi até o rei para pedir reforços, mas Eduardo disse a famosa frase "Deixe o garoto obter suas esporas". No entanto, ele discretamente enviou vinte cavaleiros para o flanco do príncipe, e os homens de Alençon foram dominados.

O rei foi derrubado ao chão duas vezes, durante um duelo com o cavaleiro francês Sir Eustace de Ribeaumont, que, no final das contas, foi feito prisioneiro. Naquela noite, Sir Eustace jantou com Eduardo, que lhe devolveu a liberdade e o recompensou com um cordão de pérolas por sua bravura.

Ao anoitecer, os franceses haviam praticado quinze ataques — em vão. Havia mais de 1.500 soldados (montados e fortemente armados) franceses mortos, junto com incontáveis soldados de infantaria. Os condes de Alençon e de Flandres e Luís II, de Nevers, estavam entre os mortos. Filipe foi derrubado de seu cavalo duas vezes, durante a luta, e, no final, escapou ferido, mas os ingleses mantiveram sua disciplina e não o perseguiram.

A vitória inglesa em Crécy colocou um fim à ordem medieval de batalha, até então lutada entre cavaleiros montados. Depois da batalha, Eduardo partiu para tomar Calais, após um cerco que durou por quase um ano. O arco longo fez da Inglaterra a potência dominante na Europa Ocidental pelos próximos cem anos, adicionando a suas posses grandes porções de terra da França. No entanto, a batalha também causara o efeito de dar à França um senso de nação. A supremacia do arco longo inglês durou até a Batalha de Formigy, em 1453, quando os ingleses enfrentaram devastadores revólveres e canhões franceses. Calais permaneceria em mãos inglesas até 1558.

Agincourt
Vitória do Arco Longo Inglês
1415

A vitória inglesa em Agincourt transformou Henrique V em herói nacional. Ele ganhou a mão da filha do rei francês e, já vivido o bastante, também o direito de sentar-se no trono da França, além do trono da Inglaterra.

EM CRÉCY, OS ARQUEIROS INGLESES (de arco longo) demonstraram sua habilidade em superar cavaleiros montados. Em Agincourt, infligiram uma derrota ainda mais impressionante nos cavaleiros desmontados franceses. O arco longo inglês mais uma vez mostrou seu valor, mas os soldados ingleses de infantaria também demonstraram a destruição que podia ser provocada com espadas e machados empunhados por homens de armadura leve.

Quando Henrique V tornou-se rei da Inglaterra, em 21 de março de 1413, enfrentou uma revolta em grande escala e um plano de assassiná-lo — problemas que ele liquidou rapidamente. Para distrair os ingleses de seus problemas domésticos, ele renovou a Guerra dos Cem Anos contra a França. Muitos dos vários ganhos conquistados por Eduardo III e o Príncipe Negro haviam se perdido, e Henrique exigiu a devolução de Aquitaine e das outras terras cedidas pelo Tratado de Calais em 1360. Então, em 1415, propôs casamento a Catarina de Valois, filha de Carlos VI da França, exigindo como dote as antigas terras plantagenetas da Normandia e de Anjou. Carlos se recusou e Henrique declarou guerra, mas dessa vez ele buscava uma reivindicação ao trono francês.

Henrique desembarcou 11 mil homens na Normandia, em agosto de 1415 e tomou Harfleur no mês seguinte. A essa altura, no entanto, havia perdido quase metade de suas tropas, principalmente devido a doenças. O exército de Henrique seguiu para Calais na esperança de que poderiam navegar de volta para a Inglaterra, mas a retirada sofreu um bloqueio de uma enorme força sob o comando de Carlos I d'Albret, condestável da França. Primeiro, os ingleses tentaram sobrepujar os franceses, mas os números superiores das tropas montadas colocadas em campo pelos franceses impossibilitaram esse objetivo.

O tempo estava terrível, e muitos dos homens de Henrique estavam sofrendo de disenteria. Consequentemente, eles marcharam sem os calções, para diversão dos franceses. O estado do exército inglês e a esmagadora superioridade dos franceses em números permitiram a estes um excesso de confiança. Eles não haviam aprendido a lição de Crécy. Certos da vitória, os franceses pararam os ingleses perto de uma vila chamada Agincourt (agora Azincourt), em Pas-de-Calais.

Em 25 de outubro de 1415, os dois exércitos se ergueram antes do amanhecer e se reuniram para batalha. Henrique tinha aproximadamente 5 mil arqueiros e 900 soldados a sua disposição, e os franceses enviaram ao campo entre 20 mil e 30 mil homens. De acordo com as regras da ordem de cavalaria, o campo de batalha não deveria favorecer nenhum lado, mas os franceses haviam escolhido espontaneamente um campo de batalha desvantajoso para eles. Ele era ladeado por duas florestas a 915 metros. Isso evitaria que a força francesa, maior, fizesse manobras livremente, e os faria parar de flanquear a força inglesa, que era menor.

As linhas de batalha se formaram a aproximadamente 915 metros de distância, entre Agincourt e Tramecourt. Estavam separados por um campo arado recentemente, lamacento depois de dias de chuva. Ele se inclinava um pouco, possibilitando que um exército tivesse boa visão do outro.

Henrique só tinha o comando de soldados o bastante para formar uma linha. Foram dispostos em três grupos — o de avanço, o corpo principal e a retaguarda. Cada grupo tinha aproximadamente quatro homens em profundidade. A esquerda era comandada por Lorde Camous, a direita pelo Duque de York, e o próprio Henrique tomou o comando do centro. Não havia reserva. Os arqueiros assumiram posição em bando, em forma de "V", nos flancos, em ângulo voltado para a frente, de modo que pudessem fornecer disparos pelos flancos. Estavam protegidos por grupos de estacas pontudas de dois metros e meio, marteladas no chão à frente deles em um ângulo para a frente, de modo que pudessem empalar os cavaleiros franceses que atacassem.

Sugeriu-se que uma pequena formação de arqueiros ingleses abrissem caminho através do bosque de Tramecourt até a retaguarda das linhas francesas. De lá, eles teriam conseguido causar confusão nas linhas francesas, e teria sido necessário desviar tropas da batalha principal para lidar com eles. O emprego dessa força seria uma transgressão às regras dos códigos dos cavaleiros, e sua existência foi veementemente negada pelos historiadores ingleses.

No norte, os soldados franceses formaram três linhas. As duas linhas frontais estavam desmontadas e eles carregavam lanças cortadas para combate a pé. A linha de retaguarda permanecia montada. Os arqueiros e besteiros franceses deveriam ter se posicionado entre a primeira e a segunda fileiras, mas todos os nobres franceses queriam estar na linha de frente para que a sua bandeira fosse visivelmente destacada. Consequentemente, houve muita disputa de espaço, o que empurrou os arqueiros e os besteiros para fora dos flancos; com isso, as duas primeiras linhas de soldados se misturaram em uma grande massa caótica.

A cavalaria foi colocada nos flancos — 800 à direita, comandados por Cligent de Breband, e 1.600 à esquerda, sob o comando do Conde de Vendôme. Os franceses também tinham alguma artilharia nos flancos, mas ela nunca contribuiu com mais do que alguns tiros, durante toda a batalha.

Os dois lados estavam agrupados por volta de sete horas da manhã — e então eles esperaram. D'Albret queria que os ingleses atacassem primeiro, porque seus números inferiores os colocariam em desvantagem maior. Alguns franceses até argumentaram que não deviam entrar em batalha de maneira nenhuma; agora que eles tinham os ingleses cercados, deveriam mantê-los lá e deixá-los morrer de fome. Isso não agradou os soldados, que desejam obter honra no campo de batalha. Pelas próximas cinco horas, eles continuaram esperando, gastando o tempo com disputa de posição, estabelecendo placares e jogando insultos para os ingleses. A maioria se recusou a sentar-se, por receio de enlamear a armadura.

Henrique também esperou, pois sabia que um ataque seria custoso. Ele também sabia que tinha de lutar naquele dia. Os ingleses não tinham comida e só ficariam mais fracos; então ele deu a ordem de avançar até 275 metros da posição francesa. Lá, os arqueiros martelaram de novo suas estacas. Esse avanço teria levado pelo menos dez minutos. Se os franceses tivessem atacado nesse momento, poderiam ter aniquilado os ingleses. Mas eles mantiveram sua posição, deixando Henrique com a iniciativa.

Os franceses estavam no limite do alcance dos arqueiros ingleses, mas Henrique ordenou que eles lançassem uma saraivada. Um grupo de flechas pode não ser muito eficiente a essa distância, mas elas provocaram um ruído intenso quando atingiram as armaduras dos franceses. Arqueiros ingleses treinados atirariam até dez lances por minuto, por isso, quando o primeiro atingisse o alvo, um segundo estaria no ar.

As baixas foram pequenas, mas homens e cavalos ficaram feridos. Foi o suficiente para incitar ao ataque a cavalaria nos flancos. D'Albret os seguiu e liderou um ataque de cavaleiros desmontados ao longo do campo lamacento.

O orgulho da aristocracia francesa entrou em batalha em Agincourt, apenas para ser liquidado por arqueiros ingleses. O dia do cavaleiro montado finalmente havia acabado.

Parte da cavalaria havia se perdido por causa do atraso, deixando o ataque com baixo contingente. Os arqueiros teriam conseguido atirar outros seis lances de flechas nos quarenta segundos que teria demorado para a cavalaria francesa alcançar as linhas inglesas; cada arremesso tornando-se mais preciso e mais letal, conforme os franceses avançavam. Com a floresta prevenindo um ataque de flanco, a cavalaria francesa teve de fazer um ataque frontal, com os cavaleiros atrás empurrando os da frente para as estacas inglesas.

Assustada com a chuva de flechas lançadas pelos arqueiros ingleses, a cavalaria francesa virou-se para dentro. Agora eles estavam bem de frente para d'Albret e seus soldados desmontados, e eles estavam fazendo um lento progresso sobre o solo lamacento que, mais adiante, fora desmanchado pelo ataque de cavalaria. Conforme eles se aproximaram, os arqueiros ingleses puderam disparar em seus flancos, e suas flechas estavam preparadas com "pontas Bodkin" — um dispositivo especialmente desenvolvido para penetrar armadura.

Os soldados franceses não tinham defesa contra as flechas inglesas. Eles viam arqueiros como inferiores na escala social, e, consequentemente, oponentes sem valor. Além disso, os arqueiros não ofereciam perspectiva do resgate que um cavaleiro francês poderia esperar se capturasse um nobre inglês. Conforme os franceses avançaram na posição inglesa, o campo se estreitou em quase 140 metros, comprimindo a linha francesa. A chuva de flechas dos arqueiros ingleses nos flancos a comprimiu ainda mais. Quando os homens de d'Albret chegaram à linha inglesa, não tinham mais espaço o bastante para empunhar suas armas.

Os franceses se apressaram nos últimos metros para aumentar o choque do impacto. Mais homens trombaram atrás deles, e o peso de vários empurrou os ingleses para trás. Mas isso causou mais problemas aos franceses. Conforme homens caíam na colisão ou eram abatidos, outros caíam em cima deles. Em tais condições lamacentas, os que usavam armadura completa acharam difícil ficar de pé novamente.

Com a batalha em curso, a artilharia, os arqueiros e os besteiros franceses não podiam ajudar, porque não conseguiam uma linha clara de fogo. No entanto, os arqueiros ingleses nos flancos puderam lançar flechas no grupo de cavaleiros franceses. Mais deles se amontoaram, e muitos franceses foram esmagados até a morte. Como escreveu um historiador inglês: "Mais foram mortos por esmagamento do que os nossos homens poderiam ter matado".

A um sinal de Henrique, os arqueiros ingleses largaram seus arcos e atacaram os cavaleiros franceses com espadas e machados. Muitos se armaram com armas francesas descartadas. Os soldados franceses, com pesadas armaduras,

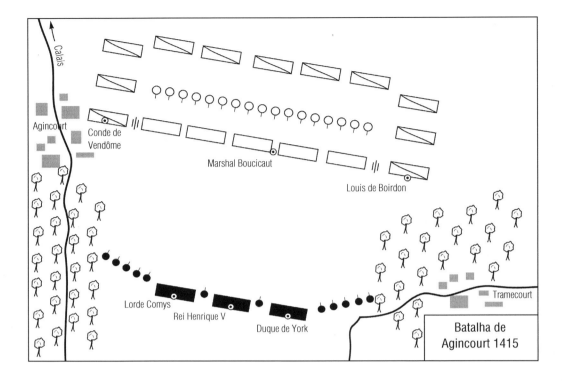

tiveram dificuldade em ficar de pé na lama, por isso ficaram vulneráveis a ataques de tropas levemente armadas, que puderam derrubá-los com pancadas ou golpeando-os atrás dos joelhos. No chão, os soldados franceses puderam ser mortos por um golpe de espada ou de uma adaga usada para misericórdia, através da viseira, ou por uma articulação na armadura.

A linha inglesa cedeu no centro, mas logo se refez. Nenhum lado queria dar espaço, e Henrique estava no meio dela. Muitos cavaleiros franceses tinham jurado matar Henrique, por isso dois soldados ingleses se vestiram como rei. A ameaça era real, pois ambos foram mortos, e o capacete usado por Henrique em Agincourt, agora exposto na Abadia de Westminster, exibe um amassado provocado por uma alabarda francesa.

As primeiras duas linhas francesas estavam quase totalmente destruídas. As tropas foram mortas ou tomadas como prisioneiras. A terceira linha de homens montados se recusou a atacar, apesar dos apelos do Duque de Alençon, que cavalgou para cima e para baixo na linha, encorajando seus homens a atacarem. Finalmente, ele cavalgou até o centro da batalha e alcançou Henrique. Ao reconhecê-lo, ofereceu rendição, mas, quando estendia a sua mão, um soldado inglês o matou com o golpe de um machado.

Os ingleses tinham um problema, quando a escala de sua vitória cresceu. No final da tarde, seus prisioneiros superavam em números todo o exército inglês, e o campo de batalha estava longe de ser seguro. Três cavaleiros e um bando de camponeses, sob o comando do Lorde de Agincourt, atacaram o vagão de bagagem dos ingleses na retaguarda. Ele estava protegido por não mais que um guarda simbólico, que foi rapidamente dominado, e os agressores fugiram com a pilhagem, que incluía uma das coroas de Henrique.

Ao mesmo tempo, os condes de Marle e de Fauquembergues juntaram 600 cavaleiros montados para um novo ataque. Temendo que os prisioneiros fossem uma ameaça para a sua retaguarda na nova luta, Henrique ordenou que os matassem. Essa ordem não foi apreciada. Os soldados ingleses se recusaram, porque matar um homem de mesmo nível depois de uma rendição era uma desonra. Além disso, os arqueiros tinham a esperança de ficarem ricos com a sua parte nos resgates que os nobres franceses atrairiam. Henrique escolheu 200 de seus arqueiros — soldados profissionais e violentos — e ameaçou enforcá-los se não obedecessem a sua ordem. Em questão de minutos, milhares de soldados franceses estavam mortos. Alguns dos feridos foram queimados até a morte, quando Henrique ordenou que ateassem fogo às casas onde estavam. Estudiosos modernos criticaram Henrique por isso, mas naquela época, historiadores franceses foram mais críticos com seus próprios cavaleiros por colocarem Henrique em uma posição na qual isso parecia necessário.

Nessas circunstâncias, os franceses não lançaram outro ataque, mas aproximadamente 2 mil prisioneiros já estavam mortos, e por volta de 10 mil franceses foram perdidos na luta. D'Albret estava morto, junto com Alençon e dez membros da mais alta nobreza, enquanto o Marechal Boucicaut, os duques de Bourbon e de Orléans e os condes de Eu, Richemont e Vendôme sobreviveram ao cativeiro. Os ingleses perderam menos de 450 soldados.

Depois de Agincourt, Henrique conquistou um sucesso após o outro. Obteve domínio sobre o Canal da Mancha, durante a Batalha de Seine, em agosto de 1416, e, por volta de 1419, conquistou a Normandia, a Picardia e boa parte da fortaleza capetiana de Ile-de-France.

Em maio de 1420, Carlos VI foi forçado a assinar o Tratado de Troyes. Henrique conquistou Catarina mediante esses termos, com quem ele se casou, em 2 de junho. Ao mesmo tempo, Henrique tornou-se genro de Carlos e seu regente, e Carlos passou por cima de seu próprio filho para fazer Henrique herdeiro do trono francês. Mas Henrique morreu de disenteria no *château* de Vincennes, em 31 de agosto de 1422. Se tivesse vivido por apenas mais dois meses, teria sido rei da Inglaterra e da França.

Constantinopla
O Fim do Império Bizantino

1453

Constantinopla foi fundada pelo imperador romano Constantino, em 1º de maio de 330, como uma cidade cristã. Mais de 1100 anos depois, sucumbiu ao islamismo e os cristãos foram expulsos. Apenas em 1930 ela se tornou, oficialmente, Istambul.

A queda de Constantinopla marcou o fim do Império Bizantino, o último vestígio do velho Império Romano. Os artistas expulsos por sua queda fugiram para a Itália, onde estabeleceram as bases da Renascença Italiana.

O IMPÉRIO ORIENTAL FLORESCEU MUITO TEMPO DEPOIS que o Império Romano do Ocidente havia caído. Baseado em Constantinopla (antes Bizâncio), era conhecido como Império Bizantino. No entanto, no século XIV, enquanto a Europa se vitimava com a Peste Negra ou se devastava em guerras destruidoras, uma nova potência emergiu na região. Um líder turco chamado Osman reuniu um exército altamente treinado e seguiu em uma campanha de conquista. Como resultado disso, o Império Otomano tem seu nome por causa dele.

Depois de um século de lutas, os otomanos controlaram boa parte da Ásia Menor e dos Bálcãs. Tentadoramente, o enclave cristão de Constantinopla estava quase no centro de seu império islâmico. Quando Mohamed II (conhecido em turco como Mohamed, o Conquistador) subiu ao trono, em 1444; seu sonho era colocar o símbolo do Islã nos pináculos e domos resplandecentes da grande cidade na entrada para o Bósforo.

Ele traçou seus planos cuidadosamente. Primeiro, assinou tratados de paz com a Hungria e com Veneza, em termos tão favoráveis a eles que foram efetivamente mantidos fora da disputa. Então, ele passou o ano de 1452 construindo a fortaleza de Bogazkesen (agora Runeli Hisari), com uma vista panorâmica do Bósforo ao norte. Ele cobriu o sul reunindo uma frota de trinta e uma galés no Mar de Mármara. Eram equipados com canhões do maior calibre já visto na Europa. A cidade estava cercada.

Quando Constantino XI subiu ao poder em Constantinopla, em 1449, encontrou a cidade espantosamente mal preparada para a guerra. As fortificações estavam dilapidadas, e apenas 5 mil da população de 40 mil desejavam se reunir pela bandeira. Eles não tinham aliados sobre quem falar. O Papa, em Roma, não pretendia vir em socorro da Igreja Ortodoxa Oriental, que era baseada lá, e o rei da França estava preparado apenas para oferecer asilo a Constantino, no caso de uma derrota. O único apoio com o qual Constantino poderia contar era um pequeno grupo de mercenários venezianos e genoveses, sob comando do bravo e talentoso Giovanni Giustiniani.

Mohamed chegou com um exército de 200 mil homens, ávidos por saquear a cidade. Mandou enviados com o pedido de que Constantino se rendesse; após a rejeição, começou um cerco à cidade. No entanto, os navios otomanos foram obstruídos por correntes jogadas através da embocadura do Chifre de Ouro, então eles foram puxados para a terra para atacar a cidade pelo norte. Algumas armas dos navios foram usadas para bombardear os muros da cidade a partir do lado voltado para a terra, e cada uma precisou de quarenta pares de bois para movê-las. Uma delas explodiu, matando muitos turcos.

Constantino enviou emissários em uma tentativa de espalhar derrotismo entre as tropas turcas. Eles falharam. O moral na cidade era o problema, combinado com a disciplina deficiente e uma falta de defesas coordenadas.

Mohamed II começou seu ataque em 29 de maio de 1453, e logo descobriu que a cidade não seria tão fácil para conquistar quanto ele havia pensado. Giustiniani havia posicionado seus homens entre os muros defensivos internos e a enorme muralha externa, e os portões da cidade estavam fechados atrás deles, de modo que ninguém pudesse entrar ou sair. Eles não tinham escolha além de ficar e lutar.

Os mercenários tiveram um bom desempenho. Empurraram as escadas que haviam sido arremessadas através do fosso até o alto dos muros, e rapidamente consertaram o estrago causado pela artilharia turca. Vários ataques foram repelidos, mas então Giustiniani foi atingido por uma flecha ou um projétil de pedra, ferindo-se mortalmente. Isso tirou o espírito de luta de seus homens. Quando os portões da cidade foram abertos para admitir os feridos, os mercenários correram para dentro da cidade.

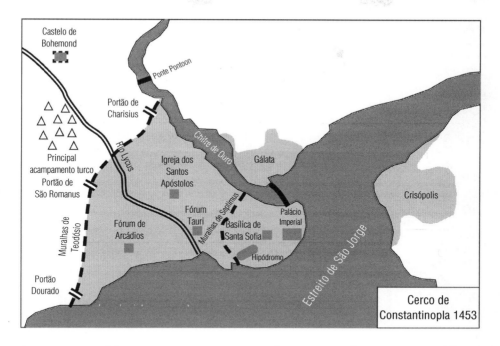

Cerco de Constantinopla 1453

Os turcos rapidamente atravessaram o fosso e escalaram as muralhas, que agora estavam sem defesa, Mohamed II cavalgou para dentro da cidade.

Constantino fora assassinado, provavelmente pisado até a morte, durante a debandada geral — embora haja uma história de que ele morreu em uma heróica luta final. A população da cidade refugiou-se na grande basílica de Santa Sofia — a Igreja da Sagrada Sabedoria começou pelo primeiro imperador romano cristão Constantino, quando ele estabeleceu sua nova capital, Nova Roma (que mais tarde recebeu o nome dele), no velho porto grego de Bizâncio. Tropas turcas derrubaram a porta e massacraram os que estavam dentro ou os venderam como escravos. A catedral, então, foi transformada em mesquita.

Mohamed deixou seus homens saquearem a cidade durante os tradicionais três dias. Depois, todos os habitantes remanescentes foram removidos. Artistas bizantinos procuraram refúgio na Itália, acendendo as chamas da Renascença, e a cidade foi repovoada por pessoas de todo o Império Otomano. Por mais de 1000 anos, Constantinopla fora a capital do Império Bizantino Cristão. Agora, era a capital do Império Otomano Islâmico. Mudou gradualmente seu nome para Istambul, que surgiu quando comerciantes árabes do século XIII entenderam errado o grego *eis ten polin* ("na cidade"). Em 1923, depois da queda do Império Otomano, a capital da nova república turca foi transferida para Ankara, na Ásia Menor, no outro lado do Bósforo, embora a antiga Constantinopla continue a maior cidade da Turquia. Seu nome mudou oficialmente para Istambul em 1930.

Bosworth
O Começo da Era Tudor

1485

A Batalha do Campo de Bosworth finalmente colocou um fim na luta entre dinastias adversárias para o trono da Inglaterra. Ela precedeu a era Tudor, quando uma Inglaterra unida ergueu-se para ser um poder predominante.

A BATALHA DO CAMPO DE BOSWORTH, em 1485, marcou o fim da Guerra das Rosas. As casas de York e de Lancaster, cujos símbolos eram rosas brancas e vermelhas, haviam brigado pelo trono da Inglaterra, durante os mais de trinta anos que levaram até a batalha. Ela colocou um fim na dinastia Plantageneta, que havia governado a Inglaterra desde que Henrique II subira ao trono, em 1154, e marcou o fim da Idade Média na Inglaterra. O país não estaria mais nas mãos de soberanos rivais. Em vez disso, todos os seus assuntos deveriam estar submissos a uma única coroa.

O vencedor, Henrique Tudor, Conde de Richmond, era um galês, mas ele era membro da facção lancastriana por meio de sua mãe. Não tinha uma forte reivindicação para ser rei, mas as guerras entre Lancaster e York havia matado todos os melhores candidatos. Após a derrota lancastriana na Batalha de Tewkesbury, em maio de 1471, seu tio Jasper Tudor o levou — então com catorze anos — para exílio na Bretanha, por questões de segurança. Os iorquistas agora estavam tão seguros no trono, que a impressão era de que ele poderia ficar lá até o fim da vida.

No entanto, Eduardo IV morreu em abril de 1483, e seu filho Eduardo V, de doze anos, sucedeu com seu tio Ricardo Plantageneta, Duque de Gloucester, como protetor. Ricardo, que já fora considerado responsável pelas mortes de Henrique VI, de seu filho, Príncipe Eduardo, e de seu próprio irmão, o Duque de Clarence, tomou o garoto de sua mãe. Ela era membro da poderosa família Woodville, e alguns Woodvilles foram presos e executados. Ricardo hospedou Eduardo na Torre de Londres, na época um palácio real. O irmão de Eduardo, Ricardo,

Duque de York, foi trazido para acompanhá-lo. Ricardo, então, declarou inválido o casamento de seu irmão com Isabel Woodville, transformando em bastardos os dois príncipes. As crianças desapareceram, e muitos presumem, sob influência de Shakespeare, que eles foram assassinados por Gloucester, que então tomou o trono como Ricardo III, em 6 de julho de 1483. Em 1674, quando alterações na construção estavam em andamento na Torre, foram encontrados esqueletos de duas crianças. Assumidos, de modo geral, como das duas infelizes crianças, eles foram levados para a Abadia de Westminster, onde foram enterrados.

Ricardo foi largamente visto como usurpador. Seu ex-aliado, Henrique Stafford, Duque de Buckingham, levantou uma rebelião no sul da Inglaterra; embora rapidamente contida, enfraqueceu ainda mais a causa iorquista. Lancastrianos exilados se juntaram a Henrique Tudor, e seus conselheiros o convenceram de que seu tempo havia chegado.

Em 1º de agosto de 1485, a frota de Henrique saiu de Harfleur, na Normandia, levando uma força de 2 mil mercenários franceses sob comando de Philibert de Chaundé, e alguns lancastrianos proeminentes, incluindo Jasper Tudor, o Bispo de Ely e John de la Vere, Conde de Oxford. Um "suave vento sul" os conduziu caminho abaixo no Canal e ao longo de Land's End. Seis dias depois de sair da França, eles chegaram a Milford Haven, em Pembrokeshire, que era parte do condado de Jasper Tudor. Henrique passara boa parte de sua infância lá, e os galeses locais correram em sua ajuda.

Conforme o crescente exército de Henrique marchava em Gales sem oposição, ficava claro para Ricardo que seus partidários não podiam ser confiáveis. Um deles, William Stanley, não fez nenhum esforço para impedir o progresso dos rebeldes. Seu irmão Thomas, Lorde Stanley, estava preso e implorou que o deixassem voltar a suas terras em Lancashire, alegando saúde precária. Ricardo lhe deu permissão para ir apenas se ele deixasse o filho, Lorde Strange, como refém.

Não havia falta de suporte para Henrique na Inglaterra. Em Shrewsbury, juntaram-se a ele 500 homens sob o comando de Sir Gilbert Talbot; em Atherstone, em Warwickshire, ele encontrou William e Thomas Stanley, que permaneceriam neutros a essa altura. Quando chegou a Leicestershire, Henrique havia reunido uma força de 5 mil homens.

Ricardo estava em Nottingham e temia que os rebeldes se apressassem em direção a Londres. Em 19 de agosto, ele seguiu a sul, para Leicester, com aproximadamente 8 mil homens.

Na liderança da coluna estavam 200 cavaleiros e 1.200 arqueiros sob o comando de John Howard, Duque de Norfolk. O próprio Ricardo comandou a força principal de 3 mil homens armados com lanças e alabardas. Na retaguarda, sob

Ricardo III e Henrique Tudor, Conde de Richmond e futuro Rei Henrique VII da Inglaterra, cruzam espadas no campo em Bosworth.

comando de Henry Percy, Conde de Northumberland, havia outros 2 mil alabardeiros. Guardando a retaguarda e os flancos, 1.500 cavaleiros. Eles eram uma força robusta, profissional, e seus líderes — Ricardo e Norfolk — haviam ganhado fama em batalhas comandas por Eduardo IV.

Os dois exércitos se encontraram cedo, em 22 de agosto, na vila de Sutton Cheney, a quase vinte quilômetros a oeste de Leicester e a quase cinco quilômetros a sul de Market Bosworth. Aproximadamente 4 mil homens, sob comando dos irmãos de Stanley, também estavam nos arredores, prontos para se juntarem a qualquer lado que aparentasse estar vencendo. Ricardo enviou a Lorde Stanley uma mensagem: se ele não se unisse às forças do rei, seu filho Lorde Strange seria assassinado. Stanley respondeu que tinha outros filhos, mas Ricardo não matou o garoto — o que é estranho sob a ótica de sua reputação.

Ricardo tomou posição em Ambien Hill, o que lhe deu vantagem devido ao solo elevado. O Conde de Oxford, liderando a tropa dianteira do exército de Henrique, começou o ataque, mas as formações de Tudor foram fragmentadas pelo solo pantanoso na base da cordilheira. Se Ricardo tivesse atacado nesse momento, aproveitando a vantagem da desordem nas fileiras do inimigo, provavelmente teria vencido. Nessas circunstâncias, ele recuou. Talvez o motivo seja Ricardo não poder contar com seus homens. Um historiador registrou que entre eles havia muitos que "desejavam o rei morto; portanto, lutaram frouxamente".

Oxford restaurou a ordem e trouxe artilharia para atacar o exército de Ricardo, concentrado colinas acima. O ataque causou poucas baixas, mas produziu um efeito psicológico nas tropas, cujo moral já estava baixo. Oxford, então, juntou seus homens ao redor de seu próprio estandarte e os liderou colina acima em duas horas de luta corpo a corpo.

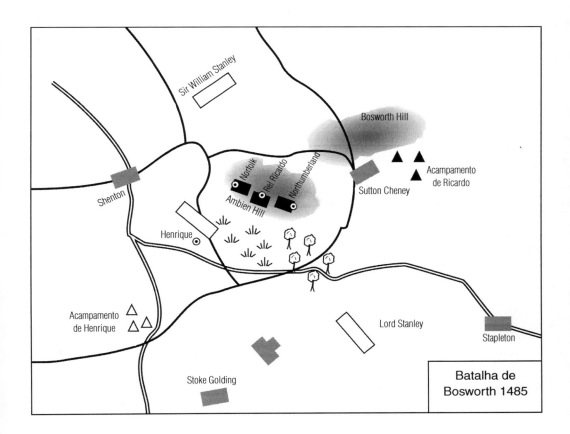

Norfolk foi morto mais cedo na batalha — dizem que pelo próprio Oxford —, e seu filho, o Conde de Surrey, foi capturado. Isso baixou ainda mais o moral dos homens de Ricardo. Um mensageiro foi visto se afastando a cavalo para levar as notícias aos Stanleys, que prontamente juntaram-se ao lado de Henrique na batalha. Notando para qual lado o vento soprava, Northumberland se recusou a enviar suas tropas de reserva, e as forças iorquistas começaram a se dissolver.

Para Ricardo, havia ainda uma pequena chance de ganhar — ou seja, se Henrique morresse. Agarrando uma alabarda, ele montou em seu cavalo branco de batalha e cavalgou diretamente até Henrique, acompanhado por seu corpo de guarda de oito cavaleiros. Abriu caminho através das fileiras de soldados galeses e matou Sir John Cheney, um homem consideravelmente maior e mais forte que ele. Em seguida, matou o porta-estandarte pessoal de Henrique, Sir William Brandon. As adversidades que ele enfrentou foram avassaladoras. Foi derrubado do cavalo e morto em um pântano antes que pudesse alcançar Henrique, sendo o segundo rei inglês a ser morto em batalha na liderança de suas tropas.

Dizem que a coroa de Ricardo foi encontrada em um espinheiro. Lorde Stanley, cuja traição havia vencido, depois coroou Henrique Tudor rei da Inglaterra no campo de batalha.

Com Ricardo morto, a luta terminara. O exército de Ricardo perdera aproximadamente mil homens; o de Henrique, apenas duzentos. Na época, as baixas foram consideradas leves. O corpo de Ricardo foi jogado no dorso de um cavalo e levado a Leicester, onde foi exibido para ridicularização pública durante dois dias antes de ser enterrado na Igreja Greyfriars.

No ano seguinte a Bosworth, o novo Henrique VII casou-se com Isabel de York, unindo os dois ramos rivais da agora extinta família Plantageneta. A vitória de Henrique em Bosworth marcou o início de 118 anos de domínio Tudor, tempo em que a Inglaterra tornou-se a principal potência na Europa.

O fato de Ricardo III ser registrado como um dos piores vilões na história inglesa é largamente atribuído ao retrato que Shakespeare fez dele na peça homônima. Shakespeare escreveu na era Tudor, por isso tinha boas razões para obscurecer a personagem de Ricardo. Naquela época, pensava-se que deformidades físicas eram compatíveis com deformidades morais, por isso Ricardo é retratado na peça como um horrível corcunda de pé torto. No entanto, parece improvável que ele fosse tão feio quanto Shakespeare o representou, porque deixou sete filhos ilegítimos.

Lepanto
A Derrota da Marinha Turca
1571

A grande batalha naval em Lepanto frustrou os planos do sultão turco Selim II para expulsar as frotas cristãs da extremidade ocidental do Mediterrâneo.

COM A EUROPA DESTROÇADA PELA REFORMA e pelas guerras religiosas que seguiram em seu rastro, o sultão turco Selim II planejou coroar a captura de Constantinopla expulsando as frotas cristãs do leste do Mediterrâneo, deixando caminho aberto para uma invasão da Itália e talvez a captura de Roma.

Ele começou invadindo Chipre, então sob controle veneziano. Tomou Nicosia, em 9 de setembro de 1570 e então sitiou Famagusta. Veneza pediu ajuda ao Papa Pio V, que se voltou à Espanha, o mais leal país católico na Europa. Em sua carta a Filipe II da Espanha, ele advertiu: "Nossos inimigos, os turcos, construíram, com grande cuidado e vitalidade, uma frota de tamanho antes nunca visto, e um exército dificilmente menos considerável". A frota turca era vista como a maior do planeta, naquela época.

O Papa e a Espanha formaram a Liga Sagrada com Veneza e o estado italiano de Gênova. Tal como Veneza, Gênova era uma potência marítima e tinha muito a perder se lhe fossem negadas as rotas marítimas para o leste, por isso Filipe da Espanha enviou seu meio-irmão Don Juan de Áustria para comandar sua frota. Apesar de ter apenas vinte e cinco anos, Don Juan já havia se provado lutando contra piratas mouros no Mediterrâneo e contra moriscos — cristãos de origem moura — em Granada. Ele preparou uma frota para se igualar à de Selim, navio por navio. Ela incluía algumas velozes galés venezianas, que provariam ser uma inclusão decisiva. Equipadas com remos e velas, as galés tinham baterias de armas que giravam para que pudessem atirar para a frente e para os lados. Além disso, a frota aliada tinha fragatas e bergantins velozes, usados para reconhecimento, e grandes galés propulsionadas por fileiras de remadores.

A frota turca foi comandada pelo governador de Alexandria, Mohammed Saulak, também conhecido como Siroco, pelo grande estrategista Ali Pasha e pelo dei de Argel, Uluj Ali. Uluj era um italiano aventureiro que antes fora monge e pescador; quando se converteu ao Islã, tomou o comando de um bando de corsários da África do Norte.

Depois da invasão de Chipre, os turcos entraram no Adriático e tentaram tomar Corfu. Quando falharam, recuaram para as águas protegidas entre o Golfo de Pratas e o Golfo de Corinto e ficaram ancorados perto de Lepanto (atual Návpaktos), na Grécia. A frota de Don Juan seguiu para proteger Corfu, em 15 de setembro de 1571. Subsequentemente, quatro esquadrões foram enviados para atacar a tropa turca.

O moral nos navios cristãos estava alto. Um remador escreveu: "Nós, os combatentes do Papa, estamos plenos de alegria agora que a decisão foi tomada. Estamos preparados para dar a vida à Santidade e à Fé. Estamos navegando para o combate e devemos proclamar vitória". O autor era um convicto condenado às galés.

Na manhã de 7 de outubro de 1571, Don Juan inspecionou sua frota. Navegou entre eles segurando um crucifixo de marfim, dizendo: "Afiem as suas garras. Essa [os turcos] carcaça é dura. O dia será difícil".

Os turcos estavam igualmente confiantes da vitória. Ali Pasha pediu que seus homens não tivessem misericórdia. "Esses cristãos vieram para serem devorados vivos", disse.

A frota turca parecia estar à altura de qualquer coisa que os cristãos pudessem jogar contra ela, mas na verdade tinha várias desvantagens. Enquanto os

Foi necessário o poder naval conjunto da Espanha e dos estados marítimos de Veneza e Gênova para infligir uma derrota decisiva à poderosa marinha turca.

soldados de Don Juan tinham armadura, os turcos possuíam pouca proteção. Eles tinham poucos canhões, comparados aos que abundavam nos navios cristãos, além de um ponto fraco oculto no fundo dos navios: muitos de seus escravos das galés, fazendo ali trabalhos forçados, eram, na verdade, cristãos capturados, sem razão para desejar uma vitória turca.

A frota cristã formou-se em uma linha norte-sul. Na extremidade norte, mais perto da costa, estavam cinquenta e três galés venezianas sob comando de Barbaringo. Havia sessenta e duas galés no centro, sob comando do próprio Don Juan, e, à direita, na extremidade sul da linha, havia outras cinquenta e três galés, sob o comando de Gian Andrea Doria. As galés venezianas estavam liderando a linha cristã. Trinta e oito galés ficaram como reservas atrás da linha principal, enquanto oito se formaram em um grupo de reconhecimento. No entanto, elas estavam investigando algumas ilhas longe da costa e falharam em notar o avanço da frota muçulmana.

Detalhes sobre como os turcos se dispuseram são menos precisos. Sob o comando de Siroco, havia cinquenta e quatro galés mais duas galés leves à direita da extremidade norte da linha deles. Havia uma força maior no centro, sob o comando de Ali Pasha, e uma terceira ao sul, comanda por Uluj Ali. Na reserva, oito galés, vinte e duas galés menores e sessenta e quatro fustas.

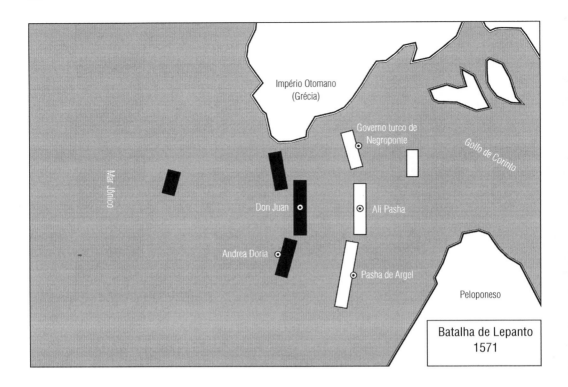

Conforme as duas frotas se aproximaram uma da outra, Doria viu que a linha de Uluj Ali se estendia adiante, para o sul. Para evitar que fosse flanqueado, seguiu em direção sul. Uluj tirou vantagem disso atacando a extremidade sul da divisão central de Don Juan, antes que Doria pudesse voltar e juntar-se à batalha.

No entanto, as galés cristãs haviam feito o estrago. Atacaram através da linha turca, descarregando suas armas. Ao norte, Siroco conseguiu girar o flanco dos aliados, mas isso o colocou entre a frota cristã e a costa. Com menos armas, os turcos dependiam de abrir brechas nas embarcações da frota aliada e manobrar perto o bastante para embarcar. Nisso, eram atrapalhados por seus remadores cristãos. Durante uma batalha intensa, que durou aproximadamente quatro horas, Siroco e Ali Pasha conseguiram colocar destacamentos de ataque nos navios-capitânia cristãos. No entanto, nenhum foi perdido, apesar da morte de um almirante veneziano e de um ferimento mortal em Siroco.

Enquanto ações sangrentas continuaram em ambos os flancos, a batalha foi decidida no centro, onde homens em armaduras pesadas saltavam nos navios da esquadra de Ali Pasha. O próprio navio de Ali Pasha foi abordado, e, contra as ordens de Don Juan, Ali Pasha foi decapitado. Sua cabeça foi exibida no topo do mastro do navio-capitânia espanhol. Os turcos, desmoralizados, fugiram. Como troféu, Don Juan também pegou a Tenda Sagrada, coberta com 29 mil inscrições referentes ao nome de Alá, que havia adornado o navio-capitânia de Ali Pasha.

No total, os turcos perderam 180 galés maiores e sessenta galés menores, enquanto 117 galés maiores e seis galés menores estavam em condições boas para operação. Onze galés cristãs foram destruídas ou estavam em condições tão ruins que precisaram ser postas a pique, e uma galé veneziana fora capturada. Os turcos perderam aproximadamente 30 mil homens, e os cristãos, por volta de 9 mil; embora tenham libertado duas vezes mais prisioneiros cristãos. Entre os 16 mil cristãos feridos estava Miguel de Cervantes, que mais tarde escreveu *Don Quixote*. Ele era um soldado a bordo do Marquesa. Apesar de afligido por uma febre, ele se recusou a ficar embaixo, e foi para o centro da luta. Sofreu dois ferimentos a bala, no peito, e um terceiro inutilizou para sempre a sua mão esquerda.

Depois da batalha, os turcos fizeram um grande esforço para reconstruir sua marinha, e, em seis meses, os otomanos estavam prontos para reafirmar sua supremacia naval. Lepanto foi a primeira vitória europeia sobre os otomanos, e provou ser um enorme incentivo psicológico. No entanto, por permanecerem divididos, os europeus falharam em expulsar os otomanos. Eles continuaram para completar a captura de Chipre e tomaram Tunis, mas nunca conseguiram dominar as rotas marítimas do Mediterrâneo.

Os otomanos continuaram seus esforços em conquistar a Europa, mas por terra, através dos Bálcãs, não pelo mar. No entanto, piratas bárbaros, que nominalmente eram muçulmanos, continuaram a ameaçar a navegação europeia até a França ocupar a Argélia, em 1830.

Blenheim
Tropas Britânicas na Europa
1704

A Grã-Bretanha já era uma grande potência marítima, mas a Batalha de Blenheim demonstrou que um exército britânico bem treinado poderia ser mantido longe do Canal e conquistar uma impressionante vitória no interior do Continente.

A GUERRA DA SUCESSÃO ESPANHOLA ECLODIU EM 1701, depois que Carlos II da Espanha, um Habsburgo, morreu sem herdeiros, e Luís XIV da França, o mais poderoso monarca na Europa, proclamou rei seu neto, como Filipe V. Como na época a Espanha ocupava parte da Holanda e partes da Itália, além de suas colônias nas Américas e no Pacífico, uma guerra rapidamente submergiu na Europa. A Grã-Bretanha se aliou com as Províncias Unidas (a parte da Holanda que não estava sob controle espanhol) e com a Áustria. Estes não eram aliados de peso. Enquanto isso, a Baviera, cujo eleitor tinha os olhos sobre o trono Habsburgo da Áustria, aliou-se com a França.

A Rainha Anne subiu ao trono quando o rei da Inglaterra, William de Orange, morreu em 1702, mas Luís XIV se recusou a reconhecê-la. Em vez disso, ele apoiou o candidato jacobita James Stuart, o Velho Pretendente, como o rei de direito da Grã-Bretanha. No entanto, John Churchill, o Duque de Marlborough, avançou com um exército por 480 quilômetros a partir do Canal da Mancha e derrotou um exército franco-bávaro que estava ameaçando Viena. Sua vitória transferiu o poder predominante da França para a Grã-Bretanha pelos próximos cem anos.

William de Orange fora um dos grandes oponentes dos franceses no Continente. Quando ele morreu, Marlborough tornou-se capitão-general do exército britânico e comandante-em-chefe da Grande Aliança. Recebido com satisfação pelos holandeses, ele sugeriu que o comandante holandês, General Auverquerque,

BLENHEIM • 1704

Um superior exército francês assumiu posições defensivas em Blenheim e, para atacar, não aguardou a força anglo-holandesa — menor — que estava sob comando do Duque de Marlborough. Assaltos repetidos deixaram-nos separados e cercados.

ficasse nos Países Baixos e lutasse uma guerra defensiva, enquanto ele levasse tropas britânicas e auxiliares para a Alemanha, a fim de defender a Áustria.

Marlborough reuniu um exército em Bedburg, perto de Maastricht, no Meuse. Incluía 16 mil tropas inglesas, com 51 batalhões a pé e 92 esquadrões de cavalos. A famosa marcha começou em 19 de maio e, ao longo do caminho, Marlborough juntou tropas dos estados alemães de Prússia, Luneberg e Hesse, que estavam situados ao longo do Reno, e 11 batalhões holandeses localizados em Rothweil, na Alemanha.

BLENHEIM • 1704

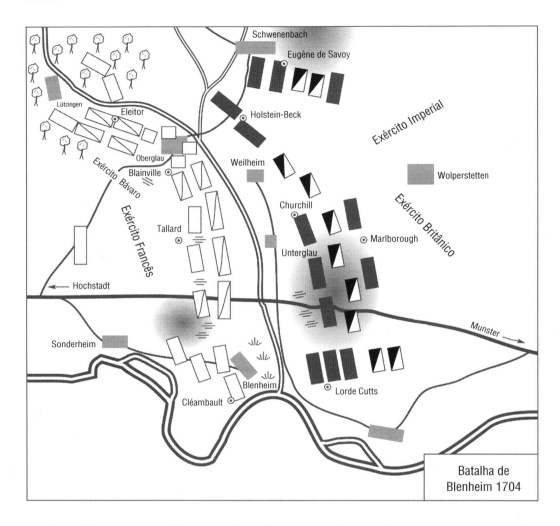

Batalha de Blenheim 1704

Seus homens marcharam 16 quilômetros todos os dias, com um dia completo de descanso todo quinto dia. Seguiram viagem abaixo em estradas que se transformavam em atoleiros quando chovia. Destacamentos à frente preparavam acampamentos para as tropas a cada noite, e Marlborough cuidava de garantir que houvesse roupas e sapatos secos à espera em cada parada, além de farta comida. Era uma logística primorosa. Nos 480 quilômetros da marcha, apenas 900 soldados ficaram para trás.

"Certamente nunca houve uma marcha marcada por tanta regularidade e tão pouca fadiga para homens e cavalos", disse um participante. Em termos militares, isso era um feito considerável tanto quanto a própria vitória na batalha.

As táticas de Marlborough ludibriaram seus inimigos e seus amigos. O Marechal Tallard refreou 45 mil tropas francesas em Strasbourg, acreditando que

Marlborough fosse atacar na Alsácia. Outros aliados franceses pensaram que ele planejava cercar Manheim ou marchar em direção à Hungria. Eles se detiveram para manter comunicação com a França. Assim, quando Marlborough saiu do Reno e pôs-se a caminho do Danúbio, não havia oponente nenhum para ele.

Quando Marlborough se encontrou com o Príncipe Eugène de Savoy, seu aliado, em Mundelsheim, seu exército ainda estava em ótimas condições. Um ataque no acampamento franco-bávaro no alto de Schullenberg, perto de Donauwörth, onde ele pretendia atravessar o Danúbio, custou a Marlborough 10 mil homens. Mas agora ele não tinha oponentes na Baviera, exceto ao redor das cidades fortificadas de Munique e Augsburg.

Com Marlborough distante no leste, o Marechal Tallard percebeu que a Alsácia não estava em perigo. Ele atravessou o Reno e marchou pela Floresta Negra para unir-se aos bávaros em Augsburg. Marlborough recruzou o Danúbio com as forças austríacas sob comando do Príncipe Eugène e procurou Tallard. Agora, comandava 56 mil homens e 52 artilharias, enquanto Tallard tinha 60 mil homens e 71 peças de artilharia. Para Marlborough, era vital atacar antes que mais reforços pudessem chegar da França.

As forças de Tallard se prepararam entre a vila de Blindheim (Blenheim), no Danúbio, e as encostas arborizadas ao redor de Lützingen até a direita de Marlborough. Eles haviam fortificado as vilas de Blenheim e Oberglau. Entre o rio e as florestas havia um terreno plano, de seis quilômetros e meio de largura, com um pequeno rio, o Nebel, correndo através dele. O trigal ali fora recentemente colhido, restando apenas um restolho curto. Observando isso com um telescópio a partir da torre de uma igreja, Marlborough e o Príncipe Eugène concordaram que ali poderia ser um bom campo de batalha.

Mais uma vez, os franceses foram surpreendidos pelo rápido avanço de Marlborough. Eles não pensavam que ele atacaria um exército numericamente superior que ocupava posições fortificadas. Os franceses tinham uma outra vantagem, porque a maior parte de suas forças era de franceses, e haviam treinado juntos e falavam a mesma língua. O exército de Marlborough era composto de inúmeras nacionalidades — austríacos, dinamarqueses, hanoverianos, holandeses, brandemburgueses, britânicos —, sem um idioma em comum. Eles teriam, também, que atacar primeiro, e a perda inicial de vidas talvez danificasse por completo o moral de todos. Mas, em 12 de agosto de 1704, Marlborough ordenou que atacassem no dia seguinte. Ele disse a seu conselho de guerra: "Eu sei do perigo, mas uma batalha é totalmente necessária, e eu confio na bravura e na disciplina das tropas, que compensarão as nossas desvantagens".

Os franceses e os bávaros assumiram posição ao longo do solo que se elevava a oeste do pequeno vale cortado pelo Nebel. Blenheim estava na extrema direita da posição deles, e lá o flanco estava protegido pelo Danúbio. À esquerda deles ficava Lützingen, quase cinco quilômetros ao norte de Blenheim. Além disso, foram designados destacamentos para o acidentado terreno alto, para que a esquerda não pudesse ser alcançada. A posição deles só poderia ser atacada por um assalto frontal.

Blenheim e Lützingen foram cercadas por trincheiras e fortificações. O posto de comando de Tallard ficava em Blenheim, guarnecida por 26 batalhões de infantaria francesa e 12 esquadrões de cavalaria francesa. O Marechal Marsin e o Eleitor da Baviera estavam no comando à esquerda. Tinham 22 batalhões de infantaria e 36 esquadrões de cavalaria em frente da vila de Lützingen. O centro estava ocupado por 14 batalhões de infantaria, incluindo a renomada brigada irlandesa que lutara com os franceses contra os britânicos. Foram designados para o pequeno povoado de Oberglau, que ficava um pouco mais perto de Lützingen que de Blenheim. Oito esquadrões de cavalaria e sete batalhões de infantaria se estendiam entre Oberglau e Blenheim. Isso significava que a posição franco-bávara era forte nos flancos, mas relativamente fraca no centro.

O exército de Marlborough foi formado em duas grandes divisões. A maior estava sob comando do próprio Marlborough, que pretendia confrontar Tallard. A outra divisão estava sob o comando do Príncipe Eugène. Consistia principalmente em cavalaria, e atacaria as forças sob comando de Marsin e de Eleitor.

No início da manhã de 13 de agosto, toda a força de Marlborough deixou o acampamento e marchou em direção ao inimigo. Havia uma névoa densa naquela manhã, e Tallard só percebeu a chegada deles depois que a direita e o centro avançaram a uma distância de um tiro de canhão das linhas francesas. Houve caos no acampamento francês, quando os homens correram aos seus postos. Às oito da manhã, a artilharia francesa começou um bombardeamento ondeante no flanco esquerdo em avanço dos britânicos. Marlborough ordenou que algumas de suas baterias revidassem. Durante o duelo de artilharia, Marlborough formou suas colunas à esquerda e no centro.

À direita, o terreno era mais macio, por isso o Príncipe Eugène encontrou dificuldade em levar sua artilharia para cima. Era quase meio-dia, quando ele conseguiu posicionar suas tropas na linha em frente à Lützingen. Enquanto isso, Marlborough ordenou que os capelães de cada regimento executassem um serviço. Então, ele cavalgou ao longo das linhas e encontrou oficiais e homens animados, esperando impacientemente o sinal de ataque.

BLENHEIM • 1704

A vitória em Blenheim garantiu a reputação de Marlborough, não apenas por organizar o suprimento de um exército tão distante de casa. Ele foi recompensado com o Palácio de Blenheim, perto de Woodstock, em Oxfordshire.

Quando chegou um mensageiro do Príncipe Eugène, confirmando que ele estava pronto, Marlborough ordenou que Lorde Cutts, no comando à esquerda, atacasse Blenheim. Ele avançou com uma forte brigada de infantaria. Eles escalaram as barricadas erguidas às pressas pelos franceses e lutaram com espada, mosquete e baioneta, mas o fogo dos franceses era devastador. Um terço dos homens de Cutts morreu, e essa brigada foi expulsa. Outros cinco batalhões, sob comando de Lorde Ockney, incluindo o Regimento Real, tentou abrir caminho no vilarejo, mas foram repelidos com grandes perdas. Depois disso, Marlborough não fez mais nenhuma tentativa de dominar Blenheim, e concentrou-se em tentar romper o centro da linha francesa entre Blenheim e Oberglau.

Mas o ataque falho em Blenheim fez os franceses cometerem um erro fatal. Tallard estava distante naquele momento. Saíra a cavalo para encontrar-se com Marsin, a fim de verificar se ele poderia controlar a esquerda. Enquanto ele estava afastado, o comandante em Blenheim, Marquês de Cléambault, ficara alarmado com o ataque violento dos Aliados. Primeiro, ele ordenou que sete batalhões do centro defendessem o vilarejo, e então convocou outros onze batalhões da reserva. Aproximadamente, 12 mil homens se abarrotaram em Blenheim. Eles mal podiam se mover. Como Marlborough desistira de tomar Blenheim, eles efetivamente ficaram fora da batalha. Esse movimento foi um golpe fatal para enfraquecer o centro. Quando o Marquês de Cléambault percebeu a dimensão dessa falha, ele cavalgou até o Danúbio e se afogou.

O irmão de Marlborough, Charles Churchill, liderou as forças aliadas pelo Nebel, que era mais raso que Marlborough previra. Algumas pontes provisórias foram preparadas, e os homens também carregavam tábuas. Eles tomaram a pequena ponte de pedra que cruzava a correnteza no centro do vale, perto de um vilarejo chamado Unterglau.

Vários esquadrões de cavalaria cruzaram o Nebel, mas esbarraram na dificuldade de tomar posição no solo pantanoso no outro lado, que era um pouco melhor em alguns lugares. Foram atacados pela artilharia francesa e por repetidos ataques da cavalaria francesa. A situação era crítica e parecia que os esquadrões haviam recuado, mas Marlborough enviou mais tropas e o fogo intenso da infantaria Aliada conteve o avanço da cavalaria do inimigo. Mesmo assim, quando Marlborough alcançou a sua esquerda através do Nebel e entrou em formação no outro lado, o rio ficou vermelho de sangue. E dessa vez a formação Aliada sofreu ataque de flanco da própria Blenheim.

Assistindo a partir do centro, Tallard aproveitou a oportunidade de atacar com sua cavalaria pesada. Enviou esquadrões da guarda pessoal do rei, de casaco vermelho, e gendarmes, tidos como as melhores cavalarias na Europa, cavalgando encosta abaixo em direção a uma linha de dragões ingleses. Deviam ter expulsado os ingleses do campo de batalha devido ao simples peso de seus números. Em vez de fugir, os dragões atacaram, sob comando do Coronel Palmes; encontrando frontalmente os gendarmes, eles os despacharam cambaleantes.

"Essa não! A gendarmaria está fugindo!", gritou o Eleitor da Baviera conforme um lamento de descrença ecoou linha abaixo. O moral dos franceses desmoronou.

Nisso, Marlborough foi chamado para uma emergência. No centro do campo, o Príncipe de Holstein-Beck e onze batalhões hanoverianos haviam cruzado o Nebel em frente à Oberglau. A brigada irlandesa que guardava o vilarejo atacou e os afugentou, rompendo a linha completamente. Marlborough chegou no momento oportuno com alguns esquadrões de cavalaria britânica. Em seu cavalo branco, com a insígnia da Ordem da Liga cintilando à luz solar, ele liderou um ataque no flanco dos irlandeses, que recuaram. Conforme se retiravam em direção a Oberglau, foram atacados pelo fogo de três batalhões de infantaria que Marlborough trouxera da reserva. Então, o duque retornou para a esquerda.

À direita, o Príncipe Eugène fizera três ataques contra o inimigo e fora rechaçado três vezes. Apenas a firmeza de um regimento de infantaria prussiano evitara a derrota do flanco direito. No entanto, quando Marsin enviou sessenta esquadrões contra o flanco de Marlborough, o Príncipe Eugène contra-atacou com seus couraceiros austríacos e os dispersou.

A batalha não tomou o rumo que Marlborough esperava. Ele pretendia dominar os pontos importantes de Blenheim e de Oberglau. Mas eles foram neutralizados, pelo menos por enquanto, então ele colocou em prática um plano para avançar pelo centro com a sua cavalaria. Marlborough dispôs 8 mil cavaleiros em duas linhas. Quinze mil homens de infantaria foram dispostos em batalhões na retaguarda para dar suporte caso a cavalaria fosse repelida e para manter sob controle a grande força francesa que ainda ocupava a vila de Blenheim.

Tallard também formou tropas com sua cavalaria em frente, mas as integrou com a infantaria. Para reagir a isso, Marlborough trouxe parte de sua própria infantaria e artilharia e as dispôs em certos intervalos ao longo da frente da linha.

Era um pouco mais de cinco horas, quando Marlborough avançou lentamente sua cavalaria, com suporte da artilharia e da infantaria, do solo mais baixo nas margens do Nebel até a encosta, onde 10 mil cavaleiros franceses os aguardavam. Quando alcançaram o alto da encosta, foram recebidos por uma artilharia debilitada e pelo fogo de armas pequenas. Primeiro a cavalaria recuou, mas então manteve posição. A artilharia e a infantaria que haviam trazido com eles atiraram de volta e o fogo francês começou a enfraquecer. Então, às 17h30, Marlborough soou o grito de ataque.

Conforme a cavalaria Aliada moveu-se rápido para a frente, a coragem dos cavaleiros franceses parecia se desvanecer. Eles jogaram suas carabinas a certa distância, então se viraram e saíram do campo depressa, a cavalo, deixando nove batalhões de infantaria para serem massacrados pelo ataque dos Aliados. A infantaria francesa tentou conter o fluxo, mas foi totalmente destruída. Nove batalhões de recrutas inexperientes foram massacrados, quase sem exceção.

A linha francesa agora estava rompida, e as forças de Tallard e de Marsin foram separadas. Tallard tentou reposicionar sua cavalaria em uma linha à direita, seguindo abaixo até Blenheim, e enviou ordens para que a infantaria no vilarejo saísse para juntar-se a ele. No entanto, antes que tivesse uma chance, a cavalaria de Marlborough virou-se para a direita, compelindo a cavalaria de Tallard para o Danúbio. O próprio Tallard fugiu para a vila de Sonderheim, onde foi cercado e forçado a se render, junto com o exército de Luís XIV.

Sem Tallard, Marsin e o Eleitor da Baviera bateram em retirada para Dillingen, deixando a seu próprio destino o que sobrara no centro. O massacre foi terrível. Um oficial francês registrou: "Fomos carregados de volta um em cima do outro. As pessoas estavam tão apinhadas que meu cavalo foi levado por uns trezentos passos sem colocar os cascos no chão, direto para a borda de uma ravina profunda".

Marlborough então cercou as forças francesas que ainda sobravam em Blenheim. Ele trouxe sua artilharia e começou a bombardeá-los. Os franceses tentaram fugir várias vezes, sem sucesso. Lorde Cutts ateou fogo aos telhados de palha de pequenas casas nas cercanias e então espirrou água nas chamas. A fumaça resultante cobriu a vila, confundindo tanto os franceses que, aproximadamente, 11 mil homens se renderam a uma força britânica muito inferior.

Os Aliados haviam perdido, aproximadamente, 5 mil tropas, e outras 8 mil estavam feridas. Das forças opostas, 12 mil soldados franceses foram assassinados, 10 mil feridos e 14 mil franceses foram capturados, junto com todas as suas peças de artilharia.

Naquela noite, Marlborough enviou sua carreta pessoal para trazer o Marechal Tallard do cativeiro. Depois do jantar, Tallard disse: "Vossa Graça sabe que teve a honra de derrotar as melhores tropas do mundo?".

Marlborough respondeu em francês fluente: "O senhor, eu presumo, exclui aqueles que tiveram a honra de derrotá-los?".

A derrota do exército de Luís XIV em Blenheim acabou com sua ambição de controlar a Europa. Os franceses teriam de esperar outros cem anos para ver essa ambição revivida por Napoleão.

Culloden
Os Jacobitas são Destruídos
1746

Os escoceses sempre viram como eficaz o "ataque Highland" contra os ingleses. Mas, em Culloden, o Duque de Cumberland empregou as mais recentes disciplinas militares da Europa para aniquilar os atacantes escoceses.

DEPOIS QUE JAIME II DA INGLATERRA E VII DA ESCÓCIA foi destituído do trono pela Revolução Gloriosa, em 1688, houve algumas tentativas de restaurar a dinastia Stuart. A quinta e última tentativa incitou a Rebelião Jacobita de 1745. No ano anterior, Carlos Eduardo Stuart, neto de Jaime II, fez parte de uma grande frota francesa cujo objetivo era invadir a Inglaterra. No entanto, a frota foi destroçada por uma tempestade, antes que aportasse. Em 1745, ele planejou retomar a coroa para seu pai Jaime Eduardo Stuart, o Velho Pretendente.

Em julho de 1745, Bonnie Prince Charlie, mais tarde conhecido como Velho Pretendente, desembarcou na costa oeste da Escócia com, aproximadamente, doze homens e ergueu uma rebelião. Apesar de ter sido menor que a rebelião fracassada de 1715, houve pouca resistência, porque o exército britânico estava no Continente naquele momento, lutando na Guerra da Sucessão Austríaca. Em 17 de setembro, Carlos e cerca de 2.400 homens entraram em Edimburgo. Quatro dias depois, derrotaram uma força superior sob comando de Sir John Cope em Prestonpans, empregando o horripilante "ataque Highland", que os escoceses vinham usando desde Bannockburn, em 1314. Dizem que os soldados britânicos correram como coelhos.

Os escoceses se juntaram à causa do Jovem Pretendente, e, no início de novembro, ele atravessou a fronteira com 5.500 homens. No entanto, antes que chegassem a Derby, a 185 quilômetros, tiveram de enfrentar duas poderosas forças

CULLODEN • 1746 103

A derrota no campo de batalha levou a um extermínio. Os seguidores do Bonnie Prince Charlie e a dinastia Stuart foram massacrados.

hanoverianas. A primeira era comandada pelo General Wade, em Newcastle, e a segunda era liderada, no oeste, por William Augustus, Duque de Cumberland, o terceiro filho de Jorge II. Entre eles, passaram em revista 30 mil homens. Embora Cumberland fosse um general incompetente e um homem muito desagradável, ele retornara há pouco do Continente, onde aprendera um novo modo de luta, apresentado pelos suecos, que faria o ataque Highland parecer pouco.

Sem receber ajuda dos franceses e sem suporte dos católicos ingleses, Carlos perdeu a coragem e recuou para a Escócia. Lá, mais escoceses juntaram-se a ele, que colocou um exército — liderado pelo General Hawley — para combater em Falkirk. No entanto, quando as tropas altamente treinadas de Cumberland atravessaram a fronteira, os escoceses recuaram diante dele. Alguns recorreram à guerrilha, mas a falta de dinheiro significava que eles não poderiam comprar comida. Furtando suprimentos de fazendas locais, logo perderam o apoio.

Carlos percebeu que sua única esperança era conquistar uma vitória rápida sobre Cumberland. Enviou seu chefe do serviço de intendência, General O'Sullivan, para explorar por um campo de batalha vantajoso. O general encontrou Drummoissie Muir fora de Inverness, uma extensão de terra pantanosa que neutralizaria a cavalaria inglesa. Mas Cumberland não seria atraído para a terra, por isso Carlos planejou um ataque em seu acampamento à noite. Desde o início, o assalto foi mal planejado. Um quarto dos homens de Carlos estava fora à procura de comida, e outros se recusaram a lutar até que fossem alimentados.

Finalmente, Carlos começou com aproximadamente 4 mil homens. O terreno era desfavorável a eles, que ficaram divididos na escuridão. No final, tiveram de voltar a Drummoissie. No entanto, o líder da vanguarda jacobita, Lorde George Murray, alcançara o acampamento hanoveriano. Isso alertou Cumberland, e ele saiu a caminho depois dos jacobitas em fuga. Carlos agora teria a batalha pela qual havia ansiado.

Os jacobitas formaram tropas na parte de Drummossie Muir que era conhecida como Culloden Moor. Os Macdonalds estavam no flanco esquerdo; no centro, os Farquharsons, sob o comando de Lorde John Drummond; à direita, sob o comando de Lorde Murray, com a Brigada de Athol, que eram principalmente Camerons, junto com Mackintoshes, Frasers e Stewarts. Havia ao todo cerca de 5 mil homens.

Cumberland comandou 8 mil soldados britânicos. Eles se formaram em duas linhas, com a artilharia na linha de frente, enquanto a cavalaria defendia os flancos.

A batalha começou com um breve duelo de artilharia, quando Cumberland quase foi morto. Pesando 115 quilos e sentado em um enorme cavalo cinza, ele era um alvo fácil. Então, Carlos ordenou um ataque Highland.

Os Macdonalds, à esquerda, recusaram-se a se mover. Estavam irritados por não terem o lugar de honra à direita. Mas o restante dos jacobitas atacou o inimigo. Estava chovendo, e a lamaceira atrasou o avanço, mas eles esperavam que a chuva molhasse a pólvora dos soldados britânicos, impedindo que atirassem. No entanto, Cumberland ordenara que seus soldados de infantaria mantivessem seus cartuchos sob a lapela, para manter seca a pólvora.

Ele também tinha seus artefatos de artilharia recarregados com metralha — cartuchos de pequenas esferas de ferro que feriam mortalmente os agressores jacobitas. Ele dispôs a infantaria em três fileiras. A linha de frente tinha ordem para não atirar até que os *highlanders* estivessem a apenas onze metros de distância. Enquanto a linha frontal recarregava, a segunda atirava; assim, quando a terceira tivesse descarregado, a primeira estaria pronta outra vez para atirar. Esse sistema fora desenvolvido cem anos antes pelo rei sueco Gustavus II Adolphus, frequentemente chamado de "Pai da Guerra Moderna". No entanto, a infantaria de Cumberland agora usava mosquetes que eram mais rápidos para recarregar que os antigos. As novas armas eram também combinadas com baionetas, por isso, se o inimigo conseguisse atingir as linhas frontais hanoverianas, eles pode-

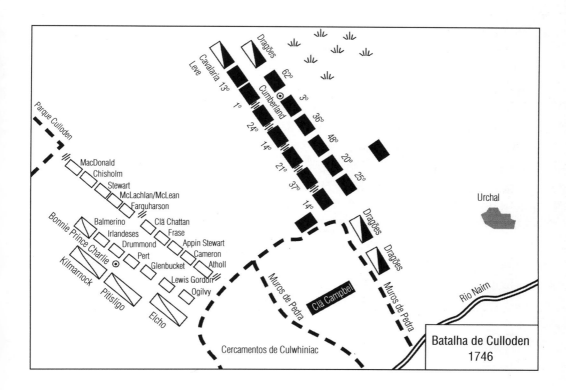

riam se defender das espadas de folha larga usadas pelos *highlanders* — alguns até atirando pedras.

Em Culloden, os ingleses não fugiram, quando os *highlanders* atacaram. Suas bem coordenadas saraivadas derrubaram os jacobitas antes que eles alcançassem as linhas hanoverianas. Os bravos *highlanders* não abandonaram sua tática, mas poucos conseguiram se aproximar o bastante para usar suas espadas.

Quando eles fizeram isso, foram massacrados pelas forças disciplinadas de Cumberland. Um soldado em um regimento de linha de frente registrou como os ingleses lutaram: "Alguns [oficiais] cortando com suas espadas, outros empurrando com as lanças, os sargentos avançando com suas alabardas na garganta do inimigo, enquanto soldados se defendiam mutuamente, golpeando suas baionetas até a base".

Percebendo que a situação agora estava perdida, os Macdonalds jogaram suas armas e fugiram. Foram perseguidos e mortos pela cavalaria inglesa. Cerca de mil jacobitas foram mortos, mas Cumberland perdeu apenas cinquenta tropas, com 260 feridos.

Depois da batalha, ordens foram pedidas a Cumberland, então ele escreveu "Nada de piedade" na parte de trás de uma carta de baralho. Era o nove de ouros, que ainda é conhecido como "maldição da Escócia". Os ingleses tiveram ordens para garantir que os clãs de *highlanders* não se rebelassem de novo. Jorge II, então, ordenou que os escoceses fossem punidos por ajudarem Carlos. O Duque de Cumberland permaneceu na Escócia por três meses, reunindo aproximadamente 3.500 homens e executando quase 120. A terra de cada executado foi entregue a escoceses, que permaneceram leais; enquanto, seus soldados mataram qualquer um que eles julgassem ter simpatia aos jacobitas — incluindo mulheres e crianças. Consequentemente, Cumberland ganhou o epíteto de "Carniceiro". Uma flor foi nomeada em sua homenagem, para comemorar seu sucesso contra os jacobitas em Culloden. Na Inglaterra, ela é conhecida como Doce William, mas os escoceses a conhecem como Billy Fedorento.

O exército inglês também destruiu as casas dos *highlanders*, e levou embora a criação de gado. Além disso, aprovaram leis que tornavam ilegal *highlanders* portarem armas, usarem tartã[1] ou tocarem gaita de fole. Com isso, aproximadamente 40 mil *highlanders* emigraram para a América.

---

[1] *Tartã* é um tecido de trama fechada originário da Escócia, onde padrões diferentes são usados para identificar os clãs. (N. R.)

Carlos Stuart fugiu para a França, onde as principais forças católicas repudiaram seu título ao trono britânico. Ele morreu em Roma, em 1788 — um homem bêbado e falido. Embora seja ainda lembrado como um herói romântico na Escócia, sua derrota em Culloden resultou no fim da esperança Stuart de uma Restauração, e avançou o caminho da união da Escócia e da Inglaterra, em 1707. A Grã-Bretanha fora governada por um monarca, desde que Jaime VI da Escócia se tornara Jaime Inglês da Inglaterra, em 1603, mas sua legislação emanaria agora de um parlamento em Westminster.

Plassey
Estabelecendo o Raj Britânico

1757

Robert Clive, da vitória indiana em Plassey, colocou a Companhia das Índias Orientais no controle em Bengala. Isso levou à consequente absorção britânica de toda a Índia, enquanto os tesouros bengalis bancaram a Revolução Industrial.

A Índia era a joia na coroa do Império Britânico, e sua conquista começou com uma pequena ação fora de uma vila, em Bengala, chamada Palashi. A histórica batalha que aconteceu lá ficou conhecida — ao menos nos livros de História britânicos — como Batalha de Plassey.

Quando o Nawab de Bengala, Ali Vardi Khan, morreu, em 1756, foi sucedido por seu sobrinho-neto, Siraj-ud-Dawlah. Houve oposição considerável a essa sucessão, inclusive de sua própria família. Naquela época, a Companhia das Índias Orientais britânica estava fortificando Calcutá, aparentemente contra a ameaça de ataque pelos franceses; mas Siraj acreditava que a real intenção dos britânicos era dominar seu território. Ele pediu ao governador britânico a destruição das fortificações, ou expulsaria a Companhia das Índias Orientais. O governador recusou. Por isso, em 20 de junho, o Nawab atacou e, depois de uma fraca resistência, tomou Calcutá. Alguns prisioneiros foram mantidos em uma pequena cela, conhecida como Buraco Negro. Não se sabe quantas pessoas ficaram lá e quantas morreram naquela noite, aglomeradas. Mais tarde, disseram que 146 pessoas foram confinadas e apenas 23 sobreviveram. O incidente do "Buraco Negro de Calcutá" foi, subsequentemente, usado para justificar o domínio britânico de Bengala, apesar de não mencionado na época.

Notícias sobre a queda de Calcutá chegaram a Madras, em agosto de 1756, e o tenente-coronel Robert Clive, com uma força de 900 soldados britânicos e 1.500 soldados das tropas coloniais indianas, foi enviado para recuperá-la. As tropas foram transportadas ao redor da Baía de Bengala para Calcutá, pelo

PLASSEY • 1757

Teoricamente, os britânicos não tinham chance contra o enorme exército bengali. Mas as chuvas vieram, molhando a pólvora da artilharia francesa que estava com o exército de Nawab; enquanto os britânicos mantiveram sua pólvora seca debaixo de lonas enceradas.

Almirante Watson. Em 2 de janeiro de 1757, a pequena força de Clive expulsou uma guarnição de 3 mil e retomou o posto comercial. Clive obrigou o Nawab a restaurar os privilégios comerciais da Companhia das Índias Orientais e também a pagar uma compensação.

Nisso, a Guerra dos Sete Anos havia começado, o que mais uma vez colocou a Grã-Bretanha contra a França na Europa, nas Américas e na Índia. Os franceses tinham artilharia e 300 tropas perto de Chandernagore, e, em 14 de março, Clive os atacou e subjugou. Esse ato levou Siraj a temer o crescimento da Grã-Bretanha na região, por isso ele se aliou aos franceses. Clive e Watson, então, decidiram remover Siraj.

Siraj, um homem cruel e imoral, não era um governante popular, e havia inúmeros rivais com ambição pelo trono. Alguns dos oficiais de mais alto nível do

PLASSEY • 1757

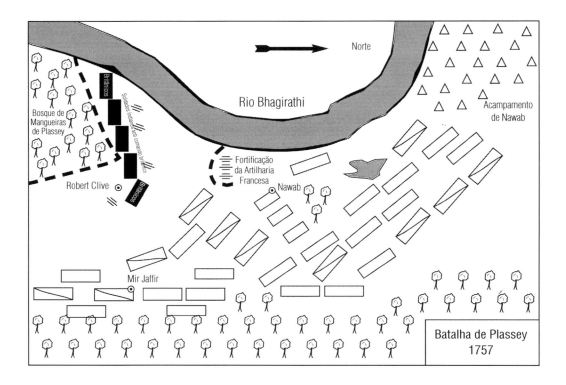

Nawab abordaram Clive e pediram ajuda para remover Siraj do trono. O líder deles era Mir Jafar, então Clive concordou em colocar a coroa sobre a cabeça dele. Em contrapartida, Mir Jafar prometeu manter os franceses longe de Bengala e pagar 500 mil liras para a Companhia das Índias Orientais e 250 mil liras para os residentes europeus de Calcutá pela perda de sua cidade no ano anterior.

Clive saiu de Chandernagore e marchou para a capital de Siraj, Murshidabad, com uma força de 1 mil europeus, 2 mil soldados indianos (sob comando britânico) e oito canhões. Chegaram à vila que Clive chamava de Plassey, na noite de 22 de março, e acamparam em um bosque de mangueiras.

Ao amanhecer, os britânicos acordaram para encontrar o exército de Nawab movendo-se em direção a eles. Siraj reunira um exército de 15 mil cavaleiros e 35 mil soldados de infantaria, com mais de quarenta canhões. Um pequeno destaque de soldados franceses juntara-se a eles, trazendo consigo outros quatro canhões de campanha.

Apesar de superado em números, em mais de dez para um, Clive decidiu que não tinha nada a perder sendo ousado. Assim, marchou toda a sua força em direção a Mir Muddin, o único dos oficiais de Siraj que ele sabia ser leal. Se Clive pudesse derrotá-lo, os restantes se juntariam a seu lado.

A artilharia francesa abriu fogo, mas foi rapidamente silenciada. O exército nawab, formado em um enorme arco ao redor dos britânicos, começou a atirar, conforme Clive disse, "continuou a nos atacar energicamente durante várias horas". O nawab manteve sua artilharia a certa distância e muito espalhada, por isso não havia modo de os britânicos atacá-la. Em vez disso, eles recuaram atrás de bancos de lama que cercavam o bosque de mangueiras e mantiveram a cabeça baixa. Houve um duelo de artilharia, mas as armas britânicas estavam protegidas pelo banco, enquanto o nawab deixou expostos os seus homens. Muitos morreram.

Então, um milagre aconteceu. Uma pancada de chuva surgiu de um céu sem nuvens. Os britânicos ergueram lonas enceradas para manter seca a sua pólvora, mas, expostos, os materiais dos bengalis ficaram ensopados, e sua artilharia cessou fogo. Mir Mudden escolheu este momento para atacar, mas seus homens foram mortos com tiros de mosquetes e metralha. Os que não morreram, fugiram.

Siraj não sabia o que fazer em seguida, então pediu conselho a Mir Jafar. Quase sem acreditar em sua sorte, Mir Jafar disse a Siraj que os britânicos estavam derrotados. O nawab deveria retornar a Murshidabad enquanto ele concluía a operação.

Clive atacou enquanto Siraj saía do campo. Ele enviou um destacamento, acompanhado por dois canhões de campo, para tomar um solo elevado a cerca de 275 metros do bosque onde eles foram atacados pelo fogo dos franceses. Eles dominaram outra porção de solo elevado perto do acampamento bengali, e, quando os bengalis tentaram levar sua artilharia, ficaram sob fogo dos canhões de campo que os homens de Clive haviam trazido.

Quando a cavalaria surgiu, foi assolada com fogo de artilharia e muitos cavalos morreram. Clive atribuía aos bengalis "quatro ou cinco oficiais de primeira distinção", mas o exército deles estava "visivelmente desalentado e confuso" devido ao avanço britânico. Os homens de Clive, então, atacaram o acampamento bengali e o tomaram com pouca ou nenhuma perda de vida. Ergueu-se uma confusão geral. Os britânicos perseguiram o inimigo por quase dez quilômetros, passando por mais de quarenta canhões que haviam sido abandonados, junto com um grande número de carretas cheias de bagagens de todos os tipos. Clive estimou que o inimigo perdera, aproximadamente, 500 homens. "Nossa perda totalizou apenas 22 mortos e 50 feridos, a maioria soldados indianos sob comando britânico", ele disse.

Saraj foi perseguido pelo filho de Mir Jafar, que o capturou e o executou a sangue frio. Clive chegou a Murshidabad em 29 de junho e, mantendo sua palavra, instalou Mir Jafar como nawab. No entanto, Clive e seus sucessores nunca ficaram muito distantes dele.

Além de dar início à ocupação da Índia pelos britânicos, a Batalha de Plassey deu à Grã-Bretanha acesso aos tesouros de Bengala. A revolução industrial estava apenas a caminho. James Watt, pioneiro da máquina a vapor; Edmund Cartwright, inventor do tear mecânico; e James Hargreaves, inventor da máquina de fiar, foram todos apoiados pelo dinheiro de Bengala, que foi investido em suas invenções pela Companhia das Índias Orientais.

Quebec
Decidindo o Futuro do Canadá
1759

A Grã-Bretanha e a França lutaram pelo controle da América do Norte, mas, em um surpreendente movimento de flanqueamento, o General Wolfe escalou as Planícies de Abraão e conquistou Quebec, estabelecendo a posse britânica e expulsando os franceses.

COM A GUERRA DOS SETE ANOS SE ALASTRANDO PELA EUROPA, a França pouco podia fazer para proteger suas colônias na América do Norte, e os britânicos estavam determinados a dominá-las. Em fevereiro de 1759, o General James Wolfe, de 32 anos, regressou da licença médica na Inglaterra para comandar o ataque em Quebec e no Rio São Lourenço.

Primeiro, ele reuniu uma força em Louisburg, Nova Escócia, que os britânicos haviam capturado, em 1757. Então, na primeira semana de junho de 1759, ele zarpou para o São Lourenço. Isso tomou os franceses de surpresa. Eles esperavam ataques pelo Lago Champlain ao sul e pelo Lago Ontário pelo oeste, onde os britânicos haviam organizado ações de diversificação.

O comandante supremo francês no Canadá era o Marquês de Montcalm. Era um dos generais mais talentosos. Havia forçado os britânicos a se renderem em Oswego, em 1756, retornando aos franceses o controle do Lago Ontário. No ano seguinte, derrotou a fortificação de 2.500 homens no Forte William Henry. Então, em Ticonderoga, em 1758, expulsou uma força de 15 mil homens sob o comando do General James Abercombie com apenas 3.800 tropas.

Montcalm reuniu cinco batalhões regulares franceses, milícia e mil indianos em Quebec, que fica em um cabo rochoso que se ergue centenas de metros acima da confluência dos rios São Lourenço e Saint Charles. A cidade era altamente fortificada. Montcalm estava convencido de que qualquer ataque precisaria acon-

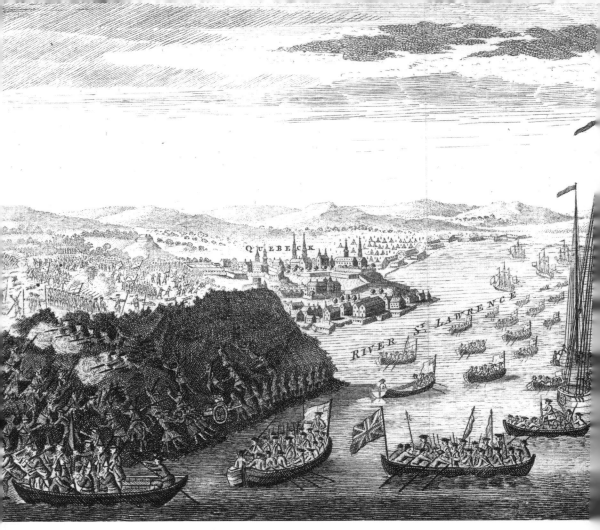

Construída no topo de um penhasco, a 71 metros acima do Rio São Lourenço, Quebec parecia invulnerável. Mas, em sua parte de trás, as Planícies de Abraão avançavam direto para os muros da cidade.

tecer pelo leste, porque a marinha francesa afirmava que o São Lourenço não era navegável além de Quebec. Assim, ele construiu fossas e plataformas de artilharia para o leste, estendendo-se ao longo do dorso norte do São Lourenço, entre os rios Saint Charles e Montmorency.

Montcalm tinha 14 mil homens e 106 armas para defender sua posição. Wolfe chegou com 8.500 soldados e ocupou Île d'Orleans ao sul do rio, em frente aos entrincheiramentos de Montcalm na margem do rio. Além disso, uma bateria foi posicionada em frente à cidade.

Em 31 de julho de 1759, Wolfe tentou um ataque através do rio. Foi repelido, com uma consequência de aproximadamente 500 baixas. Simplesmente, esse não era um modo de derrotar Montcalm. No entanto, a Marinha Real veio para resgate.

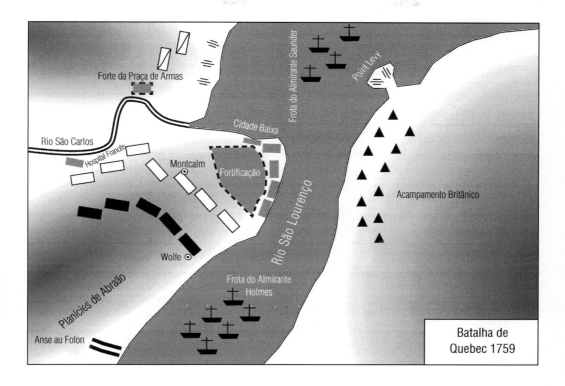

Batalha de Quebec 1759

Entre a contingência naval estavam alguns talentosos navegadores, incluindo James Cook, que mais tarde ganhou fama nos Mares do Sul. Durante as próximas semanas, navios britânicos conseguiram passar pelas baterias, provando que o rio acima da cidade era navegável. A Marinha agora podia impedir que chegassem suprimentos aos franceses. Montcalm passou a temer um desembarque no oeste da cidade, e enviou Louis Antoine de Bougainville para patrulhar a área.

Se quisesse derrotar os franceses, Wolfe teria que atraí-los de trás de suas defesas, para que os enfrentasse em um amplo e largo campo de batalha. O único local disponível eram as Planícies de Abraão, que seguiam direto para cima, até os muros da cidade de Quebec, a partir do oeste. O único problema era que elas ficavam no topo de um despenhadeiro, a 61 metros acima do São Lourenço. No entanto, descobriu-se que um caminho seguia até o topo do despenhadeiro a partir de uma pequena baía chamada Anse de Foulon.

Enquanto um ataque simulado foi feito nas fortificações de Montcalm, no leste da cidade, os homens de Wolfe que estavam acampados ao longo do Montmorency foram levados à noite, embarcados em escaler[1], através da cidade sitiada.

---

[1] *Escaler* é uma embarcação a remo e a vela, de proa fina e popa quadrada. (N. R.)

Um vigia nas margens percebeu as sombras escuras de barcos movendo-se rio acima e gritou: "*Que vive?*".

O Capitão Donald McDonald respondeu em um francês perfeito: "*La France*".

"*Quel régiment?*", perguntou o vigia.

"*De Reine*", respondeu McDonald. Era uma das unidades de Bougainville.

Nos barcos, Wolfe recitou *Elegy Written in a Country Church-Yard*, de Thomas Gray, publicada oito anos antes, e disse que preferia ter escrito aquele poema a tomar Quebec. No entanto, sua fala derradeira às tropas de assalto fortaleceu o espírito de todos.

"A esta altura, um vento vigoroso pode determinar o destino do Canadá", ele disse. "Os oficiais e os homens lembrarão o que seu país espera deles, e o que um determinado corpo de soldados habituados a guerra é capaz de fazer."

QUEBEC • 1759

Chegando a Anse de Foulon, eles encontraram a praia sem vigilância. O comandante francês estava tão confiante de que os britânicos não desembarcariam ali que enviara a uma vila próxima — para ajudar na colheita — os quarenta homens que deveriam guardar a praia. Wolfe desembarcou do primeiro barco. Seus homens, então, retiraram as árvores cortadas e as plantas que os franceses haviam usado para ocultar o caminho. Em seguida, Wolfe e um destacamento de 24 soldados de infantaria leve subiram pelas planícies. Ao amanhecer, 4.500 tropas britânicas e americanas foram reunidas no topo do despenhadeiro.

Wolfe dispôs seu exército nas planícies, em uma única linha de batalhões, com dois batalhões na reserva e duas companhias formando uma retaguarda contra Bougainville, que estava perigosamente atrás. Eles tinham apenas um canhão leve que conseguiram empurrar monte acima. Wolfe se posicionou à direita da linha, com a 28ª Infantaria.

Quando Montcalm viu os britânicos formados em posição de batalha nas planícies atrás dele, naquela manhã, enviou para luta 5 mil de sua guarnição militar. O governador de Quebec permitiu a ele pegar apenas três das armas das baterias da cidade. Ele nem esperou por Bougainville e seus 3 mil homens chamados de volta; decidiu atacar a linha britânica. Formou seu exército com regimentos regulares franceses no centro, batalhões de milícia canadense em ambos os lados e combatentes canadenses e indianos nos flancos.

A batalha começou à esquerda de Wolfe, com uma luta brutal entre os combatentes e a força composta da Infantaria Leve Britânica e os regimentos de reserva sob o Brigadeiro Townsend. Enquanto isso, a artilharia limitada golpeou o centro das linhas opostas. Os soldados de linha franceses avançaram e os regimentos britânicos, que tinham se baixado para evitar o fogo, levantaram-se. Os franceses atiraram a uma distância muito grande e sua fuzilaria foi ineficiente, embora uma bala perdida tenha acertado Wolfe no pulso. Conforme os franceses avançaram, os britânicos contiveram o fogo até que o

O herói da Batalha de Quebec, General James Wolfe, morreu durante a batalha. Tinha apenas trinta e dois anos, e fez historiadores especularem como a Guerra Americana da Independência teria sido diferente se ele tivesse sobrevivido.

alcance fosse de 32 metros, então eles pararam e atiraram. Sir John Fortescue disse que foi "a mais perfeita [fuzilaria] já disparada em um campo de batalha, que irrompeu como se viesse de uma única arma monstruosa, de ponta a ponta da linha britânica". Uma segunda saraivada destruiu a linha francesa. Os *highlanders* e os soldados britânicos então atacaram os franceses e os repeliram do campo de batalha.

Wolfe estava na liderança da 28ª Infantaria quando foi alvejado pela primeira vez na virilha, e então no peito. Um oficial o ajudou, para que seus homens não o vissem cair. Depois, um grupo de soldados o carregou para a retaguarda. Ele ficou lá deitado, mortalmente ferido, quando ouviu um soldado gritar: "Veja como eles correm!".

"Quem corre?", perguntou Wolfe.

"O inimigo, senhor", respondeu o soldado.

"Deus seja louvado. Morrerei em paz", disse Wolfe.

Era óbvio que Quebec havia sucumbido. Wolfe ordenou que a 28ª marchasse até a ponte que cruzava o São Carlos, para interromper o recuo dos franceses, e então ele morreu.

Montcalm também fora atingido, enquanto tentava reorganizar suas tropas. Ele cavalgou de volta até a cidade, para que ninguém visse que estava ferido. Depois, foi carregado com a multidão em fuga até uma casa, onde então morreu. Foi enterrado em uma cova de conchas no convento ursulino, em Quebec.

O Brigadeiro Townsend tomou o comando das forças britânicas e as reorganizou para combater em um ataque de Bougainville até a sua retaguarda. Ele seguiu para tomar a cidade. Na tarde de 17 de setembro, a Bandeira Britânica foi hasteada acima da fortificação, em Quebec, e os franceses se renderam formalmente no dia seguinte. As baixas foram pequenas se comparadas a outras batalhas entre britânicos e franceses na América do Norte. Os britânicos haviam perdido apenas 630 homens, e os franceses, 830.

No ano seguinte, o General Sir Jeffery Amherst recebeu a rendição francesa de Montreal e, no Tratado de Paris, de 1763, os franceses abriram mão de todas as suas colônias norte-americanas para os britânicos.

Yorktown
A Conquista da Independência dos Estados Unidos
1781

Em Yorktown, os franceses ajudaram os colonos americanos revoltosos a impor uma derrota decisiva à Grã-Bretanha, que já estava a caminho de tornar-se a primeira superpotência mundial. Essa vitória levou à fundação dos Estados Unidos.

Durante a Guerra Americana pela Independência, os colonos pediram ajuda dos franceses, que ainda sofriam devido à expulsão do Canadá pelos britânicos. Em 1780, 6 mil homens foram enviados sob o comando de Rochambeau.

Para determinar seu próximo movimento, Rochambeau encontrou-se com George Washington em White Plains, Nova York, em 1781. Washington queria atacar a fortaleza britânica da Cidade de Nova York, mas Rochambeau o convenceu de que seria mais adequado fazer seu movimento no sul.

O comandante britânico nas colônias do sul, General Lorde Cornwallis, sofrera vários reveses e recuara de Wilmington, Carolina do Norte, para Petersburg, Virgínia, antes de fugir para Richmond e, então, para Williamsburg. Ele finalmente terminou em Yorktown e no promontório adjacente de Gloucester, onde sua força de 7.500 homens construiu um acampamento fortificado.

De muitas maneiras, Yorktown era uma excelente posição para um forte. Era protegida em ambos os lados por pântanos intransitáveis, por isso todos os 75 canhões de Cornwallis puderam mirar para a única via de acesso.

Aproximadamente, 4.500 tropas americanas, sob o comando do General Anthony Wayne, o Barão Von Steuben e o Marquês de Lafayette estavam em atividade. Quando chegaram fora de Yorktown, a força franco-americana no norte deixou uma cobertura voltada para a força principal britânica, sob o comando do

YORKTOWN • 1781

O General Cornwallis marcha com suas tropas fora de Yorktown, flanqueado pelas forças francesas e americanas.

General Henry Clinton, na Cidade de Nova York; enquanto 2.500 tropas continentais, comandadas por Washington, e 4 mil tropas francesas, sob o comando de Rochambeau, apressaram-se em direção sul.

A única esperança de Cornwallis voltava-se para o mar. A Marinha Real estava controlando a Baía de Chesapeake, e a frota britânica por lá, sob o comando do Almirante Thomas Graves, consistia em dezenove embarcações. No entanto, em 5 de setembro, o almirante francês, Comandante de Grasse, chegou das Índias Ocidentais com 24 navios. Os esquadrões principais das duas frotas entraram em combate por aproximadamente duas horas e meia. Apesar de os britânicos sofrerem perdas maiores, a batalha ficou indecisa quando eles se viram sem movimento devido a falta de vento. Durante três dias, as duas frotas continuaram à deriva em cursos paralelos, sem incidentes. Os franceses ganharam o reforço de mais navios e canhões de cerco vindos de Newport, Rhode Island. Com isso, navegaram de volta para a Baía de Chesapeake e protegeram a foz do Rio York, enquanto a frota britânica dirigiu-se para Nova York. Cornwallis agora estava isolado por terra e por mar.

Em 28 de setembro de 1781, Washington e Rochambeau chegaram a Yorktown. Junto com os 3 mil homens de Grasse, aproximadamente 17 mil tropas cercavam o acampamento de Cornwallis. Os navios britânicos restantes no Rio York foram bombardeados. Na noite de 10 de outubro, o maior dos navios de guerra de Cornwallis, HMS *Charon*, foi atingido por um tiro em chamas de um canhão francês, por isso pegou fogo. Foi levado pela corrente ao longo do rio, espalhando o fogo a vários outros navios no caminho e, então, afundou. Vários outros navios britânicos afundaram. Alguns sofreram rombos no casco para que pudessem afundar, para servir como defesas na margem, mas vários foram reerguidos pelos franceses.

Cornwallis foi cercado e atacado por fogo intenso. Em 14 de outubro, as forças franco-americanas capturaram duas grandes fortificações britânicas apontando baionetas. Cornwallis ficou tão desesperado que chegou ao ponto de tentar o

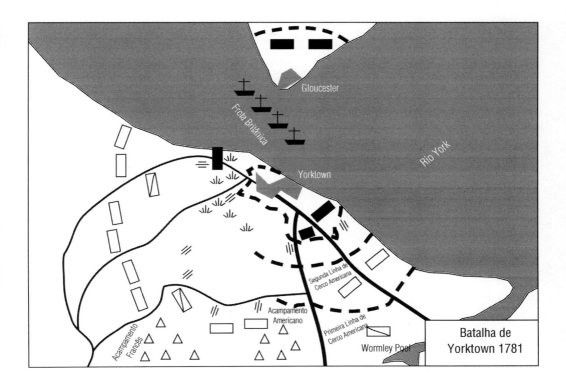

envio de escravos africanos infectados por varíola, direto para as linhas inimigas, esperando incapacitar as tropas inimigas. Um contra-ataque provou ser inútil. Cornwallis tinha menos armas e estava ficando sem comida. Em 17 de outubro, ele enviou uma mensagem a Washington, declarando-se pronto para a rendição. Dois dias depois, os papéis foram assinados. Os britânicos foram a um campo aberto, suas bandeiras foram dobradas, e então eles desfilaram entre fileiras de tropas americanas e francesas. Cornwallis não estava presente. Não poderia suportar tal humilhação. Um subordinado entregou, simbolicamente, a espada dele ao comandante francês, que sinalizou que Washington deveria recebê-la.

Uma grande força de apoio já estava a caminho para Yorktown, mas o público britânico — boa parte de apoio aos colonos — estava cansado da guerra. Os mercadores e os banqueiros britânicos, excluídos do comércio americano durante seis anos, estavam particularmente entusiasmados com a ideia do fim do conflito.

Lorde North, o primeiro-ministro britânico, cuja insensibilidade às queixas dos colonos dera início à guerra, renunciou. Seu sucessor declarou que não era interesse aos britânicos dar continuidade à guerra. Um tratado de paz foi assinado em Versailles, em 3 de setembro de 1783, fazendo dos Estados Unidos um país independente.

Trafalgar
Napoleão É Derrotado no Mar
1805

A frota britânica derrota, em Trafalgar, as marinhas unificadas da França e da Espanha. Isso colocou um fim ao plano de Napoleão para invadir a Grã-Bretanha e deixou a Marinha Real no comando de todos os oceanos durante os próximos cem anos.

O plano de batalha esboçado às pressas pelo Almirante Lorde Nelson foi recentemente descoberto. Em uma tática revolucionária, Nelson enviou duas colunas diretamente para o lado dos navios que tinha os canhões de disparo. Com isso, a linha francesa foi cortada, dispersando seus navios.

Nelson morreu em Trafalgar, atingido por um franco-atirador no cordame de um navio inimigo. Seu corpo foi levado de volta à Inglaterra, onde recebeu um funeral majestoso na Catedral de São Paulo.

Em 1805, Napoleão era mestre do continente, mas ainda cultivava a ambição de invadir a Grã-Bretanha. Para ter a sua força de invasão no Canal da Mancha, no entanto, ele precisava tornar-se mestre do mar. A Marinha Real bloqueou portos franceses e espanhóis, em uma tentativa de impedi-lo.

Em setembro, ficou claro que uma grande frota, sob comando do Almirante Pierre de Villeneuve, estava se reequipando em Cádiz, sul da Espanha. Em 16 de setembro, o Almirante Lorde Horatio Nelson zarpou de Portsmouth em sua nau capitânia HMS *Victory* e chegou ao largo de Cádiz em 29 de setembro.

Em 19 de outubro, o HMS *Mars* reportou que a frota francesa e espanhola estava de saída do porto, por isso Nelson deu uma ordem de perseguição. Naquela noite, os britânicos navegaram a sudeste, presumindo que o inimigo seguisse em direção à segurança do Mediterrâneo. Na manhã seguinte, eles não foram vistos em parte nenhuma, por isso Nelson voltou ao norte.

Ao pôr do sol, no entanto, o Capitão Blackwood, no HMS *Euryalus*, percebeu a frota de Villeneuve seguindo a oeste, e os seguiu durante a noite. Na manhã de 21 de outubro, conforme o tempo piorou, Nelson os alcançou ao largo do Cabo Trafalgar, enquanto eles voltavam às pressas para Cádiz.

Villeneuve ordenou que sua frota fizesse uma única linha em direção norte. Tipicamente, combates navais envolviam intensas descargas de tiros simultâneos pelas armas de um mesmo lado de cada navio. Isso daria a Villeneuve uma enorme vantagem, porque ele tinha 33 navios, incluindo sete grandes fragatas, enquanto Nelson tinha apenas 27 navios. Além de os navios de Villeneuve serem maiores, ele tinha 4 mil tropas a bordo, e muitos deles eram atiradores treinados.

Em um plano preconcebido, Nelson ordenou que seus navios se separassem em dois esquadrões e atacassem a linha de Villeneuve em ângulos retos. Foi uma tática revolucionária, pois os navios britânicos, navegando com a proa pelos costados do inimigo, colocaria em risco muitos costados antes que eles conseguissem usar suas armas.

Às 11h50 da manhã, Nelson deu o famoso sinal: "A Inglaterra espera que cada homem faça o seu trabalho". À tarde, o Almirante Cuthbert Collingwood, no HMS *Royal Sovereign*, estava atacando os dezesseis navios na retaguarda da linha espanhola com seu esquadrão de quinze navios.

Enquanto o *Victory* liderava o outro esquadrão no meio da linha, os franceses e os espanhóis tentaram disparos repetidos em seus cordames. Em seguida, veio o tiro de enfiada que matou o secretário de Nelson enquanto ele conversava com o Capitão Hardy. Quando oito fuzileiros navais que estavam juntos no convés de tombadilho foram mortos por um único tiro de canhão, Nelson ordenou que os homens se dispersassem no navio. Alguns minutos depois, um tiro atingiu a amurada do convés e passou entre Nelson e Hardy, que foi atingido por estilhaços. Os dois homens se olharam, um esperando que o outro estivesse ferido. Nelson sorriu e disse: "Hardy, nosso trabalho é muito cansativo para durar muito".

Nisso, o *Victory* ainda não havia disparado um único tiro, mas cinquenta homens estavam mortos ou feridos, e o seu mastro superior e várias de suas velas desapareceram. Logo após a meia-noite, as armas do *Victory* abriram fogo em ambos os lados, mas eles precisavam golpear um navio inimigo para romper a linha francesa.

"Faça a sua escolha, Hardy", disse Nelson. "Não significa muito."

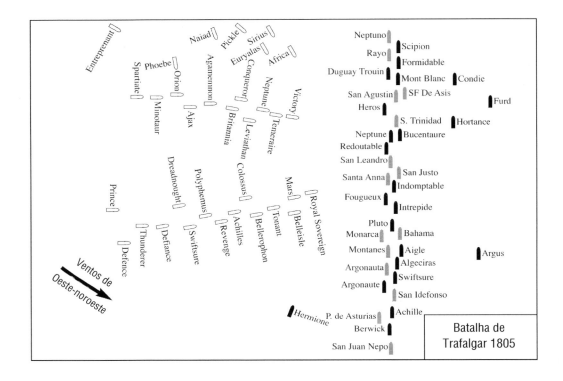

Batalha de Trafalgar 1805

Hardy ordenou que o timão virasse para a esquerda e seguisse depressa até o *Redoubtable*, que saldou o *Victory* com um disparo de armas. Outros dois navios rodearam o *Redoubtable*, cujas armas silenciaram conforme ele fechou os orifícios das armas para evitar que abordadores entrassem por meio deles.

Apesar de o *Victory* manter o fogo sobre a nau capitânia de Villeneuve, *Bucentaure*, e o enorme navio espanhol Santissima Trindad, Hardy deu ordem duas vezes para que cessassem o fogo sobre o *Redoubtable*, porque este não tinha bandeira à mostra, e ele pensou que o navio havia se rendido. No entanto, à 13h15 da tarde, no auge da ação, um tiro de mosquete foi disparado pela gata[1] do *Redoubtable* e acertou a dragona no ombro esquerdo de Nelson. Ele caiu de rosto no convés, que ainda estava sujo com o sangue de seu secretário. Três homens apressaram-se em sua ajuda e o levantaram.

"Eles finalmente acabaram comigo, Hardy", disse Nelson, um veterano de oito batalhas.

"Espero que não", disse Hardy.

"Sinto que sim", disse Nelson, "minha espinha dorsal foi atingida."

---

[1] *Gata* – antiga máquina de guerra semelhante à catapulta. (N. R.)

Ele foi carregado para baixo, onde tirou seu lenço e cobriu o rosto e sua insígnia, para que a tripulação não o reconhecesse. Era óbvio que ele estava morrendo, mas Nelson ainda se preocupava com o progresso da batalha e pediu que Hardy fosse enviado até ele.

A tática de Nelson funcionara brilhantemente, pois a linha de Villeneuve fora destruída. Os seis navios principais sob o Almirante Pierre Dumanoir foram perdidos no primeiro ataque. Às 15h30 da tarde, eles voltaram e contra-atacaram. Hardy escolheu esse momento para visitar Nelson.

"Bem, Hardy, como estão as coisas?", ele perguntou.

"Muito bem", respondeu Hardy. "Dez navios foram atingidos, mas cinco da dianteira mudaram de direção e parecem ter interesse de vir para cima do Victory. Convoquei dois ou três de nossos navios em boas condições, e tenho certeza de que podemos dar uma surra neles."

Nelson perguntou quantos navios eles haviam tomado. Hardy respondeu "catorze ou quinze". Então Nelson disse: "Isso é bom, mas eu tinha estipulado vinte".

O contra-ataque de Dumanoir foi bem repelido, os franceses e os espanhóis perderam dezenove ou vinte navios no total.

Nelson pediu que sua amada, Lady Hamilton, e sua filha Horatia recebessem amparo. Então, disse a famosa frase antes de morrer por volta de 16h30: "Beije-me, Hardy".

Os atiradores de elite no cordame do *Redoubtable* mataram outros cinquenta da tripulação do *Victory* antes de eles mesmos serem mortos — incluindo o homem que ferira Nelson mortalmente. O contramestre o reconhecera ao cair. A batalha terminou por volta de 17 horas, quando o próprio Villeneuve foi capturado junto com 7 mil de seus homens. Os franceses perderam mais 7 mil marinheiros, enquanto 1.500 britânicos foram mortos ou feridos. Mas, não se perdeu nenhum navio britânico.

A vitória britânica em Trafalgar pôs um ponto final nos planos de Napoleão de invadir a Grã-Bretanha, e significou que a Grã-Bretanha seria o maior poder naval do mundo pelos próximos cem anos, o que lhe permitiu construir um gigantesco império.

Austerlitz
Napoleão Conquista o Controle da Europa
1805

Apesar da derrota francesa em Trafalgar, Napoleão estava se aproximando do máximo de seu poder na Europa. Dois meses depois, ele superou as forças combinadas da Áustria e da Rússia em Austerlitz, no que chamamos Batalha dos Três Imperadores.

AUSTERLITZ • 1805

Em 1805, a Grã-Bretanha, a Áustria e a Rússia haviam formado uma nova aliança contra a França. Naquela época, a maior parte das forças de Napoleão estava posicionada ao longo da costa do Canal da Mancha, mas as frotas francesa e espanhola sob seu controle falharam em monitorar as rotas marítimas, tornando fora de questão uma invasão da Grã-Bretanha. Com isso, Napoleão voltou sua atenção para o leste.

Fazia tempo que ele queria dominar Viena e forçar o imperador austro-húngaro a sair da aliança. De acordo com isso, em 25 de setembro, o Grande Exército Francês cruzou o Reno e marchou pela Floresta Negra, com o objetivo de atacar uma força austríaca menor que estava sob comando do marechal-de-campo Karl von Mack, em Ulm, na Baviera. Ele esperava que o exército russo — que se movia lentamente — o encontrasse lá. Duas semanas depois, o Grande Exército cruzou o Danúbio, prevenindo que Mack recuasse para o leste. Houve batalhas esporádicas, dispersando as tropas austríacas. Em 16 de outubro, a artilharia francesa começou a abrir fogo na cidade de Ulm. Mack viu que seus homens estavam sem condições de resistir a um cerco, e os russos ainda estavam a vários quilômetros de distância. Ele se rendeu em 20 de outubro, humilhando um exército de aproximadamente 80 mil homens.

Os franceses perderam a Batalha de Trafalgar no dia seguinte, mas isso não afetou a situação na Europa Central. Napoleão ainda assim marchou em direção a Viena. Circundando ao norte pela Morávia, ele parou em Brünn (atualmente Brno, na República Tcheca) durante onze dias, a fim de dar tempo para que as unidades mais lentas os alcançassem. Quando o Czar Alexandre encontrou o imperador austríaco Francisco I, a 75 quilômetros a nordeste, em Olmütz (atual Olomouc, na República Tcheca), eles interpretaram a hesitação de Napoleão como fraqueza. Agora ele enfrentava um grande exército russo, com forças austríacas sob o Arquiduque Carlos em seus

As tropas aliadas em fuga escapam através do congelado Lago Satschen. Os franceses dispararam balas de canhão em brasa para derreter o gelo.

flancos. Na retaguarda, os prussianos estavam reunindo um exército de 180 mil homens. Os prussianos, até então, haviam permanecido neutros nas Guerras Napoleônicas, mas agora estavam furiosos devido ao fato de Napoleão ter marchado no território deles.

Napoleão empregou o seu tempo em Brünn para negociar um generoso acordo com a Prússia. Ele também tentou, sem sucesso, subornar o Czar. Enquanto isso, estudou o solo ao redor de Brünn e decidiu que a batalha deveria acontecer a vinte quilômetros a leste, em uma vila morávia chamada Austerlitz (agora Slavkov u Brna, na República Tcheca).

Em 2 de dezembro, Napoleão reunira 68 mil homens ao redor de Brünn, enquanto a força austro-russa, sob comando nominal do General russo Príncipe Mikhail Illarionovich Kutuzov, somava 90 mil. Em 2 de dezembro também foi o primeiro aniversário da coroação de Napoleão como imperador, e a Batalha de Austerlitz algumas vezes é chamada de Batalha dos Três Imperadores.

Os aliados ocuparam o Planalto de Pratzen a oeste de Austerlitz na noite anterior à batalha. O objetivo era ficar entre Napoleão e Viena, além de forçar os franceses de volta a partir do sul. Naquela noite, Napoleão falou a seus homens, algumas vezes pessoalmente, dizendo-lhes como manobrar ou quando disparar suas armas. O moral estava alto, e alguns homens puseram fogo em colchões de palha para iluminar o caminho de Napoleão. Para os russos e os austríacos no planalto, parecia que os franceses estavam se preparando para recuar. Ao menos era isso que eles esperavam!

Antes do amanhecer, os aliados se formaram em quatro colunas. Logo que amanheceu, a vanguarda da primeira coluna de aliados atacou as posições francesas no canto sudoeste do campo de batalha. Logo depois das sete horas da manhã, a primeira, a segunda e a terceira colunas, exclusivamente russas, marcharam abaixo a partir do planalto. Enquanto uma divisão da IV Unidade Militar de Napoleão resistiu resolutamente, os franceses enfrentaram uma força muitas vezes superior e foram obrigados a recuar. Por volta de dez da manhã, os aliados quase haviam rompido as linhas francesas; a situação só foi salva devido à chegada, no último minuto, da III Unidade Militar. Apesar disso, a tática fora bem-sucedida em levar as forças aliadas para a direita.

Aproximadamente às 7h45 da manhã, Napoleão contra-atacou com uma manobra conhecida como "salto do leão". Ele fez o restante da IV Unidade Militar — que estivera oculta na névoa da manhã — mover-se adiante, contra o flanco direito do avanço aliado. Os franceses emergiram da neblina conforme o sol se erguia sobre Austerlitz, surpreendendo os aliados. Improvisando uma defesa, a quarta coluna dos aliados marchou abaixo a partir do planalto, mas foi atingida por uma ação de flanqueamento armada pela Guarda Imperial Francesa. Parecia que Napoleão antecipara todos os movimentos dos aliados.

Três colunas aliadas estavam cercadas no vale ao pé do Planalto de Pratzen. À tarde, os franceses tinham o controle do planalto. A Guarda Imperial Russa, mantida na reserva, atacou no planalto, mas foi forçada a voltar. Para evitar uma destruição total, as colunas aliadas foram forçadas a recuar para o sul.

Eles tentaram fugir através do congelado Lago Satschen, mas os franceses, no controle do planalto, atiraram balas de canhão incandescentes, derretendo o gelo. Em pouco tempo, 4 mil homens estavam na água. O lago não era profundo, mas o fundo era lamacento. Muitos dos que não foram mortos pelas balas de canhão se afogaram ao se enroscarem em seus equipamentos, e os que se esforçaram para atingir a margem não estavam em condições de continuar lutando.

As armas silenciaram às cinco horas da tarde. Os aliados haviam perdido 12.200 homens, mortos ou feridos, e 15 mil outros estavam como prisioneiros — quase um terço da força combinada se perdera. Os franceses haviam perdido 6.800 soldados. Os russos foram forçados a bater em retirada, enquanto os prussianos reconheceram que seria melhor manter sua neutralidade. O impera-

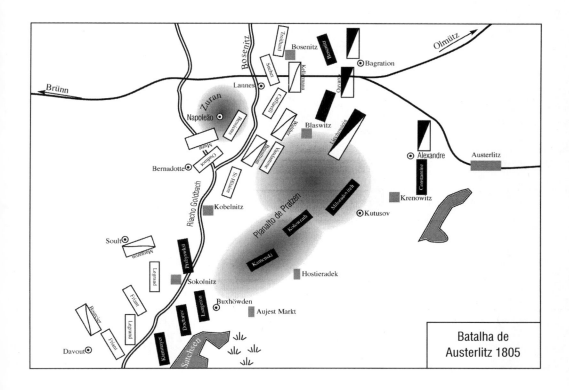

Batalha de Austerlitz 1805

dor austríaco foi obrigado a assinar o Tratado de Schönbrunn, que entregou a Napoleão as províncias de Dalmácia, Ístria e Veneza a leste, junto com Tirol, um dos mais antigos bens dos Habsburgos.

Com Veneza incorporada às posses italianas de Napoleão, ele enviou uma força francesa, sob o comando do Marechal André Masséna, para expulsar os Bourbons de Nápoles. Quando o Papa se opôs, Napoleão anunciou que ele era o Imperador de Roma e líder leigo da Igreja. Ocupou a Itália por oito anos, depois de Austerlitz, pilhando suas galerias de arte e seus tesouros, além de levar jovens para a guerra.

Moscou
O Recuo de Napoleão Devido ao Inverno Russo
1812

Ao invadir a Rússia, Napoleão deu um passo maior que a perna. Os russos recuaram, evacuando Moscou. Então, deixaram o "General Inverno" fazer o resto. Consequentemente, Napoleão não teve mais forças para conter seus inimigos e perdeu o poder.

Em 1807, o Czar Alexandre I assinou um tratado de paz com Napoleão. Com isso, a Grã-Bretanha passou a ser o único importante adversário da França. Incapaz de invadir, Bonaparte decidiu fechar os portos da Europa para mercadorias britânicas, em uma tentativa de destruir a economia britânica. No entanto, o Czar ficou cada vez mais desacreditado por Napoleão e se recusou a expulsar a marinha mercante britânica.

Na primavera de 1812, Napoleão levou seu Grande Exército à Polônia, em uma tentativa de intimidação ao Czar. Como não conseguiu um acordo com Alexandre, ele atravessou o Rio Neman e marchou até a Rússia. Em vez de lutar, o Príncipe Kutuzov — que havia aprendido a sua lição em Austerlitz — fez as suas forças recuarem e adotou a "tática da terra arrasada". Mas isso não refreou os franceses, mesmo estando eles muito carentes de provisões.

Enfim, os russos pararam em Borodino, a cento e doze quilômetros a oeste de Moscou, onde construíram fortificações no intuito de refrear a marcha de Napoleão na capital deles. Relutante em arriscar um flanqueamento dos russos, deixando o exército deles intacto, Napoleão fez um ataque frontal, em 7 de setembro. Incapaz de julgar a situação, devido à fumaça no campo de batalha, ele conteve 30 mil de suas melhores tropas. Assim, o exército russo foi terrivelmente prejudicado. Perdeu 45 mil homens, substancialmente mais que os 30 mil da França, mas conseguiu sair inteiro do campo de batalha.

Usando seu uniforme de verão, o Grande Exército não estava preparado para o inverno russo. Pela segunda vez em sua carreira militar, Napoleão abandonou seu exército ao seu próprio destino.

Uma semana depois, Napoleão entrou em Moscou e a encontrou deserta. Nenhuma delegação de Alexandre apareceu para se render ou negociar com Napoleão. Então, começou um fogo que arrasou boa parte da cidade, e Napoleão viu que não teria alternativa, além de bater em retirada. Isso foi um desastre.

Kutuzov assistia, enquanto Napoleão marchava fora de Moscou. O plano de Napoleão era seguir caminho de volta a Smolensk por uma rota no sul. Ele enviou uma força avançada com cerca de 15 a 20 mil homens sob comando do Príncipe Eugène, para assegurar a cidade de Maloyaroslavets, a aproximadamente cento e doze quilômetros a sudoeste, e estabeleceu uma cabeça de ponte através do Rio Luzha. O Príncipe Eugène chegou a Maloyaroslavets na noite de 23 de outubro e a encontrou desocupada.

O General russo Docturov seguira os franceses em uma estrada paralela com 12mil tropas de infantaria, três de cavalaria e oitenta e quatro canhões. Ele atacou dois batalhões isolados, antes do nascer do sol, em 24 de outubro; os batalhões fugiram de volta à ponte sobre o Rio Luzha. Um contra-ataque sob o General Delzon propiciou a retomada da cidade, mas, quando os franceses tentaram abrir caminho para o outro lado, foram parados pelos russos. Finalmente, Napoleão apareceu com a força principal. Agora os franceses tinham homens o bastante para ampliar a cabeça de ponte que permitiria a seu exército atravessar.

No dia seguinte, Napoleão saiu para analisar a situação, mas seu pequeno destacamento foi atacado por cossacos[1]. Sua escolta conseguiu combatê-los, mas alguns atacantes chegaram muito perto do imperador. Depois dessa experiência, ele carregou um recipiente com veneno ao redor do pescoço — preferia morrer a ser capturado.

Kutuzov estava seguindo o Grande Exército com sua força principal de 110 a 120 mil homens — ele vinha rápido atrás dos franceses. Embora os franceses estivessem vencendo a Batalha de Maloyaroslavets, com suas perdas de 5 mil sendo menores que os 6 mil dos russos, eles foram forçados a bater em retirada em direção a Mozhaysk, para não serem capturados entre as duas forças. Isso foi irônico, porque Kutuzov decidira não enfrentar os franceses — ele considerava que seus recrutas não eram páreo para os veteranos franceses. Apesar disso, os russos haviam conquistado uma importante vitória estratégica, forçando Napoleão a abandonar sua planejada rota de saída ao sul a partir da Rússia. Agora ele tinha que seguir a noroeste, pela área devastada por esse avanço.

Sem comida ou provisões, o comissariado francês entrou em colapso, deixando homens e cavalos passarem fome. Peças de artilharia tiveram de ser abandonadas, e os cavalos foram comidos. Enquanto isso, forças regulares russas, regimentos cossacos e partidários acossaram os flancos franceses e a retaguarda. Para piorar, agora os franceses enfrentavam o início do inverno russo.

A coluna francesa agora se estendia por mais de 65 quilômetros. Soldados estavam misturados a vivandeiros[2], nos quais se incluíam algumas atrizes francesas pegas em Moscou, além de carroças com espólios. Na retaguarda estava o Marechal Davout, que tentou reunir os retardatários. Kutuzov já deixara claro

---

[1] Os *Cossacos* são um povo nativo das estepes das regiões do sudoeste da Europa (principalmente da Ucrânia e do sul da Rússia), que se estabeleceram mais tarde nas regiões do interior da Rússia asiática. Os cossacos são muito famosos pela sua coragem, bravura, força e capacidades militares (especialmente na cavalaria), mas também pela capacidade de autossuficiência. (N. R.)

[2] *Vivandeiro* é o indivíduo que leva víveres (alimentos necessários para a subsistência) para vender às feiras e tropas militares. (N. R)

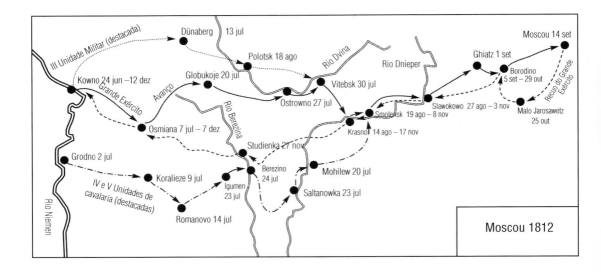

que qualquer um de seus homens que caísse em mãos russas não poderia esperar piedade. Eles haviam, afinal, violado o solo da Mãe Rússia.

Kutuzov estava ciente das provações que os homens de Napoleão estavam prestes a enfrentar, então enviou cavalaria à frente da coluna para destruir os postos avançados e os depósitos dos franceses. Em resposta, Napoleão aumentou o passo e enviou uma guarda avançada para Vyaz'ma, na província de Smolensk, para garantir o depósito de lá. O efeito disso foi estender a coluna ainda mais, e, em 31 de outubro e em 3 de novembro, os russos atacaram a retaguarda de Napoleão — agora enfraquecida.

Então, em 4 de novembro, começou a nevar. Conforme o tempo piorou, soldados subnutridos não tiveram como suportar o frio, e centenas de franceses morreram congelados a cada noite. Incendiar vilarejos era o modo padrão de manter o calor. Doenças eram abundantes. Quando a distribuição organizada de comida falhou por completo, homens saíram à procura de comida. Muitos não retornaram, sucumbindo ao frio ou aos cossacos. Sem cavalos, não havia defesa contra a cavalaria cossaca, que deixou em pedaços toda uma brigada sob o comando do General Baraguay d'Hilliers. A simples ideia de encontrar cossacos enchia de medo o coração dos franceses, que agora sucumbiam ao fatalismo.

Napoleão parou em Smolensk e tentou reorganizar seu exército, mas a disciplina havia se dissipado. Seus homens arrombaram lojas de comida e de roupas, causando uma enorme destruição. Então, o Grande Exército continuou sua retirada. O exército que deixara Moscou fora o dobro do tamanho atual, e a quantidade de tropas disponíveis continuava a cair vertiginosamente.

Os russos atacaram em Krasnoi, cortando a coluna em duas. Napoleão enviou sua Guarda Imperial e sua artilharia de volta para combater os russos, e, naquela noite, eles atacaram o acampamento russo. Os russos não haviam imaginado que os franceses executariam uma incursão tão arriscada, e não haviam formado piquetes adequados. Pagaram um preço alto por isso.

Essa vitória ergueu o moral francês. Logo eles tiveram mais motivo para comemorar, porque o Marechal Ney se apresentou. Ele estivera atrás, em Smolensk, para reunir os retardatários, e fora interrompido. Os russos exigiram que ele se rendesse, mas ele se recusou. Com o fracasso de lutar para abrir seu caminho de volta, Ney ordenou que acendessem fogueiras durante uma noite. Então, saiu furtivamente até a escuridão, ao redor do flanco norte dos russos.

O próximo grande obstáculo que Napoleão enfrentou foi o Rio Berezina, onde hoje fica a Bielorrússia. O Marechal Oudinot armou um ataque-surpresa na guarnição militar em Berezino e tomou o depósito de lá. No entanto, um segundo exército russo de 60 mil homens, sob o comando do Almirante Chichagov, marchara acima pela margem oeste do Berezina e queimara a ponte. Depois disso, houve um degelo repentino que deixou intransponível o rio. Enquanto isso, outros 50 mil russos, comandados pelo General Wittgenstein, aproximavam-se pelo norte.

Napoleão teve de enviar uma grande força, sob o comando do Marechal Victor, para refrear Wittgenstein. Então, na noite de 25 de novembro, engenheiros do exército francês começaram a construir três pontes em Studienka, dezesseis quilômetros ao norte do Berezina. Durante a construção, os homens tiveram de atravessar — cobertos até o peito — a água congelante. Muitos morreram.

No final da tarde do dia seguinte, Ney e Oudinot cruzaram o rio e tomaram Chichagov; enquanto os homens de Victor formaram uma retaguarda. A força principal começou a cruzar, mas, com centenas de doentes e feridos, foi um processo longo e desorganizado. Na noite de 27 de novembro, Victor estava com pouca munição. Como mais e mais russos chegavam ao campo, ele fez seus homens recuarem para a margem oeste e dirigiu a retirada pelo tempo em que ela foi possível. No entanto, ele foi forçado a incendiar as pontes, para evitar que os russos as usassem; com isso, abandonou milhares de retardatários franceses na margem leste.

A temperatura despencou depois que eles atravessaram o rio. A coluna francesa se estendeu ao longo da estrada para Vilnius e era constantemente atacada pelos cossacos, que podiam operar livremente na estrada.

Chegou a notícia de que o General Malet organizara um golpe de estado em Paris. Dizendo que Napoleão morrera na Rússia, ele agarrou brevemente as rédeas do poder, em 23 de outubro, antes de ser preso. Napoleão agora abandonou seu exército na Rússia — como já abandonara seu exército no Egito, depois da Batalha do Nilo — e apressou-se de volta para Paris, onde intensificou a sua ditadura e começou a recrutar novos homens.

Em Vilnius, os franceses mais uma vez tiveram um comportamento muito agressivo. O único meio de restaurar a ordem era recomeçar a retirada, com Ney empreendendo audaciosas ações de retaguarda. Quando eles cruzaram de volta sobre o Nieman, Ney ficou atrás até o último momento, no processo que o deixou famoso por ser o último francês a sair da Rússia.

O Grande Exército de Napoleão não mais existia, e os franceses, como nação, haviam perdido seu gosto pelas conquistas. Áustria, Rússia, Prússia e Grã-Bretanha agora se voltavam contra eles. Napoleão lutou, mas não pôde refrear os aliados. Os britânicos expulsaram os franceses da Espanha e cruzaram os Pirineus. Entre 16 e 19 de outubro de 1813, Napoleão perdeu para as forças combinadas de Áustria, Rússia, Prússia e Suécia, na Batalha de Leipzig, também conhecida como Batalha das Nações. Com os aliados aproximando-se de Paris, Napoleão foi forçado a abdicar, em 6 de abril de 1814, e foi para o exílio na Ilha de Elba, a oeste da costa da Itália.

WATERLOO • 1815

Waterloo
Por um Triz
1815

Depois de um breve exílio em Elba, Napoleão escapou, retornou à França e mais uma vez ficou fora de controle. Toda a Europa sabia que apenas um homem poderia contê-lo: Arthur Wellesley, o Duque de Wellington.

Escócia para Sempre. *O ataque dos Scots Greys em Waterloo, 18 de junho de 1815. O ataque do regimento de cavalaria dos Royal Scots Greys contra a 45ª Infantaria Francesa foi imortalizado nesta famosa pintura de 1881, feita por Lady Elizabeth Butler.*

A BATALHA DE WATERLOO FOI A DERROTA FINAL DE NAPOLEÃO BONAPARTE. Deu fim a 23 anos de guerra entre a França e as outras potências europeias. Depois de sua invasão catastrófica na Rússia, em 1812, e de sua completa derrota pelo Duque de Wellington na Guerra Peninsular, Napoleão fora forçado a abdicar, e a monarquia Bourbon foi restaurada. Apesar de exilado na Ilha de Elba, ele ficou lá por menos de um ano.

Em 1815, Napoleão escapou dos guardas e retornou à França, chegando a Cannes em 1º de março. Ao cruzar os Alpes, camponeses republicanos juntaram-se a ele. Luís XVIII enviou o velho colega soldado de Napoleão, Marechal Ney, que havia jurado aos Bourbons capturá-lo. Ney prometeu ao rei que levaria Napoleão de volta a Paris em uma jaula. No entanto, Ney mudou de ideia quando seus soldados saudaram Napoleão, então se juntou outra vez ao Imperador.

Naquela época, as potências europeias estavam reunidas no Congresso de Viena. O assunto era a reorganização do Continente depois da devastação das Guerras Napoleônicas. Com a notícia de que Napoleão estava em uma marcha a Paris à frente de um exército, o Czar Alexandre disse a Wellington: "Cabe a você salvar o mundo mais uma vez".

No final de maio, Napoleão reunira um exército de 284 mil homens, e com uma força de 124.500, ele se dirigiu a norte, até a fronteira com a Bélgica. Seu objetivo era manobrar suas forças entre a potente força anglo-holandesa de 93 mil homens, sob o comando de Wellington, e um exército prussiano de 115 mil homens, comandado pelo Marechal Gebhard Leberecht von Blücher. Em seguida, ele esperava derrotar os dois exércitos separadamente, empurrando Wellington acima, em direção à costa belga, e Blücher para trás até a Prússia.

Napoleão ordenou que Ney cruzasse a fronteira e marchasse para Les Quatre Bras, um importante cruzamento no caminho de Bruxelas. Lá, em 16 de junho, ele combateu Wellington. Embora os franceses tivessem uma superioridade devastadora, Wellington conseguiu retroceder em boa ordem e reagrupar no Monte St. Jean, a sul de Waterloo.

No mesmo dia, Napoleão infligiu uma séria derrota a Blücher, em Ligny, mas o exército prussiano não estava completamente destruído. Napoleão enviou o Marechal Grouchy para perseguir os remanescentes. Napoleão tivera sucesso em seu plano de manter separados os dois exércitos, mas errou ao pensar que os prussianos estavam liquidados, então saiu atrás de Wellington.

Muito superado em números, Wellington tinha como última chance aguentar firme até que os prussianos enviassem reforços. Ele escolheu cuidadosamente o campo de batalha, selecionando um lugar onde poderia lutar o tipo de batalha defensiva no qual era exímio. A cordilheira no Monte St. Jean estendia-se por apenas cinco quilômetros. Ele posicionou a maioria de seus homens fora de vista atrás dela, enquanto outros guardavam as casas de fazenda, em Hougoumont, Le Haye Sainte e Papelotte.

Os franceses formaram tropas em uma cordilheira oposta a pouco mais de um quilômetro. Aproximadamente, 140 mil homens e 400 canhões se espremeriam em um campo de batalha de pouco mais de cinco quilômetros quadrados, o que deu a Napoleão pequena chance de empregar as complexas manobras nas quais ele se destacava. Ele precisaria atacar a posição de Wellington diretamente.

Wellington concentrou a maior parte de sua força em seu flanco direito, onde as cordilheiras estavam mais próximas. Ele deixou pouco guarnecido o flanco, na esperança de que fosse reforçado pelos prussianos. As posições adiante, como Hougoumont e Le Haye Sainte, estavam designadas para agir como quebradoras em um ataque francês. Estavam sob comando de Wellington 13.253 tropas britânicas, 6.387 homens da Legião Alemã do Rei, 15.935 hanoverianos, 29.214

O 2º e o 3º Batalhões de Primeira Divisão, sob o comando do Tenente-Coronel Lorde Saltoun, defendem Hougoumont.

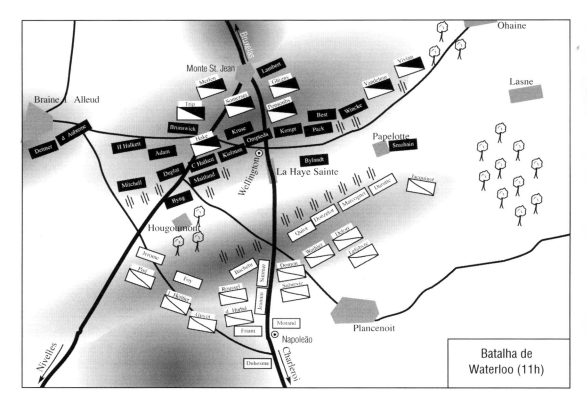

holandeses e belgas, 6.808 brunswickers e 2.880 nassauers. Tudo isso deu a ele 12.408 homens de cavalaria, 49.608 homens de infantaria e 5.645 artilheiros com 156 peças de artilharia.

Os franceses colocaram em campo 15.765 homens de cavalaria, 48.950 homens de infantaria e 7.232 artilheiros com 246 canhões. Napoleão teria conseguido uma decisiva superioridade se tivesse chamado as unidades militares de Grouchy, de quase 33 mil homens. Assim, eles foram reprimidos por 17 mil homens da retaguarda de Blücher, em Wavre, a cerca de 13 quilômetros a leste; enquanto a força principal de Blücher, de aproximadamente 28 mil, estava em seu caminho para reforçar Wellington. Isso salvaria o dia.

Napoleão estava doente. A enfermidade que o perturbava em seus últimos anos estava piorando, o que o deixava irascível. Ele desprezava a ideia de que Blüche pudesse socorrer Wellington e se recusava a convocar Grouchy. Desprezando Wellington como "general indiano a serviço do exército britânico" — as primeiras experiências militares de Wellington foram na Índia —, ele alegou que poderia sobrepujá-lo com um assalto frontal. Quando foi dito que Wellington não sofrera uma derrota sequer durante a Guerra Peninsular, Napoleão explodiu em raiva.

Além de subestimar seu oponente, Napoleão cometeu outro erro fatal. Havia chovido nos últimos dias, tornando pesados os passos para assaltos de cavalaria e de infantaria. Em vez de atacar na primeira oportunidade na manhã de 18 de junho, ele esperou até meio-dia, a tempo de o campo secar. Isso deu aos prussianos de Blücher o tempo de que precisavam para alcançar o campo de batalha.

A batalha começou com um ataque diversionário contra Hougoumont, sob comando de Jerome, irmão de Napoleão. A ideia era atrair Wellington para fora, a fim de enfraquecer o seu centro. Entretanto, Jerome tinha ciúme do histórico militar do irmão, e tentou de fato tomar o château. Logo, toda a sua divisão estava envolvida em uma batalha em escala total. Quando o fogo pesado proveniente de posições preparadas ameaçou os atacantes, Jerome teve de pedir reforços, o que enfraqueceu o centro francês. Ele chegara ao oposto das intenções de Napoleão.

Para Wellington, era vital que Hougoumont fosse controlado, ou a sua direita teria sido invertida e a sua posição na cordilheira teria sido indefensável. No entanto, apenas treze companhias de Coldstream Guards foram enviadas para ajudar Hougoumont, enquanto a posição refreou um quarto da infantaria de Napoleão. Napoleão subestimou a resistência dos guardas britânicos.

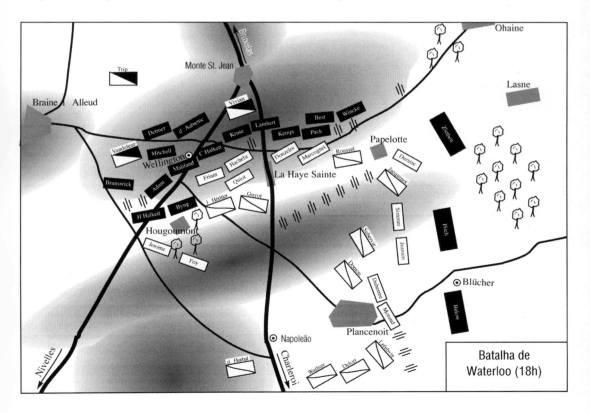

Batalha de Waterloo (18h)

À uma hora da tarde, Napoleão recebeu uma mensagem interceptada do General Bülow, que estava liderando o avanço da guarda prussiana. Dirigia-se a Wellington, e informava que Bülow estava na área de St. Lambert. Napoleão enviou unidades de cavalaria e de infantaria para repelir Bülow e mandou uma ordem de convocação a Grouchy. Mas era tarde demais. A ordem não chegou a Grouchy antes das 17 horas, quando era muito tarde para ajudar.

Com Blücher a caminho, tornou-se ainda mais urgente expulsar Wellington de sua cordilheira. Napoleão ordenou que as tropas à direita — Unidades Militares do General d'Erlon, aproximadamente 20 mil homens — se movessem adiante em formação. Eles foram atacados pela guarnição, em La Haye Sainte e sofreram pesadas baixas. Apesar disso, conseguiram dominar Papelotte e La Haye Sainte. Mas foi cometido um engano terrível. Os franceses não avançaram cordilheira acima em colunas de batalhão estreitas, mas sim em largas colunas de divisão, com 200 homens de largura e 24 a 27 homens de profundidade. Com isso, os artilheiros britânicos tiveram um alvo que não poderiam errar.

Os homens de D'Erlon tinham pouco suporte de cavalaria ou de artilharia. As armas britânicas foram dispostas atrás de uma espessa proteção e puderam disparar fogo abaixo impunemente. Quando as desgastadas fileiras francesas alcançaram o topo da cordilheira, depararam com uma saraivada de fogo de mosquetes. Um ataque de baionetas aconteceu em seguida pelas mãos de 3 mil soldados britânicos. Duas brigadas de cavalaria britânicas se moveram para a matança. Papelotte foi retomada, e 3 mil franceses viraram prisioneiros. Em toda essa agitação, a cavalaria atacou os canhões franceses. Lanceiros franceses contra-atacaram e mais de mil cavaleiros britânicos foram perdidos. Mas nem isso pôde encobrir o fato de que o sopro de vitória de Napoleão havia falhado.

Por volta de 15 horas, Napoleão sabia que não poderia esperar ajuda de Grouchy. Decidiu que o centro de toda a batalha era La Haye Sainte e ordenou que Ney a dominasse. Conforme ele preparava o assalto, Ney pôde ver soldados britânicos feridos seguindo caminho estrada abaixo até Bruxelas. Com isso, ele pensou que Wellington estivesse em retirada. Sem suporte de artilharia ou de infantaria, Ney ordenou que seus 5 mil cavaleiros atacassem no alto da cordilheira, no que acreditava ser um ataque decisivo. Quando viram os franceses se aproximando, a infantaria de Wellington se formou em quadrados atrás da cordilheira. Por causa disso, a cavalaria francesa causou pouco impacto, quando os alcançou, e Wellington contra-atacou com sua própria cavalaria.

Outros 10 mil cavaleiros franceses foram enviados. Causaram pequena impressão nos quadrados de infantaria, mas os franceses conseguiram tomar La

Arthur Wellesley, o primeiro Duque de Wellington, encoraja seus homens. Ele fez uma declaração famosa sobre suas tropas: "Eu não sei que efeito esses homens terão sobre o inimigo, mas, por Deus, eles me aterrorizam".

Haye Sainte. A artilharia francesa também começou a causar impacto no centro de Wellington, deixando-o fraco e vulnerável. Ney estava convencido de que, com apenas mais um empurrão, conseguiria avançar, por isso enviou uma mensagem a Napoleão, pedindo mais tropas.

"Mais tropas?", gritou Napoleão. "Onde ele espera que eu as consiga? Quer que eu as fabrique?"

Suas reservas haviam sido enviadas para refrear os prussianos, que haviam capturado Plancenoit, situada nas proximidades.

Wellington, então, assumiu o comando pessoal de uma brigada de Brunswickers e, montado em seu cavalo favorito, Copenhagen, saiu para preencher a lacuna que Ney deixara em sua linha. Os prussianos estavam chegando ao campo de batalha. Napoleão espalhou entre suas tropas o boato de que esses eram os homens de Grouchy vindo para ajudá-los. Quando descobriram que era mentira, o seu moral desabou.

Napoleão poderia ter salvado seu exército nesse ponto, se tivesse recuado. Mas a sua Guarda Imperial refreara os prussianos à esquerda, e, às 19 horas, ele recuou vários batalhões, acreditando que apenas mais um ataque contra o centro, pelos veteranos da Guarda Imperial, violaria os britânicos na cordilheira.

Ao bater de tambores, a Guarda Imperial marchou cordilheira acima, vestida magnanimamente com suas barretinas de pele de urso decoradas com longas plumas vermelhas. Wellington obrigou seus homens a se deitarem, para que o fogo da artilharia francesa passasse inofensivo por suas cabeças. Quando a Guarda Imperial alcançou o topo da cordilheira, encontrou uma chuva de tiros de mosquete e de metralha. Com a Guarda Imperial a menos de vinte quilômetros de distância, Wellington, segundo dizem, deu a ordem: "Avante, Guardas, para cima deles!".

Eles giraram sobre os pés, liberaram uma saraivada de fogo a curta distância e então atacaram com baionetas caladas. A Guarda Imperial era a elite de Napoleão, e os guardas os fizeram recuar. Vendo isso, o lamento se ergueu entre os franceses: "La Garde recule" ("A Guarda está recuando"). Esse foi o primeiro recuo na história deles. Com isso, o moral dos franceses se desfez por completo.

Quando a Guarda Imperial foi forçada para trás, eles foram emboscados por uma brigada de reserva escondida nos campos de milho. Alguns se viraram e fugiram; outros protegeram o recuo de Napoleão formando um quadrado no centro do campo de batalha. Enquanto isso, Wellington ergueu seu chapéu e ordenou um avanço geral que varreu do campo os franceses.

Às 21 horas daquela noite, Wellington e Blücher se encontraram em La Belle Alliance, que, de acordo com Blücher, daria um bom nome para a batalha. Mas Wellington insistiu em uma antiga tradição que ele construíra — nomear suas batalhas de acordo com o lugar em que dormira na noite anterior. Assim, a batalha foi chamada Waterloo.

Os franceses perderam 25 mil homens, mortos ou feridos, e 9 mil foram capturados, junto com 220 canhões. O exército de Wellington perdeu 15 mil tropas, e o de Blücher, aproximadamente 8 mil. O Duque de Wellington declarou a Batalha de Waterloo "um negócio extremamente sério — o mais grave de sua vida". Com os prussianos em perseguição, Napoleão tentou reunir seus homens em Genappe, onze quilômetros ao sul. Mas foi uma tarefa impossível, porque suas unidades haviam perdido toda a coesão. Ele voltou a Paris e, quatro dias depois, abdicou pela segunda vez.

Com a espera de pegar um navio para os Estados Unidos, Napoleão seguiu para Rochefort, mas o porto estava bloqueado pela Marinha Real. Ele apelou aos britânicos por proteção, e, em 15 de julho, embarcou no HMS *Bellerophon*. Desta vez, foi exilado na remota ilha de Santa Helena, na costa da África, no Sul do Atlântico, onde morreu em 1821, aos 51 anos.

Sebastopol
Um Cerco Dá Fim à Guerra da Crimeia
1854-55

Na Guerra da Crimeia, a Turquia, a Grã-Bretanha e a França tentaram pôr um fim à expansão russa no sul. A chave para a vitória era capturar o porto local do porto russo do Mar Negro — Sebastopol.

A Guerra da Crimeia caracterizou-se por ataques de cavalaria. O catastrófico Ataque da Brigada Leve tornou-se uma lenda, enquanto o vitorioso Ataque da Brigada Pesada foi completamente esquecido.

DESDE O SÉCULO XVII, A RÚSSIA TENTAVA EXPANDIR-SE PARA O SUL, à custa do Império Otomano. Isso causou uma série de guerras com a Turquia. Em 1853, a Rússia mais uma vez estava com ânimo expansionista. O Czar exigiu o direito de proteger os cristãos ortodoxos que estavam sujeitos ao Império Otomano. Ele entrou em conflito com a França pelos direitos das igrejas ortodoxa russa e católica romana nos lugares sagrados da Palestina.

Em julho de 1853, a Rússia cercou as províncias do Império Otomano no Danúbio (que agora formam a moderna Romênia). Os britânicos deram suporte aos turcos, pois temiam a expansão russa até o Afeganistão e a Índia, então mandaram uma frota a Constantinopla (atual Istambul). Em 4 de outubro de 1853, os turcos declararam guerra contra a Rússia, e, em 28 de março de 1854, os britânicos e os franceses seguiram o exemplo. Os russos prontamente se retiraram das províncias danubianas, depois ocupadas pela Áustria. Mas isso pareceu não ter consequência. Outra guerra europeia estava a caminho, com Turquia, Grã-Bretanha e França de um lado e Rússia do outro.

Em 14 de setembro de 1854, cinquenta mil tropas britânicas e francesas desembarcaram na península da Crimeia, controlada pela Rússia desde 1783. O objetivo era tomar a cidade de Sebastopol, o porto local da Frota Russa do Mar Negro.

Os russos ocuparam as colinas acima do rio Alma, sob comando do príncipe Aleksandr Menshikov, bloqueando a estrada para Sebastopol. Em 20 de setembro, foram atacados por forças britânicas e francesas sob comando do Lorde Raglan e do Marechal Armand de Saint-Arnaud. Os russos repeliram o primeiro assalto, porém recuaram sua artilharia. Quando os aliados atacaram de novo, eles foram forçados a recuar em direção a Sebastopol. Apesar de ganharem o campo, os aliados perderam 3mil homens na ação. Falharam em perseguir os russos e tomar a cidade, que era fracamente fortificada naquela época. Em vez disso, os britânicos tomaram o porto de Balaklava, a aproximadamente onze quilômetros de distância, e as colinas com vista para Sebastopol, enquanto os franceses construíram uma base na Baía de Kamish. Na época, a cólera era abundante entre as tropas; Saint-Arnaud ficou doente e retornou à França.

Em 10 de outubro, as tropas britânicas começaram a cavar um túnel ao redor de Sebastopol, cortando a pequena península na qual ficava a cidade. A artilharia russa atirou neles, então, uma semana depois, os aliados trouxeram a sua própria artilharia. Ficou para trás a ideia de que a cidade poderia ser tomada facilmente. O engenheiro militar russo Coronel Eduard Totleben construíra enormes fortificações, e começou um cerco de onze meses.

Os russos tentaram romper o cerco, em 25 de outubro. Atacaram ao longo de uma linha de montanhas, chamada Cordilheira Vorontsov, cortando o caminho para Sebastopol e ameaçando a própria Balaklava. Os turcos tiveram de recuar depois de uma resistência determinada, mas os russos não conseguiram tomar a cidade, graças à Brigada Pesada do General Sir James Scarlett — que fez um dos maiores ataques de cavalaria do século XIX — e ao 93º Highlanders de Sir Colin Campbell, que formaram a original, a celebrada "fina linha vermelha". Depois que os turcos fugiram, apenas 550 deles mantiveram uma frente de 137 metros.

A 93ª não formou um quadrado, a defesa tradicional contra a cavalaria, pois os corsários russos vinham a meio galope em sua direção. Eles se mantiveram esticados em sua "linha fina vermelha com ponta de aço". Havia, na verdade, duas linhas, ambas com mosquetes engatilhados.

"Não há recuo a partir daqui", Campbell disse a eles. "Vocês devem morrer onde estão."

"Sim, sim, Sir Colin, se necessário, será assim", disse o soldado John Scott.

De fato, em vez de esperar a chegada dos russos, alguns escoceses queriam atacar.

"Nonagésima terceira! Nonagésima terceira! Dane-se toda essa ânsia!", gritou Campbell.

Quando o meio galope dos corsários tornou-se um ataque, a 93ª atirou uma saraivada e recarregou calmamente. Uma segunda saraivada, a 230 metros, fez corsários caírem de seus cavalos. Os outros mudaram de direção, apenas para serem atingidos por uma terceira saraivada, que os espalhou e os levou a uma retirada às pressas.

Observando a ação a partir das colinas acima de Sebastopol, Lorde Raglan viu os russos removendo as armas das posições de artilharia que haviam capturado na Cordilheira Vorontsov. Com isso, ele ordenou que a Brigada Leve, sob comando do cavalheiro-aventureiro Lorde Cardigan, os interrompesse. Mas, em vez de atacar os russos isolados nas colinas, eles atacaram vale abaixo, em direção às baterias russas, com resultados notoriamente desastrosos. O que realmente aconteceu sempre foi uma controvérsia. Supõe-se, geralmente, que tenha havido confusão nas ordens. Dos 673 homens que atacaram o vale contra as armas

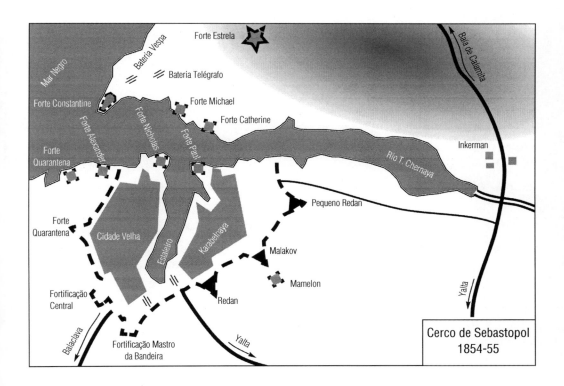

Os *Zouaves franceses da África do Norte seguem para ajudar os britânicos na Batalha de Inkerman.*

russas, diz-se que 387 morreram, assim como 520 cavalos. Mas esses foram os números iniciais, e não consideraram os sobreviventes que retornaram mais tarde às linhas britânicas.

O General Bosquet, que assistia a tudo das colinas com um destacamento francês de observação, teria dito: *"C'est magnifique mais ce n'est pas la guerre..."* ("É magnífico, mas ainda não é guerra..."). No entanto, o restante dos dizeres raramente é fornecido. É este: *"C'est de la folie"* ("Isso é loucura").

Os russos simplesmente presumiram que os britânicos estivessem embriagados. O General russo Lipandi perguntou a um dos prisioneiros o que lhes fora dado para que atacassem daquele jeito. O soldado respondeu: "Por Deus, se tivéssemos simplesmente cheirado o barril, a essa altura já teríamos tomado metade da Rússia".

De fato, o ataque foi um sucesso. Eles ultrapassaram as armas, mataram os artilheiros e atacaram a cavalaria russa que se formara logo atrás. No entanto, a ajuda com infantaria que lhes fora prometida pelo Lorde Raglan nunca apareceu, e havia pouco a fazer além de cavalgar de volta outra vez vale abaixo, perseguidos pela cavalaria russa. Bosquet enviou a Quarta *Chasseurs d'Afrique* para detê-los.

Raglan culpou Cardigan, dizendo que ele havia "perdido a cabeça". Cardigan informou aos sobreviventes que não era sua culpa, e um dos soldados comentou: "O que disse, meu senhor?".

Balaklava foi uma vitória para os aliados, mas o ataque da Brigada Leve entrou nos anais das tolices do mundo militar. O laureado poeta Alfred, Lorde Tennyson, escreveu dois poemas sobre a batalha: o primeiro, "Ataque da Brigada Pesada", foi um sucesso, e foi prontamente esquecido; o segundo, "Ataque da Brigada Leve", permaneceu na imaginação pública.

No dia seguinte, os russos atacaram o flanco direito dos britânicos com 5 mil homens. Uma divisão sob comando de Sir De Lacy Evans os expulsou com a perda de 500 homens.

Os britânicos e os franceses continuaram a cavar trincheiras, apesar do frio. Eles também descobriram que sua artilharia não suportava bem um uso contínuo, enquanto as armas russas, de melhor fabricação, podiam sustentar um fogo mais frequente. A Guerra da Crimeia foi também a primeira guerra na qual rifles foram empregados em grande extensão e houve frequentes trocas de fogo entre pequenas armas.

Enquanto os aliados cercavam os russos em Sebastopol, eles também eram cercados a leste por forças russas. Embora pudessem receber suprimentos pelo mar, logo houve escassez — particularmente de lenha; e o inverno se aproximava. Tropas regularmente eram submetidas a meia ração, de uma hora para a outra. No Natal de 1854, o comando do Coronel Bell não tinha nada para comer. Quando reclamaram, ganharam, finalmente, um pouco de carne, mas, sem fogo, não tinham como cozinhá-la. Geralmente, as tropas sobreviviam à base de uma dieta de carne seca ou salgada e biscoito. Homens sucumbiram ao escorbuto, apesar de os navios da Marinha Real no porto, em Balaklava, terem grande quantidade de suco de limão que teria evitado isso. Eles também receberam grãos crus de café verde. Alguns tomaram isso como um insulto. Teriam de comer grãos crus como um cavalo come cevada? Então, jogaram tudo na lama. Outros foram mais astuciosos: cortaram a carne seca em tiras para usá-las como combustível para assar os grãos, que foram triturados com balas de canhão.

Os homens não estavam mais bem vestidos que alimentados. Lorde Cardigan usou um casaco de lã que veio a ter seu nome. Botas eram um problema especial. Quando o 55º Regimento se formou no mar de lama no qual se transformara o campo de batalha e tentaram marchar à frente, ficaram presos na lama. A única saída foi deixar para trás as botas, por isso os homens eram vistos em luta na neve sem botas, mas com dois pares de meias.

O sofrimento das tropas chegou aos lares dos leitores do *The Times*, na Grã-Bretanha, por meio de William Russell, o primeiro correspondente de guerra do mundo. Ele observou:

> *Algumas armas posicionadas criteriosamente, quando viemos aqui pela primeira vez, podem nos ter poupado um trabalho incrível, porque teriam tornado quase impossível para os russos impulsionarem para cima tais entrincheiramentos e mecanismos da forma como haviam feito diante da entrada aberta e perfeitamente desprotegida de Sebastopol. Aqui houve nosso maior, nosso irremediável erro.*

Depois, o primeiro fotógrafo de combate do mundo, Roger Fenton, juntou-se a Russell. Fenton foi enviado pelo governo britânico em um esforço para opor informações aos relatórios cáusticos de Russell. Enquanto isso, parte do sofrimento dos doentes e dos feridos era aliviada pelas pioneiras enfermeiras Florence Nightingale e Mary Seacole — esta, nascida na Jamaica. No entanto, como Russell escreveu no *The Times*: "As autoridades geralmente tratam os oficiais médicos com um frio desrespeito e indiferença".

Em 5 de novembro, o Príncipe Menshikov reuniu 60 mil homens e 234 canhões e atacou a força anglo-francesa de menos de 10 mil homens, em Cossack Hill. A Batalha de Inkerman, uma vila na foz do Rio Chernaya (Negro), ficou coberta por uma neblina densa, o que fez os russos pararem de ver a sobrepujante superioridade que usufruíam.

Ela começou com o ressoar dos sinos em Sebastopol, e, depois disso, elementos do Regimento Tomsky escalaram o Monte Shell e capturaram os guardas britânicos de lá. Depois, os russos atacaram a Segunda Divisão Britânica, sob comando do Brigadeiro General Pennefather. Quando o General Sir George Cathcart cavalgou lá para cima e perguntou a ele onde a sua Quarta Divisão poderia ajudar, Pennefather respondeu: "Em todos os lugares".

No entanto, o próprio Cathcart e outros comandantes britânicos recusaram a oferta de ajuda de Bosquet, porque eram veteranos da Guerra Peninsular, e os franceses ainda eram considerados inimigos.

Perdidos na neblina, os Guardas Coldstream reportaram-se a Sir Charles Russell: "Se qualquer outro oficial nos liderar, nós atacaremos".

Sua resposta foi: "Vamos, meus jovens, quem vai me seguir?".

Russell quase foi morto no combate seguinte. Um de seus homens descreveu assim a ferocidade da luta:

Eu enfiei a baioneta no primeiro russo, bem no peito. Ele caiu morto. Depois, fui esfaqueado na boca com grande força, o que me fez cambalear para trás, de onde atirei nesse segundo russo e em um terceiro. Um quarto e um quinto vieram até mim e passaram rapidamente pela minha direita. Eu caí, mas consegui acertar um e o joguei ao chão. Depois, o surpreendi com chutes, enquanto voltava a minha baioneta contra outro. O Sargento-Major Alger disse-me para não chutar o homem caído, mas, por não estar morto, ele era um grande problema para as minhas pernas. Eu estava lutando com o outro sobre seu corpo. Voltei à bateria e cuspi meus dentes. Só encontrei dois.

Na Bateria Sandbag, cem guardas se viram cercados por três batalhões russos. Com a típica atenuação britânica, o General Cathcart disse, logo antes de ser morto: "Estamos em uma enrascada". Um sargento lembrou que eles precisariam do "maior milagre do mundo" se quisessem escapar — e eles conseguiram. O cirurgião-assistente Wolesley retornava da missão de cuidar dos feridos, quando encontrou seu caminho bloqueado por russos, então ele juntou um punhado de guardas.

"Eu era o único oficial à vista", ele disse, "e dei a ordem, 'calar baionetas, atacar, seguir colina acima'. Nós atacamos, perdendo, eu acho, metade de todos nós."

Os russos pensaram que isso fosse a guarda avançada de uma formação maior e fugiram. O Capitão Burnaby liderou vinte guardas granadeiros em uma missão suicida similar e pôs para correr 700 russos. O vai e vem das lutas sobre esse pedaço inútil de terreno foi tão feroz que o General Bosquet registrou como: "Quel abattoir" (o matadouro).

Nessa batalha desigual, os britânicos retrocederam em sua tradição regimental. Oficiais da 57ª ("Diehards") pediram que seus homens "se lembrassem de Albuera" — na Espanha, onde haviam vencido os franceses, em 1811. E a 20ª soltou o grito "Minden" — depois da Batalha de Minden, Westphalia, em 1759, durante a Guerra dos Sete Anos — ao forçar o Regimento Iakousk a recuar em direção a uma ravina, com baionetas apontadas para eles.

A batalha ocorreu feroz durante oito horas. Os russos finalmente retrocederam, quando o General Bosquet enviou 2 mil Zouaves norte-africanos para ajudar os britânicos.

"*Au nom d'Angleterre, je vous remercie*" ("Em nome da Inglaterra, eu lhes agradeço"), disse Raglan.

Os russos perderam 11 mil dos 45 mil homens ativamente envolvidos na batalha. As perdas dos aliados também foram altas. Dos 1.300 guardas que lutaram na Bateria Sandbag, apenas 200 sobreviveram.

Apesar de toda a sua crítica contra o exército, William Russell ficou impressionado com o espírito dos combatentes em Inkerman. Ele escreveu:

Considera-se que os soldados que encontraram essas furiosas colunas do Czar eram os remanescentes de três divisões britânicas, que mal somavam 8.500 e que estavam muito famintos e molhados; que pertenciam a uma força que geralmente ficava "fora da cama" por quatro de sete noites; que estava debilitada por doenças, por trabalho pesado, algumas vezes por vinte e quatro horas em um período sem descanso de nenhum tipo; Entre eles estavam homens que, em um breve período, haviam se disposto por quarenta e oito horas ininterruptas em trincheiras. Será reconhecido de imediato que nunca houve uma disputa mais extraordinária mantida por nosso exército, desde que conquistou certa reputação na história do mundo.

Ou, como o General Pennefather disse: "Nós impusemos a eles uma bela derrota".

O cerco seguiu sem muito entusiasmo. As tropas só precisavam defender suas trincheiras à noite e retribuir tiro a tiro onde quer que o inimigo atirasse. Os russos aproveitaram-se da calmaria para construir mais fortificações ao redor de Sebastopol. Enquanto isso, duelos de artilharia continuaram ao longo do Rio Chernaya.

Em 2 de janeiro de 1856, havia 3.500 doentes entre os britânicos. Os russos celebraram seu Ano Novo, em 12 de janeiro — usando o antigo calendário juliano — não com o soar de sinos, mas com disparos contínuos de canhões. Então eles saíram rápido, liderados pelos cossacos. Embora fosse páreo para a cavalaria britânica, a infantaria foi repelida. Com força suficiente, a cidade poderia ter caído naquele ponto.

Entre 1º de dezembro e 20 de janeiro, mais de 8 mil soldados britânicos doentes e feridos foram evacuados, mas os franceses — que haviam recebido reforços regularmente — ainda mantinham a linha. Em 26 de janeiro, a Sardenha-Piemonte juntou-se à guerra, com 10 mil homens.

Os russos continuaram a lutar quase todas as noites e pareciam ter artilharia e munição inesgotáveis, enquanto suas fortificações resistiam a qualquer tipo de bombardeio. E ainda havia 35 mil russos atrás dos aliados no leste. Os britânicos mantiveram o moral naquela primavera, organizando corridas de cavalo e partidas de *cricket*.

Em 22 de maio, o segundo ataque foi feito, em Kerch, na extremidade leste da Crimeia, o primeiro assalto que falhou. Dessa vez, os britânicos tomaram o forte. Os russos explodiram os depósitos de munições, mas os canhões foram pegos intactos, junto com grandes quantidades de provisões e munições. A queda de Kerch significou que a Marinha Real poderia mover-se através do estreito, no Mar de Azov, onde ela afundou 245 navios que carregavam suprimentos e munições.

Em 18 de junho de 1855, os aliados decidiram fazer um assalto final em Sebastopol. Ele foi repelido. Dez dias depois, Lorde Raglan teve cólera e foi substituído pelo General James Simpson.

Em 16 de agosto, as forças italianas atacaram ao longo do Chernaya. Em 8 de setembro, os Zouaves, sob comando de Patrice MacMahon, atacaram a bem guardada trincheira para fuzileiros no Forte Malakhov. Os britânicos atacaram outra fortificação, chamada Grand Redan; enquanto, à esquerda, os sardenhos avançaram. Ao mesmo tempo, apesar do mar tempestuoso, a Marinha Real bombardeou as fortificações pela retaguarda.

Os russos contra-atacaram em seus próprios lugares, mas o que mais fizeram foram ações defensivas. Os franceses tomaram o Forte Malakhov e se recusaram a serem desalojados. O comandante francês Amable Pélissier disse a famosa frase "J'y suis, j'y reste" ("Aqui estou, aqui fico").

Os russos então desistiram, e o cerco a Sebastopol terminou em 11 de setembro.

"A noite mal tinha caído", escreveu Pélissier. "Fogo erguia-se em todos os lados. Minas explodiram, reservas de pólvora se foram, e o espetáculo de Sebastopol em chamas, acesas pelos próprios russos, apareceu para os olhos de todo o exército como um dos mais impressionantes e tristes espetáculos na história da guerra."

Os russos explodiram suas fortificações, afundaram seus próprios navios no porto e evacuaram Sebastopol. Aliviados por terem tomado a cidade, os aliados não os perseguiram.

No início de 1856, os austríacos ameaçaram se juntar à aliança contra a Rússia. Conversas sobre paz começaram em Paris, em 1º de fevereiro, e um tratado de paz foi assinado, em 30 de março. Cada lado havia perdido aproximadamente 250 mil homens.

Gettysburg
Vantagem para a União
1863

Até Gettysburg, a União e os exércitos confederados tinham estado em igualdade de confronto. Mas, depois do massacre lá, a Confederação não tinha mais força para combater os ianques invasores, e a guerra foi perdida.

Na última ação em Gettysburg, o General Lee ordenou um ataque frontal em solo aberto. As corajosas tropas do sul foram aniquiladas. Tropas virginianas, sob comando do General George Pickett, por algum tempo guardaram seu objetivo, Cemetery Hill, mas foram forçadas a recuar.

NA PRIMEIRA METADE DO SÉCULO XIX, os Estados do Norte dos Estados Unidos tornaram-se incrivelmente industrializados, enquanto a economia no Sul se apoiava em agricultura, principalmente na produção de algodão. Essa diferença foi reforçada pelo que foi chamado "instituição peculiar" de escravidão, que fornecia mão de obra barata no Sul. Ao mesmo tempo, melhorias no transporte — canais, estradas com pedágio e ferrovias — e a distribuição de jornais estavam criando rapidamente uma série de disparates entre os Estados de uma mesma nação.

Nesse caldeirão fervente, em 1852, foi lançado o romance *Uncle Tom's Cabin*, de Harriet Beecher Stowe, que despertou sentimentos antiescravistas no Norte do país. E não se tratava de um problema que seria esquecido. Quando os Estados Unidos cumpriram seu "destino manifesto" e se expandiram a oeste, novos territórios e Estados tiveram de ser Estados Livres ou Estados Escravistas, alterando o equilíbrio no Congresso. Em 1858, houve uma série de debates entre o senador de Illinois Stephen A. Douglas, que apoiava o direito de um território escolher, e Abraham Lincoln, que disse a famosa frase "Uma casa dividida contra si mesma não pode se sustentar".

Com a eleição de Lincoln à presidência, em 1860, os Estados do sul viram ameaçado o seu modo de vida. Com isso, desmembraram-se para formar os Estados Confederados da América. O Forte Sumter, um posto militar federal na Carolina do Sul, foi cercado. Armas confederadas em Charleston abriram fogo contra o forte, quando um navio federal de suprimentos foi enviado, e ele se rendeu dois dias depois. Então, a guerra havia começado.

No início, a guerra seguiu com dificuldade para o Norte. O objetivo do governo federal era tomar a capital confederada, Richmond, da Virgínia, a menos de 160 quilômetros de Washington Federal, D.C. Um exército da União foi enviado para invadir o Sul, mas foi repelido na primeira Batalha de Bull Run, perto de Manassas, em 21 de julho de 1861. O Norte conseguiu tomar Richmond na primavera seguinte, mas logo ele foi recapturado pelo exército confederado, sob o comando de Robert E. Lee. O exército da União foi derrotado na segunda Batalha de Bull Run, em 30 de agosto de 1862, e então Lee levou a guerra para o Norte. Ele não tinha ilusão de poder derrotar a União, mas sentia que uma invasão poderia despertar reconhecimento e auxílio da Grã-Bretanha e da França. No início de setembro, ele cruzou o Potomac para se encontrar, em Sharpsburg, Maryland, com o General da União McClelland. Baixas na consequente Batalha de Antietam, em 17 de setembro, excederam 23 mil em um dia, e Lee foi forçado a voltar para a Virgínia. O General Burnside substituiu McClellan e perseguiu Lee de volta a Richmond. Lee conquistou uma impressionante vitória em Fredericksburg, em 13 de dezembro. Então, derrotou o General Hooker, em Chancellorsville, em 5 de maio de 1863.

Na sequência, Lee invadiu o Norte mais uma vez, encontrando o Exército do Potomac, da União, em Gettysburg, na Pensilvânia, em 1º de julho de 1863. O exército confederado consistia em aproximadamente 76 mil homens organizados em três unidades militares comandadas pelos generais Longstreet, Ewell e Hill. As unidades militares subdividiam-se em três divisões com cerca de 8.500 homens em cada uma. O Exército do Potomac, sob seu novo comandante, o General George G. Meade, tinha dezenove divisões, cada uma com cerca de metade do tamanho das divisões do Sul. Essas dezenove divisões estavam organizadas em sete unidades militares — 95 mil homens ao todo.

Na Confederação, o moral estava alto. Depois de vencerem a Batalha de Chancellorsville, em maio, eles haviam tomado a guarnição militar federal em Winchester, em 15 de junho. O exército de Lee, então, moveu-se para o Vale Cumberland, da Pensilvânia. Por volta de 28 de junho, as unidades militares de Longstreet e de Hill estavam em Chambersburg, enquanto divisões em avanço de unidades militares de Ewell preparavam-se para atacar Harrisburg. No entanto, Lee soubera que o exército da União estava distante, mais ao sul, em Frederick, Maryland. Ele decidiu mover todo o seu exército para leste dos Apalaches, e então seguiu a sul para encontrar as forças da União em uma batalha decisiva que teria encerrado a guerra se ele tivesse saído vitorioso. Enquanto isso, Meade voltou-se para o norte.

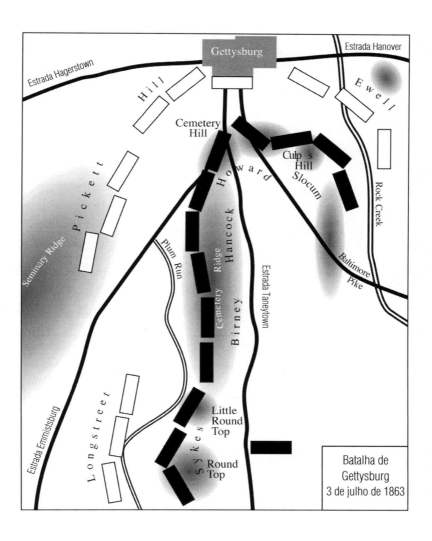

Em 30 de junho, um dos batalhões de Hill se aproximava da pequena cidade Gettysburg, onde eles esperavam encontrar estoques de sapatos — sempre em baixa provisão no exército confederado. Eles descobriram que a cidade estava ocupada por uma divisão de cavalaria da União. O comandante da cavalaria, General John Buford, percebera a importância estratégica de Gettysburg como uma estrada de junção e estava preparado para mantê-la até que chegassem reforços.

Ao amanhecer de 1º de julho, as brigadas de vanguarda de Hill avançaram à Gettysburg com ordens para reconhecer, mas não entrar em batalha com o inimigo. Alertado sobre o avanço das forças confederadas, Buford desmontou sua cavalaria, que assumiu posições com uma perna de cada lado da Estrada Chambersburg. Tinham o suporte de uma bateria de artilharia montada. Por volta de 5h30 da manhã, tiros foram trocados. Apesar disso, a força de reconhecimento prosseguiu cautelosamente e assumiu posições a cerca de três quilômetros a oeste de Gettysburg.

Por volta de nove horas da manhã, duas brigadas da infantaria de Ewell chegaram e repeliram homens de Buford de suas posições. Depois, uma trégua se fez no campo, enquanto ambos os lados traziam reforços. A I Unidade Militar da União, sob comando do General Hancock, estava posicionada para defender os acessos a Gettysburg a oeste, enquanto a XI Unidade Militar do General Howard se formou no norte da cidade com a cavalaria de Buford cobrindo os flancos. No entanto, Howard tinha deixado uma divisão em reserva em Cemetery Hill, ao sul. O objetivo era adiar os confederados tempo suficiente para o resto do exército da União chegar.

Lee chegou por volta do meio-dia. Ele esperava evitar um combate geral, porque a força do inimigo e o terreno eram desconhecidos. No entanto, as duas forças haviam se colidido em Gettysburg, e agora era tarde demais para recuar. Pouco depois do meio-dia, a divisão principal da Unidade Militar de Ewell atacou o flanco direito da I Unidade Militar, em Seminary Ridge. Às três horas da tarde, o combate se estendeu ao norte da cidade com outra divisão da Unidade Militar de Ewell atacando a Estrada Harrisburg. Isso arruinou o flanco da XI Unidade Militar. A artilharia confederada, atirando do terreno elevado a norte de Gettysburg, abriu o caminho para a sua infantaria. Por volta de quatro da tarde, as duas unidades militares da União foram forçadas a voltar pela cidade até Cemetery Hill, a posição sendo guardada pela divisão de reserva de Howard. O monte e o cume em forma de gancho que se projetava dele formavam uma excelente posição defensiva, onde o exército de Meade, chegando do sul, rapidamente se posicionou. Os confederados assumiram uma posição de cerco, com seu flanco direito no Seminary Ridge, que se estendia paralelamente a Cemetery Ridge.

Os confederados haviam definitivamente conquistado o melhor do primeiro dia, com perdas da União somando pouco mais de 9 mil soldados, incluindo cerca de 3 mil prisioneiros. No entanto, as perdas dos confederados também foram elevadas, cerca de 6.500 homens, porque as tropas da União tinham acabado de receber novas espingardas Spencer de repetição. Além disso, as forças federais mantiveram o terreno elevado ao sul de Gettysburg, onde sua posição continuou a ser fortalecida por reforços.

O sucesso do exército de Lee, em 1º de julho, o encorajou a atacar novamente no dia seguinte. Seu objetivo era cercar as forças federais. No início da manhã, um reconhecimento da esquerda da União revelou que sua linha não se estendia tão a sul como uma colina chamada Little Round Top. Lee instruiu Longstreet a tomar duas divisões e marchar a sul até atingirem o flanco das forças da União. Eles atacariam a partir desse ponto, apoiados por uma divisão de unidade militar de Hill — uma força total de quase 20 mil homens. Se eles pudessem tomar Little Round Top, a artilharia confederada seria capaz de bombardear toda a posição da União.

Enquanto Longstreet estava envolvido na ofensiva principal, Ewell foi requisitado a fazer um ataque diversionário contra a direita federal. No entanto, ele recebeu permissão de montar um ataque em larga escala se a oportunidade se apresentasse.

O exército da União estava bem preparado. Seis de suas sete unidades militares haviam chegado, e a VI Unidade Militar estava em uma marcha forçada de 58 quilômetros para chegar ao campo de batalha. O exército de Meade foi disposto em forma de anzol ao longo de Cemetery Ridge, com a sua direita no Monte de Culp. A esquerda foi mantida pela III Unidade Militar do General Daniel Sickles. Ele estava insatisfeito com a posição que lhe fora atribuída, e, no início da tarde, sem ordens, avançou seus homens por quase 800 metros a oeste até um pomar de pêssegos. A III Unidade Militar tinha acabado de chegar lá, quando Longstreet atacou. Sickles foi duramente pressionado, então Meade enviou a V Unidade Militar e parte da II Unidade Militar para apoiá-lo. Após uma luta furiosa, no entanto, as forças de Longstreet avançaram e toda a linha da União entrou em colapso. Sickles recuou para Little Round Top, onde, com reforços da União, conteve o avanço dos confederados.

Distante de Cemetery Ridge, outro ataque dos confederados foi repelido. Então, à noite, após o ataque de Longstreet ser refreado, Ewell tentou tomar de assalto Cemetery Hill. Foi um fracasso, mas ele conseguiu estabelecer uma posição segura nas trincheiras capturadas da União, em Culp's Hill.

A luta do segundo dia fora ainda mais equilibrada. As forças confederadas haviam ganhado terreno, mas falharam em expulsar o exército da União de sua posição segura. Ambos os lados sofreram cerca de 9 mil vítimas. Ficou claro que Meade ia ficar e lutar.

Lee não se deixou abalar, quando reforços dos confederados chegaram, incluindo unidades de cavalaria sob comando do General Stuart. Na manhã seguinte, Longstreet ia renovar seu ataque à esquerda da União, enquanto Ewell ia desferir um pesado assalto em Culp's Hill. A cavalaria de Stuart ia se deslocar para o leste de Gettysburg e atacar a retaguarda da União, prejudicando as comunicações e distraindo Meade do ataque principal.

No entanto, Meade tinha seu próprio plano. Enquanto sua estratégia geral era manter posição face ao violento ataque de Lee, ele ordenou, ao amanhecer, que a XII Unidade Militar expulsasse as forças de Ewell de suas posições, em Culp's Hill. Depois de um concentrado bombardeio de artilharia da União, a batalha pelas trincheiras tornou-se uma tremenda batalha de armas leves. Enquanto isso, quase cinco quilômetros a leste de Gettysburg, a cavalaria de Stuart foi atacada pela cavalaria da União, sob comando do General Gregg. O confronto foi inconclusivo, mas Stuart ficou neutralizado e não representava mais uma ameaça para a retaguarda de Meade.

Finalmente, por volta de meio-dia, os homens de Ewell foram desalojados, e um silêncio sombrio caiu sobre o campo de batalha. Parece que Longstreet tinha interpretado mal as suas ordens, e as chances de um ataque coordenado em ambos os flancos agora estavam perdidas. Lee cavalgou até o centro de operações de Longstreet e ordenou um ataque em grande escala sobre o centro da União, ao longo de Cemetery Ridge. A ação seria apoiada por 15 mil soldados.

À uma hora da tarde, 172 armas da Confederação abriram fogo, em uma ação que pretendia ser um bombardeamento devastador contra a linha da União. Mas os homens de Meade estavam bem entrincheirados, por isso os danos foram pequenos. O exército da União disparou de volta com cerca de oitenta canhões, em um duelo que durou quase duas horas. Quando a fumaça se dissipou, os soldados da União viram três linhas cinza de confederados se aproximando. Inacreditavelmente, Lee ordenara um ataque frontal em campo aberto.

Com baionetas caladas e bandeiras suspensas, a infantaria confederada teve de cobrir mais de oitocentos metros de campo aberto entre Seminary Ridge e Cemetery Ridge. Eles estavam a menos da metade do caminho, quando a artilharia da União, em Round Top, abriu fogo. Pouco depois, as tropas da União liberaram as suas carabinas. As divisões confederadas, sob comando dos generais

Pettigrew e Trimble, desapareceram sob o fogo cerrado, mas os 4.800 soldados comandados pelo General George Edward Pickett continuaram no que se tornou conhecido como "Ataque de Pickett".

Apesar do fogo da União, a infantaria virginiana de Pickett atingiu a linha da União e rapidamente avançaram, mas a um custo terrível. Dois dos comandantes de brigada de Pickett foram mortos junto com dez de seus comandantes de batalhão. Os outros cinco comandantes de batalhão foram feridos, inclusive Pickett. Mais de três quartos da divisão de Pickett — cerca de 3.393 homens — foram deixados no campo de batalha. Seu único momento de glória foi quando o General Armistead, com o quepe na ponta de sua espada, saltou sobre um muro de pedra em direção às linhas da União. Uma centena de homens o seguiu e, por alguns minutos, a bandeira dos confederados tremulou no cume de Cemetery Hill. A União contra-atacou e os homens de Armistead foram mortos ou capturados.

Com a repulsa do ataque de Pickett, a batalha de Gettysburg praticamente terminou. Foi o ponto de virada da guerra. A derrota da Confederação causou amargura tal que Pickett foi acusado por alguns de covardia; mas Lee manteve-o como um comandante de divisão durante o resto da guerra.

Conforme os homens de Pickett se arrastaram para Seminary Ridge, os confederados contabilizaram cerca de 5.600 baixas somente com aquela ação. Meade recusou-se a ordenar um ataque que acabasse com eles, porque Lee ainda comandava uma força formidável. Naquela noite, Lee se retirou e voltou para a Virgínia, acompanhado de seu trem de bagagem e um número de prisioneiros da União. As perdas dos confederados somaram cerca de 30 mil homens; no lado da União, aproximadamente 23 mil vítimas.

A Meade foi dada mais uma oportunidade de aniquilar o exército confederado e acabar com a guerra. O Potomac estava em cheia, atrasando a retirada de Lee. Lincoln telegrafou a Meade, dizendo: "Aja de acordo com o seu próprio julgamento... Não deixe o inimigo escapar". Mas Meade hesitou. Dois dias depois, o Potomac diminuiu, e o exército de Lee escapou. Meade foi duramente criticado, embora tenha mantido o comando do Exército do Potomac até o fim da guerra, que durou por mais dois anos.

Vicksburg
As Reviravoltas da Guerra Civil Americana
1863

Se a União pudesse tomar Vicksburg, conseguiria controlar o Mississipi e dividir a Confederação em duas. Mas o ataque a partir do norte provou-se impossível. Portanto, um exército da União tinha de atravessar o rio e atacar por trás.

николаевич A GUERRA CIVIL AMERICANA, TANTO A UNIÃO COMO OS CONFEDERADOS consideraram que a cidade fortificada de Vicksburg, Mississippi, detinha a chave para a vitória ou a derrota. Ficava no lado leste do rio, a meio caminho entre Memphis, Tennessee, ao norte, e Nova Orleans, Louisiana, ao sul. Essas duas cidades haviam sucumbido à União, na primavera de 1862, juntamente com o Forte Henry e o Forte Donelson, deixando Vicksburg como único baluarte da Confederação no rio. Se ela caísse, toda Mississippi estaria nas mãos da União, dividindo em duas a Confederação.

No entanto, Vicksburg estava em uma posição defensiva perfeita. Fora construída em altos penhascos ao longo do rio, e seu flanco norte estava protegido por pantanosos canais naturais. Baterias dos confederados ao longo do penhasco podiam disparar para baixo, contra os transportes marítimos da União sobre o rio. Mesmo um ataque de encouraçados da União em maio-junho de 1862 foi repelido.

A partir de meados de outubro de 1862, o Major-General Ulysses S. Grant, então comandante do Exército do Tennessee, fez várias tentativas de tomar Vicksburg. Em dezembro de 1862, um ataque através de braços do rio, ao norte, revelou-se um fracasso dispendioso, e, entre fevereiro e março de 1863, ele ainda tentou cortar um canal próximo a Vicksburg, a fim de desviar o rio. Isso também se mostrou inviável.

Grant decidiu que, para obter êxito, precisava atacar a cidade pelo sul e pelo leste. Ele marcharia abaixo com seus homens até a margem oeste do Mississippi,

Embora Vicksburg estivesse cercada, os defensores da Confederação lutaram, repelindo todas as tentativas de invadir a cidade. Depois, no entanto, eles foram reduzidos, devido à fome e às doenças, e sem munição, foram forçados a se render.

atravessaria o rio e atacaria a cidade a partir da retaguarda. No entanto, baterias confederadas em Port Hudson, Louisiana, ao sul, impediram que frotas da União se deslocassem rio acima a partir de Baton Rouge e de Nova Orleans. Os navios necessários para transportar as tropas pelo rio teriam de vir da frota da União, ao norte de Vicksburg, que estava sob comando do almirante David D. Porter. Eles seriam obrigados a recorrer às potentes baterias de Vicksburg. Uma vez que as forças da União estivessem na margem oriental, enfrentariam duas forças confederadas. Uma estava baseada perto de Jackson, Mississippi, sob comando do General Joseph E. Johnston, e a outra, comandada pelo General John C. Pemberton, estava na guarnição de Vicksburg.

Grant reorganizou sua força em quatro unidades militares, sob comando dos generais John A. McClernand, William T. Sherman, James B. McPherson e Stephen

A. Hurlbut, mas a unidade militar de Hurlbut foi transferida para New Orleans, antes que a ofensiva começasse. Ao mesmo tempo, uma pequena força sob comando do General Nathaniel P. Banks daria início a manobras ao longo do Rio Vermelho, em Louisiana.

McClernand e McPherson aguardavam em Millikens Bend e em Lake Providence, a noroeste de Vicksburg. Em 29 e 30 de março, eles começaram a seguir caminho para o sul. O percurso era difícil, e eles tiveram que construir uma estrada militar para Nova Cartago, Louisiana. De lá, eles seguiriam a sul, para Hard Times, Louisiana, uma aldeia na margem oeste oposta a Bruinsburg, Mississippi. Grant tinha planejado, originalmente, chegar a Rodney, Mississippi, mas um escravo local o aconselhou a atacar Bruinsburg.

Na noite de 16 de abril, Porter pôs em ação as baterias de Vicksburg com doze navios, perdendo apenas um para o fogo dos confederados. No dia seguinte, um esquadrão de cavalaria da União, sob comando do Brigadeiro-General Benjamin H. Grierson, saiu de La Grange, Tennessee, em uma viagem de dezesseis dias através do Mississippi até Baton Rouge. Isso afastou de Vicksburg algumas grandes unidades, que partiram para persegui-los. Então, na noite de 22 de abril, Porter fez uma grande flotilha de suprimentos passar pelas baterias de Vicksburg, estimulado por suas pequenas perdas na semana anterior.

As tropas que estavam trabalhando no projeto do canal, em Duckport, largaram as ferramentas, pegaram seus rifles e se juntaram a uma nova ação ao longo do Rio Yazoo, a nordeste de Vicksburg. Em 29 e 30 de abril, fizeram ataques diversionários contra as posições dos confederados nos penhascos de Drumgould e Haynes, afastando as forças de Pemberton para longe das defesas de Vicksburg ao sul.

As tropas de McClernand e de McPherson chegaram a Hard Times, em 29 de abril. Naquele mesmo dia, a frota de Porter atacou as baterias confederadas em Grand Gulf, 48 quilômetros a jusante de Vicksburg e 14 quilômetros a montante da Bruinsburg. Isso afastou mais tropas de Pemberton para longe de Vicksburg.

Em 30 de abril, Porter transportou os homens de McClernand e de McPherson pelo rio. Grant, em seguida, mandou um recado para Sherman, no norte. No dia seguinte, a força da União combateu os confederados dezesseis quilômetros terra adentro, em Port Gibson, Mississippi. Embora Pemberton pudesse comandar mais de 40 mil homens para a defesa da área de Vicksburg, agora eles estavam espalhados por toda a região, alguns ainda perseguindo Grierson. Poucos puderam ser concentrados em Port Gibson, que caiu facilmente.

Grant, em seguida, deslocou-se a nordeste, e Sherman se juntou a ele, em 8 de maio. Em 12 de maio, eles tomaram Raymond, Mississippi, separando a força de Pemberton da força de Johnston. Dois dias depois, dominaram Jackson, neutralizando, assim, Johnston. Grant ordenou que Sherman destruísse as instalações de ferrovia e de indústria pesada de Jackson, enquanto ele se voltava a oeste, onde venceu Pemberton em uma grande ação em Champion Hill, em 16 de maio.

No dia seguinte, os confederados travaram uma batalha de retenção na Ponte do Big Black River. Destruíram a ponte atrás deles, depois de atravessá-la. As tropas da União simplesmente construíram uma nova ponte, e, por volta de 18 de maio, as três unidades militares de Grant se aproximavam das defesas exteriores de Vicksburg pelo leste e pelo nordeste.

Sherman moveu-se para o norte, a fim de tomar a área com vista para o Rio Yazoo. Com essas colinas em sua posse, as forças da União poderiam trazer reforços e suprimentos pelo Norte. Grant, então, atacou a cidade, com Porter fornecendo apoio de artilharia pelo rio. O primeiro assalto falhou, e um segundo começou às

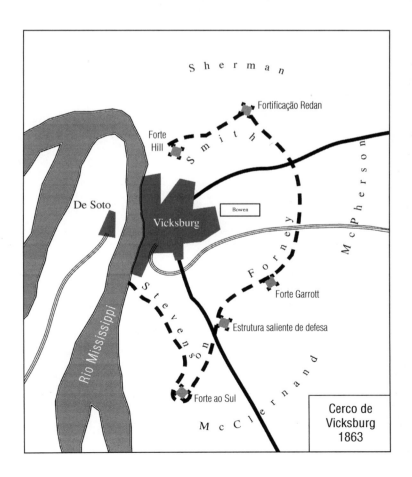

dez da manhã de 22 de maio. Embora os homens de Grant avançassem primeiro, os confederados rapidamente restauraram a sua linha inicial de defesa. A União sofreu 3.199 baixas; Pemberton, menos de 500. Isso foi o suficiente para convencer Grant de que os quilômetros de obras defensivas dos confederados em torno do leste da cidade ofereciam muita dificuldade em ser superados por um ataque surpresa, por isso ele ordenou que seus engenheiros sitiassem a cidade.

Durante o cerco prolongado, a guarnição de Pemberton com 30 mil homens foi reduzida por doença e fome; enquanto os civis moradores da cidade foram forçados a procurar abrigo em cavernas e nas colinas circundantes. Vicksburg sofreu bombardeios diários de canhoneiras de Porter e de artilharia de Grant. Finalmente, a escassez de munição e a fome obrigaram Pemberton a pedir condições de rendição, em 3 de julho. Grant não ofereceu nenhuma. No dia seguinte, Pemberton se rendeu incondicionalmente. No entanto, Grant magnanimamente libertou a maior parte da guarnição militar. Ele enfrentaria muitos desses homens novamente, em Chattanooga. Com a queda de Vicksburg e a vitória da União, em Gettysburg, no dia anterior, o Sul estava aniquilado como uma força de combate.

Kut-al-Amara
Um Desastre Britânico
1916

A batalha da Primeira Guerra Mundial, em Kut-al-Amara, foi o maior desastre militar que se abateu sobre o exército britânico. Cerca de 25 mil homens foram perdidos em combate, e outros 16 mil tornaram-se prisioneiros — dos quais poucos sobreviveram ao cativeiro.

Nos primeiros três meses da I Guerra Mundial, os britânicos ocuparam Basra (atual Iraque), que foi porta do Império Otomano na extremidade do Golfo Pérsico. A Turquia havia se aliado à Alemanha, por isso a Grã-Bretanha, com a sua gigantesca marinha, precisava assegurar sua guarnição de petróleo no Oriente Médio.

Os britânicos também tentaram desestabilizar o Império Otomano, já em declínio ao longo dos séculos, e também adicionar suas províncias orientais ao Império Britânico. Em dezembro de 1914, uma força anglo-indiana avançou setenta e quatro quilômetros em direção norte, a partir de Basra. Então, em maio e junho do ano seguinte, avançou mais 145 quilômetros acima do Rio Tigre. Embora o fornecimento de petróleo estivesse agora em segurança, a atração exercida pela lendária cidade de Bagdá foi demasiado forte para o Major-General Sir Charles Townshend, comandante da Sexta (Poona) Divisão. Eles estavam a apenas vinte e nove quilômetros de Bagdá — e a 483 quilômetros de sua base, em Basra — quando encontraram uma pesada força turca na cidade antiga de Ctesiphon. Depois de uma batalha infrutífera, os britânicos recuaram 161 quilômetros em direção a Kut-al-Amara, chegando em 3 de dezembro.

Kut-al-Amara fica no Rio Tigre, na sua confluência com o canal de Shatt-al-Hai. Estava a 193 quilômetros a montante das posições britânicas, em Amara, e a 321 quilômetros de Basra. A cidade situa-se numa curva do rio, com um peque-

Depois que a Turquia se alinhou à Alemanha na Primeira Guerra Mundial, os ingleses aproveitaram uma oportunidade para acabar com o Império Otomano — apenas para descobrir que ainda havia luta no exército otomano.

no povoado na margem oposta, e, em 1915, era um lugar imundo e densamente povoado. A população civil somava cerca de 7 mil, muitos dos quais foram expulsos quando o exército de 10 mil homens de Townshend marchou em direção à cidade. Ciente de que seus homens estavam exaustos, Townshend resolveu parar em Kut, uma cidade de importância crucial caso os britânicos quisessem controlar a região. Como uma cidade mercantil, ela tinha um bom suprimento de grãos e oferecia a seus homens algum abrigo e calor nas noites muito frias.

A decisão de Townshend de parar em Kut foi aprovada pelo comandante supremo da região, General Sir John Nixon, mas o Ministério da Guerra, em Londres, queria que ele continuasse a sua retirada para o sul, porque seria impossível conseguir reforços para ele ali, dadas as outras demandas de mão de obra, no início da guerra. Infelizmente, já era tarde demais. Por volta de 7 de dezembro, os 10 mil homens de Townshend estavam sob o cerco de uma força turca de 10.500, e outras oito divisões turcas, recentemente libertadas de Gallipoli, concentravam-se perto de Bagdá.

Townshend calculou que havia suprimentos suficientes para um mês, em Kut. Felizmente, ele havia evacuado a cavalaria no dia anterior à chegada dos turcos, porque havia pouca forragem. No entanto, Townshend soube que poderia demorar dois meses para chegar uma força de apoio. Mesmo assim, ele manteve seus homens sob ração diária completa, porque pretendia escapar. O General Nixon, por outro lado, ordenou-lhe que ficasse e mantivesse tantos soldados turcos quanto possível em torno de Kut.

O comandante turco, Nur-Ud-Din, e seu congênere alemão, o Barão von der Goltz, receberam instruções simples. Eles tinham de tirar os ingleses da Mesopotâmia. Em dezembro, eles fizeram três ataques em grande escala sobre a posição de Townshend. Os ataques foram repelidos com grandes perdas em ambos os lados, então os turcos, em seguida, começaram a bloquear a cidade. Ao mesmo tempo, forças turcas foram despachadas para o sul para evitar que colunas britânicas de socorro chegassem a Kut.

Em janeiro seguinte, uma força expedicionária britânica liderada por Sir Fenton Aylmer saiu em direção a Basra. No entanto, seus esforços foram repetidamente repelidos em Sheikh Sa'ad, em Wadi e em Hanna, envolvendo-os em grandes perdas. Eles encontraram resistência similar, em março, dessa vez, em Dujaila.

Uma segunda operação de apoio começou, em abril, sob comando de Sir George Gorringe. Ele conseguiu chegar longe o suficiente para encontrar-se com o Barão von der Goltz e o Sexto Exército turco, rompendo sua linha cerca de 32 quilômetros ao sul de Kut. A expedição, em seguida, ficou sem vapor e foi abandonada, em 22 de abril. Uma última tentativa de chegar à cidade no vapor de rodas Julnar também fracassou, embora pequenas quantidades de suprimentos fossem atiradas pelo ar. A essa altura, doenças na cidade tinham atingido proporções epidêmicas.

Em 26 de abril de 1916, Townshend teve permissão de pedir aos turcos um armistício de seis dias. Eles também concordaram que alimentos para dez dias poderiam ser enviados para a guarnição, enquanto as negociações estivessem em andamento. Se fosse autorizado a se retirar, disse Townshend, ele daria aos turcos um milhão de libras esterlinas e todas as armas da cidade, juntamente com uma garantia de que seus homens nunca mais se envolveriam com o Império Otomano. Khalil Pasha, o governador militar de Bagdá, queria aceitar, mas o Ministro da Guerra Enver Pasha exigiu rendição incondicional. Ele queria uma vitória espetacular, de modo que o prestígio britânico fosse danificado tanto quanto possível.

Durante o armistício, Townshend destruiu tudo o que era útil na cidade, e, em 29 de abril, a guarnição britânica se rendeu. Foi o maior desastre militar do exército britânico. Havia 227 oficiais britânicos, 204 oficiais da Índia e outros 12.828 postos — dos quais 2.592 eram britânicos. Todos eles foram levados para o cativeiro.

Enquanto Townshend era tratado como um convidado de honra, seus homens, desnutridos, foram forçados a marchar para campos de prisioneiros, onde foram barbaramente espancados, muitos sendo mortos em atos de extrema crueldade. Mais de 3 mil homens morreram em cativeiro, e os liberados dois anos depois eram pouco mais que esqueletos ambulantes.

Cerca de 2 mil perdas britânicas ocorreram durante os combates em Kut-al-Amara, e outros 23 mil soldados foram perdidos nas tentativas de socorrer o exército cercado. Os turcos perderam 10 mil homens.

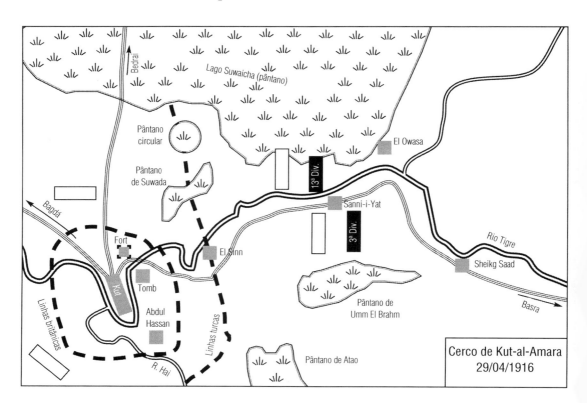

Foi um grave erro parar em Kut. Até então, os britânicos tinham a iniciativa nos combates na Mesopotâmia. A perda de Kut e da Divisão de Poona surpreendeu os britânicos e seus aliados, o que proporcionou um impulso moral enorme para os turcos e os alemães, sobretudo porque veio logo após a retirada ignominiosa da Grã-Bretanha, a partir de Gallipoli.

O Barão von der Goltz não viveu para testemunhar o triunfo. Ele morreu de tifo, dez dias antes da rendição. Embora houvesse rumores persistentes de que ele fora envenenado por um grupo de jovens oficiais turcos. Townshend foi libertado, em outubro de 1918, a tempo de ajudar nas negociações do armistício com o Império Otomano.

Bagdá
O Dobre de Finados dos Otomanos

1917

Após o desastre de Kut-al-Amara, os britânicos revidaram. Eles marcharam até o Rio Tigre e tomaram Bagdá, onde foram saudados pelos iraquianos como libertadores. O Império Otomano estava condenado a partir daquele momento.

OS BRITÂNICOS REVERTERAM A HUMILHAÇÃO DE SUA rendição em Kut-al-Amara, em fevereiro de 1917, retomando a cidade. A Força Expedicionária anglo-indiana mesopotâmica, em seguida, avançou outros oitenta quilômetros acima do Rio Tigre até al-Aziziyeh, onde o comandante supremo da região, Sir Frederick Stanley Maude, ordenou-lhes que esperassem até que ele recebesse a confirmação, de Londres, sobre uma marcha em Bagdá. Seu alvo ficava a outros oitenta quilômetros acima do rio.

Essa lacuna deu ao comandante supremo regional turco, Khalil Pasha, uma chance de planejar sua defesa de Bagdá. Ele tinha cerca de 12.500 homens sob o seu comando, incluindo cerca de 2.300 sobreviventes da queda de Kut-al-Amara. Duas divisões de 20 mil homens, sob comando de Ali Ishan Bey, estavam em seu caminho até Bagdá, através do deserto, a partir da Pérsia ocidental (Irã); mas era improvável que essa força chegasse a tempo para ajudar na defesa da cidade. Mesmo se o fizessem, os turcos ainda assim teriam apenas 35 mil homens à disposição, quando enfrentassem um exército britânico de 120 mil. Os britânicos também teriam suporte da cavalaria, uma flotilha de barcos de guerra e aviões de reconhecimento e de bombas de menor impacto.

Quando o exército britânico, sob comando do General Sir Frederick Stanley Maude, marchou em Bagdá, multidões foram às ruas, batendo palmas e saudando. Durante gerações eles haviam sido explorados pelos corruptos otomanos.

    Khalil descartou a possibilidade de evitar essa luta desigual por meio da retirada de Bagdá. Simplesmente entregar a capital sul do Império Otomano para os britânicos seria humilhação demais para os turcos. Ele também rejeitou a opção de criar uma agressiva defesa de avanço ao abandonar o trabalho nas fortificações, em Ctesiphon. Por alguma razão, Khalil também considerou o alagamento das abordagens por terra até Bagdá. Isso teria causado enormes dificuldades aos homens de Maude, e a ameaça de inundação permaneceu uma preocupação para os britânicos, mesmo após a captura da cidade.

    Em vez disso, Khalil escolheu defender Bagdá. Ele construiu defesas em ambos os lados do Rio Tigre, ao sul da cidade, e, em seguida, posicionou o Sexto Exército Turco para defender os acessos a sudeste para a cidade ao longo do Rio Diyala.

Depois de esperar por uma semana em al-Aziziyeh, Maude voltou a avançar, em 5 de março de 1917. Viajando além da margem leste do Tigre, ele chegou ao Diyala, três dias depois. Travessias de pequena escala sob a cobertura da escuridão, na noite seguinte, resultaram na bem-sucedida criação de uma pequena cabeça de ponte na margem norte. Levar a maior parte das forças através do rio, que tinha uma boa defesa, não foi tão fácil. Em vez disso, Maude construiu pontes flutuantes vários quilômetros a jusante, e moveu o corpo principal de suas forças para uma posição de onde eles poderiam atravessar para a margem oeste do Tigre. Seu objetivo era flanquear as defesas de Khalil ao longo do Diyala e mover-se diretamente para Bagdá.

No entanto, o Serviço Aéreo do Exército Alemão acabara de trazer aviões para a área. Eles avistaram o que os britânicos estavam tentando fazer e informaram Khalil, que moveu a maior parte de suas forças através do Tigre, pois assim ele poderia conter um ataque britânico a partir do sudoeste. Ele deixou apenas um regimento no Diyala, que os britânicos invadiram na manhã de 10 de março. Khalil estava, efetivamente, derrotado.

A prioridade seguinte de Khalil era proteger sua retaguarda. Por isso ele moveu suas forças a oeste de sua posição em Tel Aswad. Sua tarefa era proteger a ferrovia que começava em Bagdá e corria todo o caminho de volta ao coração do Império Otomano, e então para Berlim. A batalha por Bagdá, depois, foi interrompida por uma tempestade de areia. Os alemães encorajaram Khalil a executar um contra-ataque, mas, na-

O recapturador de Kut e o vencedor em Bagdá: Major-General Sir F. Stanley Maude, comandante na Mesopotâmia.

quele período, o tempo havia melhorado, então ele decidiu sair da cidade. Às oito horas da noite do dia 10 de março, a retirada de Bagdá estava em progresso.

No dia seguinte, as tropas de Maude entraram na cidade sem nenhuma luta. Os 140 mil moradores de Bagdá foram às ruas, gritando e batendo palmas. Durante os últimos dois anos, o exército turco havia exigido mercadorias privadas que enviava para fora da cidade. O General Maude emitiu uma proclamação que dizia:

Povo de Bagdá, lembre que durante 26 gerações vocês sofreram nas mãos de estranhos tiranos que sempre se esforçaram para colocar uma casa árabe contra outra, a fim de lucrar com suas divergências. Essa política é repugnante para a Grã-Bretanha e seus aliados, pois não pode haver paz nem prosperidade onde existe inimizade ou desgoverno. Nossos exércitos não vêm para suas cidades e terras como conquistadores ou inimigos, mas como libertadores.

No entanto, o Iraque não conquistou a sua independência. A Liga das Nações deu à Grã-Bretanha um mandato para administrar o Iraque, bem como a Palestina, a Transjordânia e o Egito. Houve uma revolta em 1920; por isso os britânicos instalaram como rei o amigo de Lawrence da Arábia, Príncipe Faisal. Ele prometeu salvaguardar os interesses petrolíferos britânicos no Iraque, pelo que a Grã-Bretanha lhe pagou 800 mil liras por mês.

Cerca de 9 mil prisioneiros turcos foram tomados com a queda de Bagdá. A Grã-Bretanha sofrera 40 mil baixas, durante toda a campanha, muitos tendo morrido por doença. O próprio Maude contraiu cólera, depois de beber leite contaminado. Ele faleceu em 18 de novembro de 1917, e foi enterrado fora das muralhas da cidade de Bagdá.

A captura de Bagdá foi um golpe de propaganda decisivo para os Aliados Ocidentais e deu fim às atividades turcas na Pérsia. Enquanto isso, a força de Maude moveu-se rapidamente para capturar a estrategicamente importante ferrovia, em Samarrah.

Cambrai
O Primeiro Ataque Maciço de Tanques

1917

Em Cambrai, os britânicos finalmente mostraram que o tanque de guerra poderia resolver o impasse das guerras de trincheira na Frente Ocidental. Os tanques chegaram para vencer as guerras, mudando o aspecto delas para sempre.

A PRIMEIRA GUERRA MUNDIAL ECLODIU, EM AGOSTO DE 1914. Em outubro, a Frente Ocidental tinha se consolidado em uma fila de trincheiras fortificadas que ia desde a fronteira suíça até o Mar do Norte. Elas eram defendidas pela artilharia, com arames farpados e metralhadoras, o que as tornavam quase impossíveis de serem rompidas com infantaria ou cavalaria. Alguma outra coisa precisava ser tentada.

O Tenente-coronel Ernest Swinton, correspondente de guerra britânico oficial na França, decidiu pensar sobre o problema. Ele compreendeu que a resposta estava na construção de um veículo blindado equipado com trilhos de trator. A ideia chegou aos ouvidos de Winston Churchill que, à época, estava no posto de almirante. Foi criado o Comitê de Barcos de Desembarque para supervisionar os que, por motivos de segurança, foram chamados de "tanques".

Os tanques entraram em ação pela primeira vez, em 15 de agosto de 1916, durante a Batalha do Somme, mas pouco fizeram para impedir a morte de 420 mil soldados britânicos. No ano seguinte, três brigadas de tanques foram criadas e se uniram para formar um Corpo de Tanques. Esses eram divididos em quatro pelotões com quatro tanques cada. O comandante do Corpo era o brigadeiro Hugh Elles. Seu oficial de estado maior, e um dos pioneiros mais influentes na operação militar com tanques, foi o tenente-coronel J. F. C. Fuller.

Embora o Corpo tivesse sido formado, o tanque ainda precisava provar sua capacidade. Ele era pesado e fazia poucos progressos em terreno lamacento ou muito bombardeados — apenas pouco mais de 9 metros por minuto, ou meio qui-

CAMBRAI • 1917 181

O tanque era imune às metralhadoras. Ele podia esmagar arames farpados, cruzar as trincheiras, e seus trilhos ainda podiam vencer a lama da Frente Ocidental.

lômetro por hora. O campo de visão limitado do condutor dificultava a manobra do tanque na direção correta. Dirigi-los com rapidez era difícil e os tripulantes logo ficavam exaustos por causa do calor dentro deles.

Em Passchendaele, na desastrada ofensiva britânica iniciada em julho de 1917, os tanques simplesmente atolaram na lama, acarretando em grandes perdas. Com isso, os britânicos perderam 325 mil homens, durante a campanha, e a infantaria começava a ver o tanque como um fracasso. Até mesmo os tripulantes começavam a perder o moral, quando viram seus tanques desperdiçados em ataques de menor escala.

Fuller enfrentou a situação de cabeça erguida. Consultando seu mapa da Frente Ocidental, ele procurou um lugar adequado para um ataque de tanques em larga escala. Entre Saint-Quentin e Cambrai, havia uma colina contínua de terra seca e dura, um terreno especialmente adequado para a movimentação de tanques. A área estava sem atividades por algum tempo, por isso quase não havia crateras feitas por bombas, o maior perigo dos tanques.

Ele propôs um plano que provaria o valor dos tanques de uma vez por todas — um ataque-relâmpago a Saint-Quentin. Elles mudou o alvo para Cambrai e o plano foi apresentado ao General Sir Julian Byng, comandante-chefe do Terceiro Exército, que controlava a área. Byng gostou do que viu e aproveitou a oportunidade para fazer uma ofensiva total em seu setor. Enquanto o plano de Fuller convocava seis batalhões de tanques, Byng convocou todos os nove. No total, dezenove divisões britânicas foram reunidas para a ofensiva, apoiadas por cinco divisões da cavalaria montada.

Para o ataque inicial, oito divisões britânicas foram lançadas contra três divisões alemãs. Três filas de trincheiras alemãs precisavam ser rompidas. Ainda que os últimos tanques Mark IV tivessem oito metros de comprimento, era difícil atravessar algumas seções mais largas, por isso Fuller colocou fardos de paus amarrados com corda na frente de seus tanques. Eles eram presos por um mecanismo de desengate rápido e soltos na trincheira para servirem de pontes.

Apesar da vitória dos Aliados, a cidade de Cambrai foi inteiramente destruída. Isso foi o que sobrou dela em 1º de setembro de 1914, após um pesado bombardeio alemão.

Fuller dispôs seus tanques em grupos de três — um tanque macho "de avanço", com um canhão de 6 libras, e dois tanques fêmeas "do corpo principal", com metralhadoras para proteger o macho do ataque da infantaria. Um macho deveria primeiramente avançar e esmagar o arame farpado para a infantaria. Então ele viraria para a esquerda na frente da primeira trincheira e dispararia sua arma para anular a defesa. Em seguida, os dois tanques fêmeas avançariam. O primeiro jogaria o fardo na trincheira, atravessaria, e então viraria para a esquerda e seguiria ao longo dela metralhando seus ocupantes. O segundo iria transpor o primeiro fardo, então soltaria o seu próprio fardo de paus na segunda trincheira, atravessaria e metralharia por todo o caminho mais adiante. O tanque de avanço passaria sobre os dois fardos e soltaria outro na terceira trincheira, antes de cruzá-la, na esperança de que a infantaria estivesse logo atrás dele.

"Em igualdade de circunstâncias, o lado mais ágil deverá vencer", disse Fuller.

Aproximadamente, 474 tanques britânicos foram levados secretamente até a linha de batalha. Então, às 6h20 do dia 20 de novembro de 1917, eles surgiram na neblina da manhã, pegando os alemães completamente de surpresa. O próprio Elles liderou o ataque, colocando a cabeça para fora da escotilha para ter melhor visibilidade. O chão estava seco e eles conseguiram obter velocidade. O arame farpado, que o fogo da artilharia não conseguia destruir, era transpassado sem incidentes. Os fardos de paus eram soltos, os tanques cruzavam as trincheiras e eliminavam-nas com fogo.

Os ataques anteriores tinham usado apenas alguns tanques. Mas aqui os alemães tiverem de confrontar com longas filas deles. As balas que penetravam blindagens, eficazes contra os primeiros modelos, ricocheteavam. Cara a cara com esse violento ataque mecanizado, os alemães depuseram suas armas e se renderam ou tentaram fugir. Cerca de 7.500 prisioneiros foram feitos ao custo de apenas poucas baixas. Às 7h20 da manhã, os britânicos tinham cortado uma área de 9,5 quilômetros de largura e avançado quase quatro quilômetros para dentro da Linha Hindenburg. A infantaria se espalhou nesse local e, às 10h da noite, o quartel-general da brigada precisou se transferir mais à frente para manter o avanço. Após três anos de impasse, ninguém estava preparado para a velocidade dessa revolução. Alvo após alvo caía, e os relatórios que chegavam da frente de batalha eram, de acordo com Fuller, "mais parecidos com uma tabela de horários de trem do que relatórios de uma série de batalhas".

Entretanto, nem tudo ia de acordo com o planejado. O General G. M. Harper ignorou a estratégia cuidadosamente elaborada de Fuller. Quando atacou a vila de Flesquières, próxima do meio da linha, ele manteve sua infantaria na retaguarda e enviou seus tanques sozinhos, que se mantiveram em uma fila, paralelos uns com os outros. A artilharia alemã, posicionada em um morro atrás da vila, derrubou

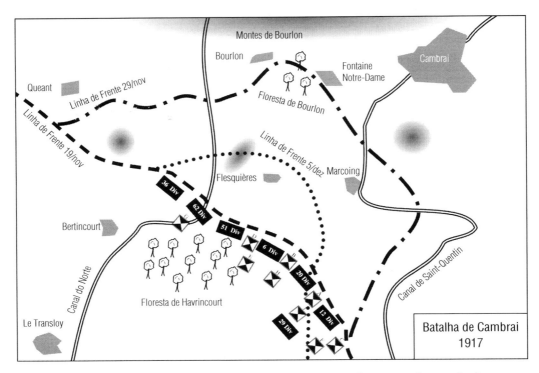

dezesseis tanques. De acordo com o informe escrito pelo comandante-chefe, o marechal Sir Douglas Haig, um único oficial alemão foi responsável pela destruição de todos os dezesseis tanques, depois de seus homens terem sido mortos ou fugidos.

Contudo, o ataque começou a perder o ímpeto, no dia seguinte. A inteligência do campo de batalha não conseguia manter o ritmo com o avanço rápido desse novo tipo de máquina de guerra. Havia falhas na defesa alemã que podiam ser penetradas, mas fazer o reconhecimento e explorá-las era impossível. Os alemães tinham estabelecido uma nova linha defensiva ao redor do terreno saliente. Isso espalhou os tanques britânicos em uma linha maior e eles conseguiam lançar somente tiros limitados de quarenta a cinquenta por vez. Os tanques começaram a falhar e o fogo da artilharia alemã deu cabo do resto. O sucesso inicial dos tanques também pegou os comandantes britânicos de surpresa, pois eles não conseguiram tirar vantagem da situação, uma vez que não prepararam os reforços adequados da infantaria.

O mau tempo não deixou que a cavalaria explorasse o terreno aberto. Eles ficaram cerca de 9,5 quilômetros atrás da frente de batalha e não participaram dela, assinalando o que Fuller chamou de "o fim de uma era".

Em 27 de novembro, a ofensiva parou, depois de um avanço de quase dez quilômetros. Os tanques foram retirados e os britânicos começaram a armar as cercas de arame farpado na frente de suas novas posições.

Em 30 de novembro, os alemães contra-atacaram com vinte novas divisões, usando a nova tática de *Stosstruppen* ("tropa de choque"), que estava para ser vista na Frente Ocidental. Apenas um mês antes daquilo, ela foi usada com efeitos mortais, quando o exército italiano foi quase destruído (a Itália esteve com os Aliados durante toda a Primeira Guerra Mundial), em Caporetto, em outubro de 1917. Os alemães abandonaram as táticas lineares que empregaram nos primeiros três anos da guerra. Eles dividiram suas unidades de combate em pequenos esquadrões independentes com uma série de armas: artilharia, metralhadoras e lança-chamas. Essas unidades deveriam avançar individualmente, sem precisar manter contato com as unidades ao lado. Elas tinham que avançar o mais rápido possível, desviando-se dos pontos fortes do inimigo, os quais enfrentariam as tropas que seguiriam atrás. Tudo foi feito para manter o momento do ataque.

Depois de um bombardeio curto e furioso, comparado com os longos ataques realizados até então, as *Stosstruppen* atacaram. Grandes explosivos, gás e fumaça deixaram os britânicos confusos. Os alemães os atacaram, concentrando suas forças nas instalações de comunicações e nos quartéis, com o fim de deixar o inimigo ainda mais desorientado. Eles tomaram vantagem mortal das valas e dos pontos neutros no terreno, coordenando a artilharia e o fogo das metralhadoras. Esmagando rapidamente as novas trincheiras britânicas, os alemães já tinham avançado oito quilômetros até o meio-dia. Em 5 de dezembro, os britânicos tinham sido empurrados de volta quase às suas posições originais. As baixas estavam praticamente equilibradas, com cerca de 45 mil homens mortos de cada lado.

Mesmo sem conquistar nenhum território, foi reconhecido que os tanques tiveram seu primeiro papel decisivo na Batalha de Cambrai. Ao analisar o fracasso dos Aliados em manter suas conquistas, Fuller disse: "A batalha foi interrompida, porque não havia um único tanque ou uma unidade de infantaria de reserva. Embora planejada como um ataque decisivo, a batalha foi, na realidade, nada mais que um ataque surpresa; para ser sincero, o que mais poderia ter sido?". Os alemães concordaram.

"Ao negligenciar o respaldo a um sucesso inicial brilhante", escreveu o comandante alemão de todas as forças terrestres, o marechal Paul von Hindenburg, "eles [os britânicos] permitiram que a vitória fosse arrancada de suas mãos, e de fato por tropas que eram muito inferiores às deles, tanto em número quanto em qualidade".

Apesar do fracasso britânico em explorar o sucesso inicial de seus tanques, a Batalha de Cambrai mostrou que a blindagem era a chave para a vitória na Frente Ocidental. Foi uma lição não desperdiçada pelos alemães, que usaram os tanques com efeitos devastadores, durante os primeiros anos da Segunda Guerra Mundial.

Dunquerque
O Milagre dos Pequenos Navios

1940

O colapso dos Aliados na França, em 1940, aconteceu em uma velocidade assustadora, prendendo a Força Expedicionária Britânica no porto do Canal de Dunquerque. Mas Hitler, por razões próprias, interrompeu o avanço, permitindo que os britânicos escapassem.

EM 1939, COM A ECLOSÃO DA SEGUNDA GUERRA MUNDIAL, uma Força Expedicionária Britânica foi enviada para a França. Ambos os países haviam declarado guerra à Alemanha, devido à sua invasão da Polônia. Mesmo assim, as forças britânicas e francesas não tinham plano de ataque. Em vez disso, prepararam-se para uma ação defensiva.

Os britânicos e os franceses haviam imaginado que o principal ataque alemão viria através de Liège e Namur, na Bélgica, como tinha acontecido na Primeira Guerra Mundial, através de uma planície perfeita para tanques. No entanto, usando um plano desenvolvido pelo General Erich von Manstein, a ofensiva alemã principal começou em uma frente estreita que os levou para a densa e montanhosa Floresta das Ardenas, que os franceses consideravam intransponível para os tanques. No dia 10 de maio, o marechal-de-campo Gerd von Rundstedt dirigiu 1.500.000 homens e mais de 1.500 tanques — dois terços das forças alemãs no oeste e quase três quartos dos seus tanques — contra a parte mais fraca da frente. Ela foi defendida por apenas doze divisões de infantaria e quatro divisões de cavalaria. O ataque foi brilhantemente organizado. Uma investida através de Luxemburgo permitiu que os alemães cobrissem os quarenta e oito quilômetros até a fronteira belga, em apenas três horas. Outra investida pela própria floresta permitiu que as divisões blindadas avançassem rápido nas ruas estreitas. Eles chegaram à França, em menos de três dias, atravessando a fronteira, na noite de 12 de maio. A infantaria fez o mesmo, utilizando caminhos através da floresta, viajando tão rápido que chegou ao Rio Mosa, apenas um dia depois que os blin-

DUNQUERQUE • 1940

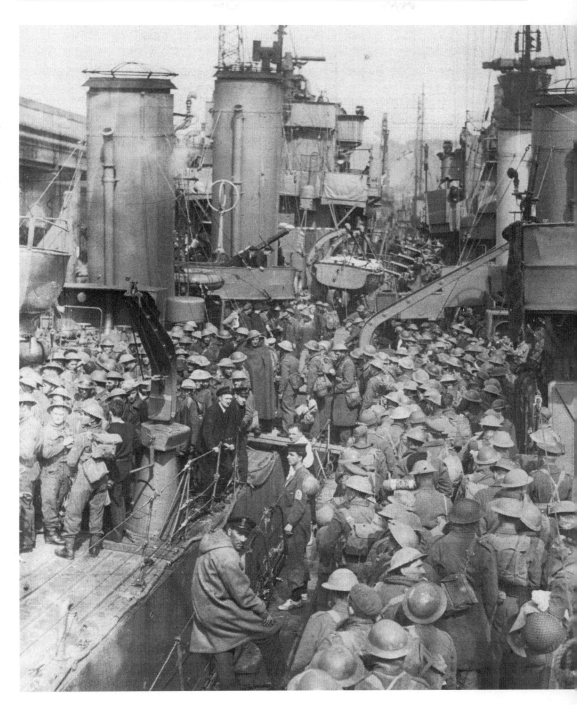

Nem todas as tropas em fuga foram recolhidas das praias por pequenas embarcações. Outras embarcaram em navios de maior porte nas docas. Eles foram, então, levados de volta para os portos lotados ao sul da Inglaterra.

dados. Os franceses não esperavam um avanço nessa área, por isso lá as defesas eram rudimentares. Não havia fortificações naquela área, e as forças francesas por lá tinham poucas armas antiaérea e antitanque para enfrentar os bombardeiros de mergulho alemães e as colunas de blindados. As divisões de cavalaria francesa que seguiam a cavalo para reforçar o setor foram forçadas a se retirar para o Rio Semois, em 11 de maio.

Em 13 de maio, após os defensores franceses na margem sul serem devastados por ondas de bombardeiros de mergulho, a infantaria alemã cruzou o Meuse em jangadas e em botes de borracha, em Sedan — o lugar da derrota da França na Guerra Franco-Prussiana de 1870. Os franceses tinham apenas alguns aviões no ar, enquanto a investida alemã tinha o suporte de mil. Tanques alemães atravessaram o rio no dia seguinte, e, em 15 de maio, romperam o que restava da defesa francesa. Estimava-se que os alemães pudessem estar em Paris no prazo de dois dias. Em vez disso, os alemães voltaram-se para o oeste, em direção ao Canal da Mancha. No dia seguinte, a vanguarda alemã cobria quase oitenta quilômetros de campo aberto. O avanço foi tão rápido que até mesmo o alto comando alemão preocupou-se com a possibilidade de estar vulnerável. Contudo, a resistência francesa entrou em colapso quando à ponta de lança juntou-se uma força diversionária alemã que viera através de Liège. Praticamente sem enfrentar oposição, os alemães chegaram a Amiens, em 19 de maio. Tanques alemães entraram em Abbeville, em 20 de maio, e, em 22 de maio, voltaram-se para o norte, em direção a Dunquerque e Calais. Os franceses e os britânicos repentinamente descobriram que estavam lutando a guerra errada. Eles tinham calculado que o avanço alemão se estenderia de toda a Bélgica até a costa e então se voltaria ao sul, como acontecera na Primeira Guerra Mundial. Em vez disso, moveram-se em direção sul, para a França, então seguiram, em um arco, para o oeste e para o norte. Esse movimento ficou conhecido como *Sichelschnitt* ("corte de foice" ou "golpe de foice"). Eles romperam todas as comunicações entre as várias forças aliadas que estavam ao norte e ao sul desse "corredor Panzer", e as forças francesas e britânicas que tinham avançado para a Bélgica estavam agora ameaçadas pelo cerco. Já em 19 de maio, o comandante britânico, Visconde Gort, havia considerado a retirada da Força Expedicionária Britânica pelo mar, mas o governo britânico quis ação — para o bem da aliança com a França. Gort os satisfez. Em 21 de maio, ele lançou um ataque em direção ao sul, a partir de Arras, contra o flanco direito dos alemães, em uma tentativa de abrir caminho para as forças francesas no sul. Esse tipo de contra-ataque era exatamente o que o alto comando alemão temia.

Por essa época, a frente da coluna alemã passara por Boulogne e Calais. Dunquerque era agora o único porto do Canal ainda nas mãos dos Aliados. Eles haviam estabelecido a sua linha de defesa final ao longo do Canal d'Aire, fora de

DUNQUERQUE • 1940

As tropas britânicas lutaram uma ação de retaguarda, enquanto os deslocados de guerra nas praias e a embarcação no Canal sofreram com os caças e com os bombardeiros da Luftwaffe *alemã.*

Dunquerque. Em 24 de maio, os alemães estavam atravessando o canal, prontos para fazer seu último ataque, antes de tomar a cidade, quando o ditador alemão Adolf Hitler interferiu e ordenou que detivessem o avanço. Notícias sobre o contra-ataque em Arras ainda estavam confusas, e parecia que os ingleses eram uma ameaça real.

Os bombardeiros de mergulho alemães praticamente tinham o céu para si próprios até esse ponto porém, conforme se aproximaram da costa, encontraram-se sob ataque de caças da Força Aérea Real, baseada na Inglaterra. No entanto, Göring prometeu a Hitler que poderia neutralizar a cabeça de ponte de Dunquerque sozinho, com a sua *Luftwaffe*.

Gort não tinha a blindagem para avançar pelo corredor Panzer. Ele estava ficando sem suprimentos e sem munição, e, em 25 de maio, ordenou que as Forças Expedicionárias Britânicas retrocedessem para Dunquerque. Como Gort não representava mais uma ameaça, Hitler ordenou que retomassem o avanço a Dunquerque. Mas o hiato permitira aos britânicos a consolidação de suas defesas. Quando veio a ordem para voltar a avançar, os alemães encontraram uma resistência considerável. Quase imediatamente, Hitler ordenou que a blindagem alemã parasse. Hitler interveio pessoalmente, na manhã do dia 24 de maio, ordenando que os Panzers parassem no Canal d'Aire, fora do porto. Caso contrário, parece certo que os alemães teriam dominado Dunquerque e Malo-les-Bains, na noite do dia 25. Hitler e von Rundstedt concordaram que seria melhor preservar os Panzers para uso contra o resto do exército francês, que estava disposto no sul, sob comando do General Maxime Weygand.

O governo britânico decidiu, então, que deveria salvar o que fosse possível. Em 19 de maio, Churchill ordenara ao almirante Bertram Ramsay que se preparasse para uma evacuação. A decisão já fora dada em relação a pequenas embarcações. O almirantado rapidamente reuniu 850 navios costeiros, arrastões, *ferries*, lanchas e *schuyts* — barcaças holandesas de fundo plano que haviam fugido pelo Mar do Norte quando os alemães invadiram os Países Baixos. Relutante, o almirantado usou trinta e nove destróieres do comboio como escolta, embora esses também embarcassem tropas, quando podiam chegar perto o suficiente da costa. Agora, a corrida era evacuar os soldados, antes da retomada do avanço dos alemães.

A operação *Dynamo*, como foi chamada a evacuação, começou às 18h57 de 26 de maio. Naquela noite, Hitler deu ordens para retomar o avanço em Dunquerque. Com os britânicos na Bélgica recuando para Dunquerque, o exército belga ficou sozinho para enfrentar os alemães. Em 27 de maio, ele desmoronou. O Rei Leopoldo rendeu-se incondicionalmente no dia seguinte, e a flotilha francesa de Pas-de-Calais se juntou à evacuação com cerca de 300 embarcações de todas as tonelagens, incluindo quinze destróieres e torpedeiros. No entanto, nos dias 27 e 28 de maio, apenas 25.437 tropas foram retiradas.

Com o fim da resistência na Bélgica, a *Luftwaffe* começou a bombardear o porto em Dunquerque, colocando-o fora de ação. No entanto, graças à cobertura aérea oferecida pela Força Aérea Real, Göring não pôde cumprir a promessa de que seus aviões poderiam destruir o que restava das Forças Expedicionárias Britânicas. O quebra-mar do porto, danificado por bombas, ainda estava operacional, o que permitiu a muitas das tropas serem retiradas por embarcações maiores. Os restantes foram reunidos em um trecho de dezesseis quilômetros de praia, onde foram apanhados por pequenas embarcações, em grande parte manipuladas por marinheiros amadores.

Em 29 de maio, 47.310 soldados britânicos foram evacuados; em 30 de maio, 120 mil homens, incluindo 6 mil franceses, foram embarcados. Em 31 de maio, Gort passou o comando sobre as praias ao General Harold Alexander, e 150 mil homens, incluindo 15 mil franceses, foram enviados de barco de volta para a Inglaterra.

A Grã-Bretanha entregou a defesa de Dunquerque para a XVI Unidade Militar francesa, sob comando do General Fagalde, em 1º de junho, e ele conseguiu conter os alemães até a madrugada do dia 4. Fagalde e cerca de 40 mil homens foram tomados prisioneiros — embora 113 mil soldados franceses tenham ido para a Inglaterra.

Nos oito dias da *Operação Dynamo*, cerca de 338.226 tropas aliadas, dois terços delas britânicas, foram resgatadas. Mas quase todos os seus equipamentos foram abandonados. Só do exército britânico, os alemães tomaram 1.200 armas de campo, 1.250 armas antiaéreas e antitanques, 11 mil metralhadoras e 75 mil veículos. Dos quarenta e um destróieres que participaram na evacuação, seis foram afundados e outros dezenove danificados.

Outras 220 mil tropas aliadas foram resgatadas por navios britânicos de Cherbourg, Saint-Malo, Brest e Saint-Nazaire, no noroeste da França, elevando o número total de tropas aliadas evacuadas para cerca de 560 mil. Dentro de três semanas, no entanto, o exército alemão tinha tomado prisioneiros mais 1.212.000 holandeses, belgas, franceses e britânicos, com perdas de 10.252 mortos, 42.523 feridos e 8.467 desaparecidos.

Embora a ação em Dunquerque tenha sido, de fato, uma retirada, ela foi saudada como uma vitória pelos britânicos. No longo prazo, revelou-se decisiva, pois a maior parte das tropas mais experientes da Grã-Bretanha fora salva. Ainda há grandes controvérsias sobre os motivos por trás da decisão de Hitler de não agir e permitir que o exército britânico fugisse. Pode ter sido um dos vários grandes erros cometidos por ele, durante a Segunda Guerra Mundial; mas alguns ainda acreditam que Hitler queria fazer as pazes com a Grã-Bretanha, então pensou que o objetivo ficaria mais fácil se o exército britânico não fosse forçado a uma rendição humilhante.

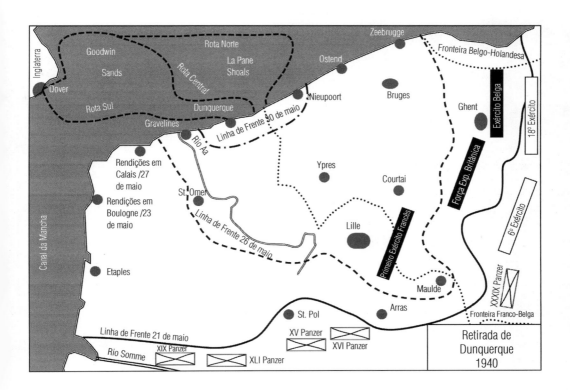

Tobruk
Os Ratos do Deserto Desafiam Rommel
1941

Nos desertos da África do Norte, o Afrika Korps do General Erwin Rommel parecia invencível. Mas, em Tobruk, uma força britânica formada, em grande parte, por australianos, neozelandeses e indianos mostrou que os Panzers alemães podiam ser interrompidos.

A INVASÃO DA À LÍBIA PELA ITÁLIA, EM 1911, significava que Mussolini já tinha uma propriedade na África do Norte. Até a eclosão da Segunda Guerra Mundial, cerca de 150 mil colonos italianos viviam ali. Assim, quando os britânicos rejeitaram as negociações de paz de Hitler, Mussolini voltou sua atenção para o Egito, que estava em mãos britânicas desde 1882. Ele ordenou que o Marechal Graziani lançasse uma ofensiva a leste contra as tropas britânicas no Egito, que estavam sob o comando do General Sir Archibald Wavell. Em 13 de setembro de 1940, o 10° Exército Italiano tomou o pequeno porto da fronteira de Sollum. Eles então avançaram mais 80 quilômetros para dentro do Egito e ocuparam a base britânica, em Sidi Barrani, em 16 de setembro. Seis semanas depois, a Força Britânica do Deserto Ocidental, sob o comando do Tenente-General Richard O'Connor, iniciou uma "corrida de cinco dias", que empurrou os italianos de volta através da fronteira, em 10 de dezembro. Reforçada pelos australianos, a Força do Deserto Ocidental continuou a avançar e tomou o pequeno porto de Tobruk, no nordeste da Líbia, em 21 de janeiro de 1941. Quando os italianos se renderam, em 7 de fevereiro, eles haviam

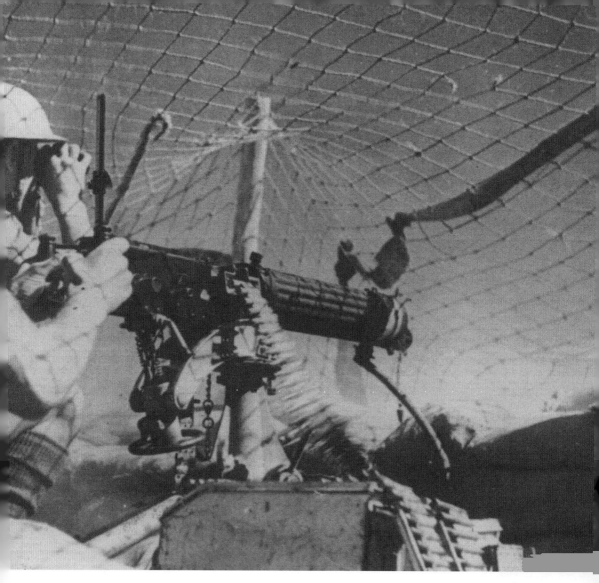

Um soldado do Regimento do Condado Norte guarnece um posto de metralhadora. Tobruk estava cercada, mas, apesar de repetidos ataques alemães, os britânicos mantiveram a linha de batalha.

sido empurrados pelos britânicos por uma distância de 800 quilômetros. Mais de 130 mil presos italianos foram levados, junto com 400 tanques e 1.290 armas. Sem encontrar nenhuma resistência adicional, a Força do Deserto Ocidental poderia ter continuado e tentado tomar Tripoli, mas suas linhas de suprimento já estavam sobrecarregadas, e o Primeiro-Ministro britânico, Winston Churchill, queria desviar os homens e os recursos para a Grécia.

Hitler chegou para ajudar Mussolini. Em 6 de fevereiro, o General Erwin Rommel, que havia liderado a movimentação dos Panzers até o canal, foi mandado para Tripoli com seu Afrika Korps. Ele atacou El Agheila em 24 de março, capturando O'Connor e empurrando a coluna britânica na direção de onde ela tinha vindo. No entanto, Wavell decidiu manter Tobruk, enquanto o resto da força britânica recuou para o Egito para se reagrupar. Como Tobruk tinha caído com muita facilidade, em 21 de janeiro, suas fortificações estavam, em grande parte, intactas. Seus pontos de resistência, que tinham sido estabelecidos em linhas alternadas, eram protegidos por muros de concreto que tinham quase um metro de espessura. Esses muros ofereciam proteção contra armas de 15 centímetros, a mais pesada que o Afrika Korps tinha na época. Eles tinham uma trincheira antitanques que era coberta de areia e pranchas de camuflagem, e as defesas de perímetro descreviam um arco que se estendia por 45 quilômetros ao redor do porto e avançava outros 15 quilômetros para o interior do continente. Essa parte era para ser defendida pela 9ª Divisão Australiana, reforçada por uma brigada da 7ª, e pelos Sikhs do 18º Regimento de Cavalaria. O Major-General Leslie Morshead, comandante da 9ª, disse a seus soldados: "Não teremos outra Dunquerque aqui. Se tivermos de sair, vamos lutar para conseguir isso. Sem rendição e sem recuo".

O apoio de artilharia era fornecido pela Artilharia Real Australiana e pela Artilharia Real da Cavalaria. Apesar de suas armas de campo de 25 libras não terem sido concebidas como armas antitanques, elas foram muito eficazes contra os Panzers de Rommel, levando-se em conta que a arma antitanque padrão era a de duas libras. Tobruk foi também defendida por baterias antiaéreas com 75 armas entre elas. Quatro Hurricanes estavam estacionados na região, nos primeiros dias do cerco, mas foram abatidos ou recuados.

Em 10 de abril, Rommel chegou a Tobruk e enviou um destacamento motorizado para atacar a cidade, mas foi repelido por um fogo de artilharia pesado que matou seu comandante. Na noite de 13 de abril, um batalhão de infantaria da 5ª Divisão Leve do Afrika Korps abriu caminho através de um campo minado e passou pela trincheira antitanques. Um contra-ataque destruiu o batalhão de infantaria, e Jack Edmondson, um defensor australiano que continuou a lutar apesar de estar mortalmente ferido, recebeu postumamente a Victoria Cross[1]. Enquanto isso, elementos do Afrika Korps tinham contornado Tobruk e chegado à fronteira egípcia. De agora em diante, os 22 mil homens que estavam em Tobruk teriam de ser abastecidos por mar.

Era um negócio perigoso, porque a *Luftwaffe* tinha total superioridade aérea. No entanto, os artilheiros antiaéreos conseguiram manter o porto aberto. As baterias pesadas estavam armadas com pistolas britânicas de 3,7 polegadas, que

---

[1] *Victoria Cross* é uma condecoração do exército britânico.

produziam estilhaços; enquanto as baterias antiaéreas leves usavam armas Bofors de 40 milímetros apoiadas por armas italianas Breda de 20 milímetros e 40 milímetros, que disparavam granadas traçadoras que explodiam no impacto. Entre essas, eles jogavam uma barragem em uma altura predeterminada. No entanto, os pilotos alemães ficaram alertas para isso e começaram a recuar para ver a que altura a barragem tinha sido fixada, antes de iniciar os bombardeios. A barragem, então, foi estreitada e tinha alturas variadas, para torná-la mais difícil de penetrar. A resposta da *Luftwaffe* foi começar a lançar bombas nos locais das armas pesadas, para que as baterias antiaéreas leves, com seus rastreadores de fogo rápido, pudessem se aproximar para oferecer proteção.

Pouco antes do amanhecer de 14 de abril, os Panzers atacaram pela primeira vez. Eles surgiram à esquerda da estrada que levava ao sul de El Adem. Trinta e oito tanques romperam as duas linhas das defesas de perímetro em ziguezague e se dirigiram à cidade. Cinco quilômetros depois, eles atingiram a segunda linha de defesa — a Linha Azul. Lá eles encontraram o fogo à queima-roupa das armas britânicas de 25 libras. O apoio da artilharia e os metralhadores dos alemães tinham sido mantidos pela infantaria australiana, que ficou em posição quando os tanques penetraram. Ao encontrarem as armas de 25 libras, os Panzers não

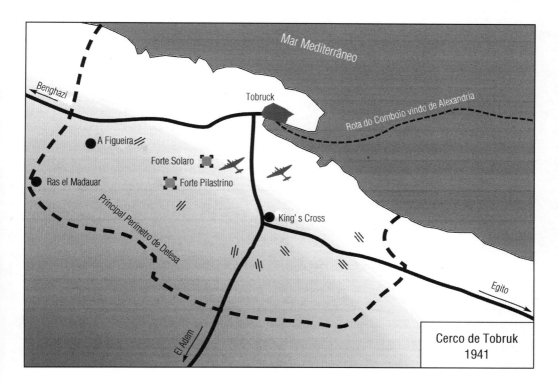

tiveram escolha a não ser recuar. Ao fazerem isso, os tanques britânicos e as armas antitanques australianas golpearam seus flancos. Os alemães afugentados deixaram dezessete tanques para trás. Doze aviões foram abatidos, 110 homens foram mortos e 254 foram capturados. Era a primeira vez que os Panzers de Hitler sentiam o gosto da derrota.

Rommel percebeu que Tobruk só podia ser tomada com um ataque total, mas não tinha os recursos necessários. Até mesmo a 15ª Divisão Panzer, que estava a caminho de casa, tinha sofrido perdas significativas quando o comboio que a levava foi atacado no caminho para a Líbia. Naquela época, as operações nos Balcãs e, depois, na União Soviética, tinham arrancado de Rommel os tanques e soldados de que ele precisava para capturar Tobruk. Mais tarde, esse pequeno porto tornou-se o cenário do mais longo cerco da história britânica.

Rommel aguardou o momento propício pelas próximas duas semanas, convocando mais forças. Ao final do mês, ele tinha cerca de 400 tanques alemães e italianos à disposição, contra 31 dos defensores. Na noite de 30 de abril, ele jogou seus soldados no Monte 209, conhecido como Ras el Medauur, que ficava perto da torre de água no canto sudoeste do perímetro. Vinte e dois Stukas começaram a soltar bombas nas posições australianas às 19h15, e uma barragem de artilharia abriu às 20h. Isso cortou as linhas telefônicas e neutralizou as defesas da linha de frente.

Sob a cobertura do bombardeio, os alemães explodiram lacunas nas defesas e abriram caminhos através dos campos minados. Às 21h15, um batalhão alemão de metralhadoras, posicionado a 1,6 quilômetro no interior do perímetro, abriu fogo sobre a companhia de reserva. Os australianos começaram um contra-ataque, mas, com a comunicação ruim, eles não conseguiram encontrar os postos de perímetro sitiados na escuridão. Na manhã seguinte, ficou claro que os alemães tinham feito um buraco nas defesas exteriores, que tinham 2,4 quilômetros de largura. Eles capturaram sete postos de perímetro e levaram mais de uma centena de prisioneiros. No entanto, os australianos tinham apresentado uma resistência tão determinada que acabaram diminuindo o impulso do ataque alemão.

Pouco depois das 8h, os alemães avançaram novamente com 40 tanques, mas foram interrompidos por um campo minado. Um pesado bombardeio os forçou a recuar, embora uma tempestade de poeira cobrisse sua retirada. Rommel tentou evitar os blindados dos Aliados usando uma tática diversionista, com cerca de vinte tanques, mas Morshead ficou relutante em comprometer seus próprios tanques. Ele preferiu deixar as minas e as granadas de artilharia fazerem seu trabalho, antes de arriscar sua preciosa reserva de blindados. Repetidos ataques aéreos não conseguiram nocautear a artilharia Aliada, e, às 9 horas, o ataque alemão tinha se esgotado.

Como não conseguiam fazer nenhum progresso para frente, os Panzers de Rommel e seu apoio de infantaria atacaram os postos em ambos os lados da boca da cabeça de ponte alemã. Um deles caiu ao meio-dia, mas o pesado bombardeio impediu os Panzers de coordenarem seus esforços com a infantaria de apoio. Por conseguinte, suas tentativas de tomar o outro posto fracassaram. No entanto, outros 25 Panzers leves foram além dos postos de perímetro e passaram pela fronteira sul do campo minado. Eles foram bombardeados por todo o caminho, mas às

Tanques nazistas manobrando em uma encosta, na Líbia, incapazes de penetrar nas defesas de Tobruk, apesar de sua superioridade numérica e de armamentos. Mesmo assim, eles se vangloriaram de que os defensores tinham sido pegos como "ratos em uma armadilha". Os britânicos adotaram o epíteto.

9h15 eles haviam chegado ao Posto R12, 4,8 quilômetros a leste do Monte 209, onde foram interrompidos por 14 tanques cruzadores. Em seguida, Rommel enviou mais nove tanques. Uma batalha irregular de tanques se seguiu, mas, apesar de estarem em maior número, os Panzers foram forçados a recuar, depois de três deles terem sido perdidos.

Os tanques alemães foram reabastecidos e começaram um novo ataque naquela tarde. E mais uma vez encontraram bombardeios britânicos precisos. Os australianos nos postos de perímetro, armados apenas com pistolas e rifles Bren, apresentaram uma resistência feroz. Dois Panzers pesados tentaram bombardear um posto até ele se render, de uma distância de 68 metros, mas os alemães foram repetidamente atacados. Ao anoitecer, metade dos defensores estava ferida. Os alemães atacaram outra vez, no crepúsculo, com tanques e lançadores de chamas, e tomaram o posto, às 19h30. O segundo posto caiu na manhã seguinte.

Depois de abandonar qualquer tentativa de avançar diretamente para o porto, Rommel continuou a pressionar no perímetro a sudeste até a cabeça de ponte abrir o campo minado ao sul. Mas ele foi interrompido, naquela noite, por um contra-ataque ao Monte 209. Obstruídos pela luz fraca e pela poeira levantada pelo bombardeio do inimigo, os australianos avançaram por mais de 1,6 quilômetro, antes de encontrarem a resistência de plataformas antitanques e de metralhadoras. Nesse ponto, eles haviam perdido a cobertura da barragem de artilharia. Sem as metralhadoras de que precisavam, os homens recuaram. Eles não tinham retomado o Monte 209, mas tinham forçado o inimigo a entrar em modo de defesa e impedido os alemães de rodearem um campo minado vital.

O avanço alemão foi interrompido por uma tempestade de areia, em 2 de maio, dando aos defensores tempo para estabelecer novos campos minados, convocar uma nova infantaria e fortalecer suas posições. A artilharia continuou a golpear as posições alemãs, e os alemães não retomaram a ofensiva, quando a tempestade se dissipou no dia seguinte. A guarnição perdera apenas cinco tanques, enquanto, dos 81 tanques alemães com que Rommel havia começado, havia apenas 35 em ação. Todavia, dos 46 que foram perdidos, somente 12 estavam completamente destruídos. Mas os Panzers tinham sofrido sua segunda derrota, e seu moral estava abalado. Por outro lado, os alemães conseguiram abrir uma brecha nas defesas e mantinham um grande saliente.

Morshead planejava fazer algo em relação a isso. Ele enviaria dois batalhões para atacar a retaguarda do saliente, retomar os postos perdidos e cortar a ponta de lança do inimigo. Ao mesmo tempo, um terceiro batalhão faria incursões profundas em território inimigo. O problema era que os alemães mantinham o Monte 209 para poder observar enquanto os australianos se reuniam. Isso lhes dava uma ampla percepção antecipada do ataque. Depois de escurecer, os australianos avançaram sob uma barragem de artilharia, e os alemães reagiram com fogo pesado de metralhadoras. Chamas iluminaram o céu, e o fogo alemão de morteiros e artilharia fez com que o avanço australiano sobre o flanco norte fosse paralisado. No flanco sul, eles retomaram um posto, mas atacaram outro sem sucesso. Os outros ataques empurraram os postos avançados alemães para trás por mais de oito quilômetros. Os alemães haviam perdido 1.700 homens, em comparação com as 797 vítimas das guarnições — 59 mortos, 355 feridos e 383 desaparecidos. No entanto, o Alto Comando alemão ficou alarmado com as perdas e ordenou que Rommel não atacasse novamente.

Morshead estava eufórico. "As ações contra Tobruk, em abril e maio, foram as primeiras em que as formações blindadas do exército alemão foram desafiadas e derrotadas", disse ele.

Churchill também estava impressionado. Ele enviou um telegrama que dizia: "O Império inteiro está assistindo a sua defesa firme e espirituosa desse importante posto avançado do Egito com gratidão e admiração".

A mensagem de Wavell para Morshead teve um tom mais prático. Ela dizia: "Sua defesa magnífica está perturbando os planos do inimigo de atacar o Egito e nos dando tempo para construir uma força para a contraofensiva. Você não poderia fazer um serviço melhor".

William Joyce, propagandista da rádio alemã — conhecido na Grã-Bretanha como "Lord Haw-Haw" por causa de sua voz desdenhosa —, ignorou os problemas que Rommel vinha enfrentando. Ele espalhou que a guarnição tinha sido pega "como ratos em uma armadilha". Um jornal alemão então apelidou os defensores britânicos de "Ratos de Tobruk", um insulto que eles adotaram rapidamente, chamando a si mesmos de "Ratos do Deserto".

Tobruk foi psicologicamente importante do ponto de vista dos Aliados, já que demonstrou, pela primeira vez, que os alemães podiam ser parados. Os Panzers não eram invencíveis. O Blitzkrieg alemão poderia ser derrotado por campos minados e fogo de artilharia e de infantaria que se mantivessem firmes. Mesmo os bombardeiros-terroristas poderiam ser frustrados por dedicados artilheiros antiaéreos. Estrategicamente, Rommel teria avançado até o Egito, se Tobruk tivesse caído. Ele teria tomado o Canal de Suez e os campos de petróleo do Golfo Pérsico e dividido o Império Britânico em dois. Da maneira como estava, a Grã-

Bretanha teve tempo para se recuperar dos desastres da Grécia e de Creta. As forças britânicas puderam se reagrupar no Egito, enquanto uma nova ajuda americana chegava via Grã-Bretanha.

A defesa de Tobruk também manteve a Turquia — uma aliada da Alemanha na Primeira Guerra Mundial — fora da guerra. Dessa forma, Hitler foi impedido de utilizar a Turquia como trampolim ao sul em seu ataque à União Soviética, o que o atrasou, pelo menos, um mês. Como o inverno é considerado o maior general da Rússia, isso pode ter sido crucial.

A maior medida do sucesso dos defensores de Tobruk é o fato de que foram necessários três batalhões das melhores tropas de Rommel e quatro divisões italianas para manter o saliente ao redor do Monte 209. Morshead lucrou com isso, ao manter uma estratégia agressiva de patrulhamento noturno, a fim de dominar a terra de ninguém e minar o moral do inimigo. Enquanto isso, os britânicos mantiveram os ataques fustigantes às forças de Rommel na fronteira egípcia, apesar de estarem com poucos tanques. Seu objetivo era impedi-lo de reagrupar todas as suas forças e voltá-las sobre Tobruk.

As ações em Tobruk foram as primeiras em que formações blindadas do exército alemão foram derrotadas.

Após a evacuação da Grécia, 50 tanques foram desviados para o Egito. Wavell rapidamente organizou a Operação Brevidade, a fim de libertar Tobruk. Em 15 de maio de 1941, os britânicos capturaram a Passagem de Halfaya a caminho de Sollum. Mas foram forçados a recuar, em 17 de maio, e os alemães retomaram a passagem.

Na noite de 15 de maio, os alemães lançaram um ataque a três postos de perímetro, em Tobruk. Pensava-se que os três estavam perdidos, mas, quando um deles foi recapturado, verificou-se que os outros dois tinham se mantido, apesar de estarem com pouquíssima munição. Depois que foram reabastecidos, os australianos perceberam que estavam em uma "maré de sorte" e, portanto, tentaram recapturar outros postos avançados. O fogo de apoio veio de 39 armas britânicas, e uma cortina de fumaça foi lançada para que os metralheiros dos Fuzileiros de Northumberland pudessem invadir a área disputada, sem serem observados do Monte 209. No entanto, os alemães lançaram sua própria cortina de fumaça e barragem, e os tanques britânicos ficaram perdidos em poeira e fumaça. Mesmo assim, a infantaria australiana prosseguiu sozinha através do fogo intenso, na tentativa de tomar dois postos. Infelizmente, os alemães estavam muito bem estabelecidos e não só mantiveram os postos de concreto, como também as posições intermediárias que conseguiam proporcionar um fogo lateral. Nesse ponto, os australianos recuaram.

Em junho, os dois lados estavam consolidando suas posições defensivas. No saliente, os alemães haviam recuado para uma linha defensiva que ficava atrás das posições que eles detinham em 3 de maio. Em 26 de junho, os australianos tinham conseguido avançar sua linha de batalha em 900 metros, reduzindo sua extensão de mais de oito quilômetros para menos de seis. Isso permitiu que os australianos tirassem um batalhão da linha de batalha e o colocassem na reserva. Por outro lado, a linha de batalha alemã estava mais estreitamente compactada, e os alemães também tinham minado a terra de ninguém, impedindo quaisquer avanços adicionais dos australianos.

Wavell fez uma segunda tentativa para libertar Tobruk, começando em 15 de junho. Quando essa tentativa foi repelida pela 15ª Divisão Panzer, o General Sir Claude Auchinleck substituiu Wavell como comandante-chefe no Oriente Médio, em 1º de julho.

Os australianos estavam ocupando Tobruk havia mais de três meses. Fatores como calor, poeira, moscas, areia e alimentação ruim estavam afetando a capacidade de combate, e o governo australiano pediu que eles recuassem. A maior parte das tropas foi retirada no fim do verão, e foram substituídas pela 17ª Divisão Britânica, sob o comando do Major-General Scobie. Elas foram apoiadas pela 1ª Brigada Polonesa dos Cárpatos e por um batalhão da Checoslováquia. No entanto, alguns australianos ficaram com as forças britânicas originais.

Enquanto Rommel planejava um novo ataque, o General Auchinleck começou a organizar a Operação Crusader, uma terceira tentativa para libertar Tobruk, formando o 8º Exército, sob o comando do General Sir Alan Cunningham. O plano de Cunningham era enviar a XXX Unidade Militar através da fronteira da Líbia ao sul e posicioná-la em um lugar chamado Gabr Saleh. Ele esperava que Rommel e seus Panzers aproveitassem a oportunidade para uma batalha de tanques, acreditando que as forças britânicas e sul-africanas, mais bem equipadas e mais numerosas, ganhariam. Enquanto isso, a XIII Unidade Militar ultrapassaria as posições de fronteira na costa e forçaria a estrada costeira em direção a Tobruk, e Rommel estava sendo esmagado no deserto. O perigo era que houvesse uma grande lacuna entre as duas colunas, de modo que os britânicos ficassem vulneráveis. Por isso, outra coluna foi criada entre eles, mas sua energia vinha da XXX

Unidade Militar, e isso enfraquecia consideravelmente a força que se destinava a derrotar Rommel.

A Operação Crusader entrou em ação sob uma chuva torrencial, em 18 de novembro. Infelizmente, Rommel tinha seus próprios planos. Como ele estava se preparando para tomar Tobruk, manteve sua armadura em torno de Gambut na estrada costeira, em vez de se movimentar para encontrar a XXX Unidade Militar, em Gabr Saleh. O pior ainda estava por vir para Cunningham. Os planos operacionais do Oitavo Exército caíram em mãos inimigas, depois de serem levados à frente de batalha por um oficial britânico descuidado. Como Rommel não conseguiu encontrar a XXX Unidade Militar, em Gabr Saleh, os britânicos pressionaram. Entretanto, no dia 19 de novembro, 50 de seus novos tanques Crusader foram destruídos, quando eles tentaram tomar Bir el Gubi, ao sul de Tobruk. Outra coluna forçou em direção a Tobruk, mas foi recebida pelo Afrika Korps, em Sidi Rezegh, que montou um contra-ataque que destruiu grande parte de sua defesa. Rommel poderia ter eliminado totalmente a XXX Unidade Militar, se tivesse continuado no dia seguinte. Em vez disso, ele fez uma aposta. Com uma centena de tanques, ele fez uma corrida através do deserto até a fronteira egípcia, com a intenção de cortar todo o Oitavo Exército e atacá-lo pela retaguarda.

Essa reviravolta teve um efeito terrível sobre Cunningham, que queria recuar. Auchinleck incitou-o na convicção de que o movimento ousado de Rommel foi um ato de desespero. No entanto, a tensão foi demais para Cunningham, e, em 26 de novembro, Auchinleck teve de substituí-lo por seu próprio subcomandante de pessoal, o Major-General Neil Methuen Ritchie. Agora era Auchinleck que realmente estava no comando.

Em uma carta para casa, Rommel descreveu sua "corrida final" como um grande sucesso. Na verdade, ele causou pouco impacto sobre a 4ª Divisão Indiana, que estava mantendo a retaguarda, e também não privou o 8º Exército de seus suprimentos. Pior ainda: seu rádio havia quebrado, e ele deixou o grupo de Panzers sem ordens por quatro dias.

Enquanto a XXX Unidade Militar era dizimada ao sul, a XIII Unidade Militar teve mais facilidade enquanto estava correndo ao longo da estrada costeira. A Divisão da Nova Zelândia avançou, e, em 25 de novembro, Scobie recebeu um telegrama dizendo que os neozelandeses fariam outro ataque em Sidi Rezegh, no dia seguinte. Ao mesmo tempo, a guarnição estava prestes a tentar fugir. Eles fizeram isso em meio a combates ferozes. Às 13h, eles viram tanques no horizonte, e, de repente, três foguetes vermelhos explodiram no céu. Era o sinal de reconhecimento do 8º Exército. Tobruk finalmente tinha sido libertada. Mas não por muito tempo. Na ausência de Rommel, a 21ª Divisão Panzer, que estava na fronteira com o Egito, recebeu ordens para recuar. Rommel confirmou essa ordem, quando reapareceu em seu quartel-general, no dia 27. Seguiu-se uma batalha confusa, em que a Divisão da Nova Zelândia foi cortada em duas, sendo que uma metade foi enviada de volta para Tobruk. Na confusão, o comandante da 21ª Divisão Panzer, General von Ravenstein, foi capturado.

Enquanto isso, Auchinleck reforçou e reorganizou a XXX Unidade Militar e a enviou de volta para a batalha. Rommel agora só tinha alguns tanques; então ele retirou suas forças, quando lhe disseram que ele não receberia novos suprimentos até o final de dezembro. Ele atacou Tobruk pela parte leste, em 5 de dezembro. No dia seguinte, um contra-ataque final fracassou, e ele ordenou uma retirada geral, deixando para trás uma divisão italiana com ordens de resistir pelo maior tempo possível. Com poucos alimentos e munições, essa divisão se rendeu, em 17 de janeiro.

O Cerco de Tobruk durou 242 dias, de 10 de abril a 7 de dezembro de 1941, cinquenta e cinco dias a mais que o Cerco de Mafeking, na Guerra Boer. Foi a primeira derrota das forças terrestres alemãs, na Segunda Guerra Mundial.

Embora os britânicos tivessem conseguido empurrar Rommel 480 quilômetros abaixo da estrada costeira, ele se reagrupou em Gazala, em um contra-ataque que levou os britânicos a uma retirada total. Em junho de 1942, ele finalmente capturou Tobruk, que voltou novamente para as mãos dos britânicos, em 13 de novembro de 1942, após a vitória do General Montgomery, em El Alamein.

Creta
Vitória Aérea Alemã
1941

Durante a invasão de Creta, a Alemanha enviou uma força maciça de tropas aéreas. Embora a invasão tenha sido um sucesso, as baixas alemãs foram tão altas que Hitler nunca mais usou seus paraquedistas de elite.

DEPOIS DAS ENORMES CONQUISTAS DA ALEMANHA NO OCIDENTE, em 1940, a Itália era sócia minoritária no "Pacto de Aço", que foi assinado por Hitler e Mussolini, em 1936. Mussolini também queria fazer algumas conquistas territoriais próprias. Portanto, sem informar Hitler, enviou 155 mil homens através da fronteira entre a Albânia e a Grécia. A Itália tinha invadido a Albânia, em 1939. A invasão italiana da Grécia foi um desastre. Sete divisões de Mussolini foram interrompidas por um punhado de gregos que empurraram os italianos de volta. Em meados de dezembro, os gregos ocupavam um terço da Albânia.

Os britânicos se mobilizaram para defender a Grécia, enviando homens e aviões para bases aéreas perto de Atenas, no continente. Isso os colocou a uma curta distância dos campos de petróleo romenos em Ploiesti, que eram vitais para o ataque da Alemanha à Rússia, então Hitler não teve outra opção a não ser ajudar Mussolini mais uma vez. Em março, houve um golpe de estado contra o regime pró-Eixo, em Belgrado; então os alemães e os italianos decidiram invadir a Iugoslávia e entrar na Grécia. Eles fizeram uma investida relâmpago através dos Balcãs, forçando os britânicos a retirarem suas forças da Grécia continental; embora 20 mil tenham permanecido como prisioneiros de guerra. Em 11 de maio, toda a Grécia e as ilhas do mar Egeu, com exceção de Creta, estavam em mãos alemãs.

Na imagem da página ao lado: O uso de tropas aéreas em Creta ensinou aos britânicos uma lição valiosa. Os Aliados posteriormente a usariam na guerra com grande efeito.

SUPERIOR: Em um aeroporto da Grécia continental, alguns dos milhares de soldados paraquedistas são carregados em aviões de transporte. CENTRO: Invasores vindos do céu flutuam, descendo em Creta. INFERIOR: Tropas aéreas armadas com metralhadoras, fuzis e granadas tomaram a base, permitindo que os alemães conquistassem a vitória mais sensacional da história da guerra moderna.

No entanto, os britânicos queriam manter Creta. Ela ficava a apenas 800 quilômetros de Alexandria e 320 quilômetros de Tobruk. Símbolo da resistência britânica na África do Norte, Tobruk precisava ser abastecida por mar e estaria em grande perigo, se os alemães tomassem os aeroportos em Heraklion, Rethimnon e Máleme, na ilha de Creta.

Os alemães também precisavam de Creta, mas não apenas porque queriam matar Tobruk de fome. A RAF (Royal Air Force) ainda estava a uma pequena distância dos campos de petróleo romenos, partindo das bases aéreas de Creta. Hitler estava prestes a ser privado do petróleo russo por causa do ataque à União Soviética — embora temporariamente, se tudo corresse bem —, por isso não podia se dar ao luxo de ficar sem uma fonte de suprimentos na Romênia, que aderiu ao Eixo no início de 1941. Em 25 de abril de 1940, na Diretriz do Führer nº 28, Hitler ordenou a invasão de Creta.

Um plano foi elaborado para atacar a ilha usando uma divisão aérea e três regimentos de infantaria das 5ª e 6ª Divisões de Montanha. Eles seriam desembarcados por uma pequena frota montada às pressas, composta de 63 navios a vela motorizados e sete pequenos navios a vapor. Ela seria protegida por dois destróieres e doze torpedeiros da Marinha italiana.

Defendendo a ilha havia 41.500 homens, 10.300 dos quais eram gregos. Além dos 17 mil soldados britânicos, havia uma grande força da ANZAC (Australia and New Zealand Army Corps), composta de 7.700 neozelandeses e 6.500 australianos, que tinham escapado da Grécia continental. No caminho, eles haviam abandonado grande parte de seus equipamentos e agora tinham apenas 68 armas antiaéreas, muito pouco para defender uma ilha com 260 quilômetros de ponta a ponta. Eles também estavam com poucas armas de campo, armas de infantaria, munição, veículos, ferramentas de entrincheiramento, arame farpado, cobertores e marmitas. Eles eram liderados pelo General Bernard Freyberg, um herói de Gallipoli, ferido 27 vezes durante a Primeira Guerra Mundial. No entanto, ele era o sétimo comandante britânico na ilha, em seis meses, e teve apenas três semanas para preparar as defesas da ilha.

Em 1º de maio, havia 35 aeronaves operacionais da RAF na ilha de Creta. Em 19 de maio, um bombardeio incessante pela Luftwaffe havia reduzido esse número para apenas quatro Hurricanes e três Gladiators. Esses foram enviados ao Egito para serem guardados, mas as pistas de decolagem estavam apenas obstruídas, e não inutilizadas, porque a intenção era que elas fossem usadas novamente o mais rápido possível.

A Batalha de Creta começou em 20 de maio. Os alemães tinham uma frota aérea de 500 aviões de transporte e 72 planadores, apoiados por 500 bombardeiros e caças. Às 7h15, planadores alemães com elementos da 5ª Divisão de Montanha desembarcaram a oeste e sul do aeroporto de Máleme. Pouco depois houve mais desembarques no Monte 107, que dava para o aeroporto. Contudo, uma terceira companhia, que tinha como objetivo tomar a Ponte Tavronitis ali perto, desembarcou entre tropas neozelandesas. Apesar de terem sofrido pesadas baixas, eles conseguiram tomar a ponte e mantê-la.

Então, os paraquedistas começaram a cair. O 3º Batalhão da 7ª Divisão de Paraquedistas deveria cair em torno do aeroporto, mas novamente eles desembarcaram entre os neozelandeses. Em quinze minutos, 400 dos 600 paraquedistas estavam mortos. O 4º Batalhão caiu a oeste de Tavronitis e ficou sob ataque de um grupo de civis, que eles rapidamente subjugaram, enquanto o 2º Batalhão desembarcou entre soldados gregos e civis armados que os exterminaram. Apenas treze do 2º Batalhão ainda estavam vivos, quando eles se renderam.

O 3º Regimento de Paraquedistas caiu ao sul da cidade vizinha de Canea, enquanto a 2ª Companhia do Luftlande Sturmregiment desembarcou em 15 planadores, a noroeste. Sua tarefa era subjugar as baterias antiaéreas ali, mas eles logo descobriram que as armas eram postiças. No entanto, os Northumberland Hussars na área eram reais o suficiente, e os 136 homens que tinham desembarcado logo contabilizaram 108 vítimas. Mas a 1ª Companhia, que desembarcou a sudeste, conseguiu cravar a bateria antiaérea lá, antes de partir para se juntar a outras tropas que estavam desembarcando na área.

O 3º Regimento de Paraquedistas estava amplamente disperso. Uma companhia que carregava pesados morteiros caiu em uma represa. Alguns homens se afogaram, e todos os equipamentos foram perdidos. Os sobreviventes ficaram sob ataque feroz de soldados da Nova Zelândia e da Grécia, que estavam na área; porém, ainda assim, conseguiram tomar a vila de Agia e criar ali seu QG regimental. O pessoal da divisão, em seguida, voou até lá, mas o planador que carregava o comandante divisional rompeu a corda de reboque e se chocou contra a ilha de Egina.

As coisas pareciam sombrias para os alemães em terra. Poucos de seus objetivos tinham sido garantidos, e a força de desembarque estava dividida em bolsões que foram paralisados pelos neozelandeses. Decolar a partir de faixas de terra na Grécia também levantava nuvens de poeira, de modo que os aviões que transportavam os soldados tinham de ser expedidos em grupos discretos. Isso significava que os homens eram desembarcados em pequenos grupos, muitas vezes dispersos, já que, nesse momento, ataques preliminares de bombardeiros e caças tinham alertado os defensores. Um dos batalhões que desembarcaram em torno de Réthimnon caiu entre tropas australianas. Os paraquedistas ficaram presos nas zonas de queda e incapazes de alcançar os contêineres que estavam com suas armas. Os dois outros grupos que desembarcaram ali estavam entrincheirados. Isso significava que havia três discretos bolsões de alemães ao redor do aeroporto.

As tropas que foram desembarcadas em torno de Heraklion ficaram ainda mais dispersas e sob fogo das tropas britânicas que mantinham a cidade. A segunda onda teve ainda menos sucesso que a primeira. Cerca de 1.800 dos 3 mil homens que tinham desembarcado estavam mortos, e os sobreviventes não estavam em condições de montar uma ofensiva.

Embora os defensores tivessem esmagadora superioridade em termos de homens, armas e artilharia, Freyberg assumiu uma visão pessimista da situação em termos gerais. Nenhum contra-ataque naquela noite conseguiu perturbar o inimigo e eliminar sua capacidade de combate. Pela manhã, o comandante do 22º Batalhão da Nova Zelândia, por engano, pensou que suas posições fronteiras tivessem sido invadidas e ordenou uma retirada do Monte 107. Na confusão, os neozelandeses realmente foram invadidos e os alemães tomaram o monte vital. Pouco depois, outros 550 paraquedistas foram lançados e, com esses reforços, os alemães tomaram o aeroporto. Os alemães começaram a enviar munições por via aérea, embora os aviões que chegavam fossem recebidos com um fraco fogo de metralhadoras.

Os reforços começaram a desembarcar às 16h. O fogo de artilharia destruiu alguns dos transportes, e outros foram destruídos em colisões no pequeno aeroporto, mas a maioria das tropas escapou em segurança. Às 18h, outros mil soldados alemães estavam em terra. Os neozelandeses planejaram um contra-ataque rápido, mas, quando conseguiram reunir suas tropas, os alemães tinham desembarcado uma força suficiente para manter o aeroporto.

Os alemães também conseguiram reforçar suas posições ao redor de Heraklion. Eles tinham começado um combate casa a casa na periferia, quando o comandante grego se apresentou para oferecer a rendição da cidade. O comandante britânico não sabia nada disso e contra-atacou, mas não conseguiu desalojar os alemães.

A Marinha Real capturou e afundou a primeira frota de tropas marítimas alemãs, quando elas foram vistas em Máleme. Mais de 500 oficiais e soldados do 100º Regimento de Montanha se afogaram, e a frota foi destruída como força de combate. No entanto, antes de a Marinha Real conseguir afundar a segunda frota no Mediterrâneo, essa ficou sob ataque aéreo. Stukas alemães afundaram dois cruzadores e quatro destróieres, enquanto o navio de guerra HMS Warspite e o porta-aviões HMS Formidable ficaram tão danificados que tiveram de ser enviados aos Estados Unidos para reparos. Mesmo assim, a segunda frota de tropas alemãs foi levada de volta a Pireus, em vez de se arriscar a perder mais vidas.

Naquela noite, os neozelandeses tentaram contra-atacar novamente em Máleme, a fim de evitar que outros reforços desembarcassem, mas, a leste do aeroporto, eles encontraram os remanescentes do 3º Batalhão da 7ª Divisão de Paraquedistas, que tinha sido tão surrado no primeiro dia. Paraquedistas individuais espalhados pelo chão duro lutaram de tal forma que desaceleraram o avanço dos neozelandeses. Ao amanhecer, os ANZACs estavam longe de seu objetivo, e caças e bombardeiros de mergulho alemães os obrigaram a se retirar.

Mais alemães desembarcaram no dia 22, e o Major-General Ringer voou até lá para assumir o comando. Ele dividiu os soldados em três *Kampfgruppen* (campos de batalhas), que forçariam a saída na madrugada do dia seguinte. Um grupo seguiu para o norte, em direção ao mar, e encontrou civis armados, inclusive mulheres e crianças. A Resistência Cretense era especialmente selvagem. Eles torturavam e mutilavam qualquer alemão que caísse em suas mãos. O segundo *Kampfgruppe* se movimentou para as montanhas a leste, mas foi interrompido pelos neozelandeses, na aldeia de Modi. Depois de uma luta feroz, os neozelandeses

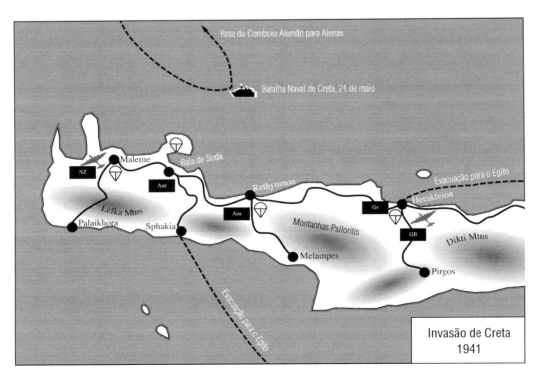

foram flanqueados e forçados a recuar. Isso deixou sua artilharia fora do alcance da pista de decolagem, e os alemães agora podiam desembarcar mais reforços sem ficar debaixo de fogo. Dessa vez, os alemães tinham trazido sua artilharia.

Em 24 de maio, houve pesados ataques aéreos alemães sobre as cidades de Canea e Galatas, e novos agrupamentos de batalha foram elaborados. Os alemães marcharam 80 quilômetros em um movimento de flanqueamento para cortar a estrada principal de Canea e Réthimnon e se juntar aos paraquedistas que estavam presos a sudeste de Canea, desde seu desembarque no dia 20.

Em 25 de maio, os alemães fizeram um ataque orquestrado à principal aldeia de Galatas. Os neozelandeses foram expulsos, mas retomaram à vila em um contra-ataque amargo. Nesse ponto, eles eram tão poucos que não conseguiriam manter a vila, por isso eles recuaram naquela noite. Agora, Canea estava ao alcance dos alemães.

Sob ataque aéreo e com a Marinha Real incapaz de impedir novos desembarques, Freyberg ordenou uma evacuação, em 27 de maio. Apesar do perigo, o Almirante Andrew Cunningham, comandante-chefe no Mediterrâneo, ordenou que a Marinha Real fosse socorrer Freyberg e seus soldados. Quando um de seus assessores observou que isso colocaria seus navios em grande perigo, Cunningham respondeu: "A Marinha precisa de três anos para construir um navio. Seriam necessários trezentos anos para reconstruir uma tradição".

A evacuação de Creta começou na noite de 28 de maio. No total, cerca de 8.800 britânicos, 4.704 neozelandeses e 3.164 australianos foram retirados do pequeno porto de Sphakia, na costa sul da ilha, e levados para Alexandria. Cerca de 1.464 estavam feridos. Outros 11.835 tinham se tornado prisioneiros. A bordo do cruzador HMS Orion, nau capitânia do Vice-Almirante Pridham-Wippell, uma única bomba alemã matou 260 homens e feriu 280. Ao todo, a Marinha Real perdeu 2.011 oficiais e soldados.

Os alemães perderam 3.714 soldados, que foram mortos ou ficaram desaparecidos, e contabilizaram 2.494 feridos. Oito dias de combates na ilha de Creta tinham custado aos alemães mais do que toda a campanha nos Balcãs. Depois de Creta, Hitler proibiu qualquer posicionamento de paraquedistas em grande escala, e os planos para invadir Chipre e, posteriormente, Malta foram abandonados.

Alamein
A Maré Vira na África do Norte

1942

Alamein marcou o ponto alto da expansão alemã na Segunda Guerra Mundial. Winston Churchill disse, com certa razão, que, antes de Alamein, a Grã-Bretanha não tinha uma vitória; depois de Alamein, "nós nunca tivemos uma derrota".

DEPOIS DA VITÓRIA DE ROMMEL, EM GAZALA, o Afrika Korps forçou os britânicos a voltarem pela estrada costeira. Os britânicos tentaram manter uma linha de fortificação, que corria para o sul ao longo da fronteira egípcia de Sollum a Sidi Omar. No entanto, esta compartilhava uma fraqueza tática com outras linhas de batalha que os combatentes haviam tentado manter na África do Norte — o flanco do deserto permanecia aberto. Rommel varreu ao seu redor, em 24 de junho, avançando mais de 160 quilômetros em um dia. No entanto, percebendo que a linha de batalha não poderia ser mantida, o Oitavo Exército Britânico já havia recuado para Mersa Matruh, 190 quilômetros a leste da fronteira. A situação agora era desesperadora. A Luftwaffe já estava alcançando Alexandria. Se o Oitavo Exército não conseguisse segurar Rommel ali, não haveria nada que o impedisse de tomar o Egito, o Canal de Suez e os campos de petróleo do Golfo Pérsico. Ele poderia, então, continuar e atacar o flanco sul dos russos sitiados.

O comandante do Oitavo Exército, General-de-Divisão Neil Methuen Ritchie, pretendia manter uma resistência final em Mersa Matruh, mas o comandante britânico no Egito, General Sir Claude Auchinleck, percebeu que uma linha defensi-

Dois soldados da infantaria britânica forçam a tripulação de um tanque alemão a se render, enquanto uma tempestade de areia encobre o campo de batalha de El Alamein, em 25 de outubro de 1941. Finalmente, os britânicos haviam aprendido a desafiar o poder dos Panzers alemães.

va ali apresentaria exatamente as mesmas fraquezas que a de Sollum. Portanto, em 25 de junho, ele demitiu Ritchie e assumiu pessoalmente o comando do Oitavo Exército. No dia seguinte, ele divulgou novas ordens. Não haveria uma nova linha em Mersa Matruh, mas, em vez disso, ele pretendia manter fluidas todas as formações de suas tropas. Colunas móveis atacariam o inimigo por todos os lados. Para esse efeito, ele se reorganizou em grupos de batalha de brigada constituídos de artilharia — sempre a força britânica na África do Norte — apoiados por blindados e infantaria.

Em 27 de junho, Rommel se encontrou mais uma vez com os Aliados. Houve uma série de escaramuças destruidoras, com unidades das forças britânicas sendo ignoradas, cortadas e tendo de partir em direção a leste. Eles acabaram recuando para uma linha de batalha em El Alamein, a apenas 96 quilômetros de Alexandria. Ali, Auchinleck estava determinado a bloquear qualquer novo avanço.

A linha de batalha de Auchinleck, em El Alamein, era diferente da que estava em Sollum porque não tinha um flanco aberto para o sul. Ela terminava no Vale de Qattara, que compreendia 18 mil quilômetros quadrados de lagos salgados e pântanos, sendo intransitáveis para tanques e outros veículos militares pesados. O líder alemão chegou à linha de batalha de El Alamein em 30 de junho. Ela era guarnecida por australianos, os originais "ratos de deserto" que tinham sobrevivido ao cerco de Tobruk, juntamente com tropas britânicas, sul-africanas, neozelandesas e indianas que tinham recuado pelo deserto. E, criticamente, elas seriam apoiadas pela RAF, em El Alamein.

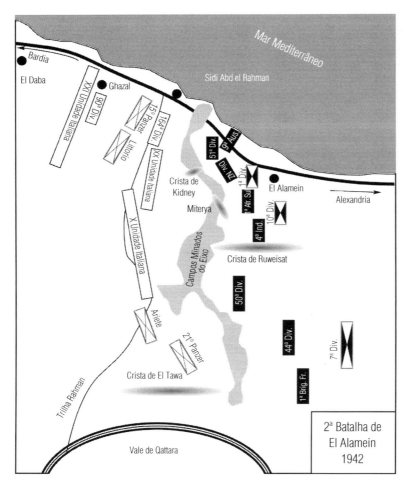

2ª Batalha de El Alamein 1942

Tendo chegado tão longe, tão rápido, o Afrika Korps agora estava esgotado. E estava no final de uma linha de suprimentos muito longa. Seus primeiros assaltos não conseguiam progredir, por isso eles começaram a colocar extensos campos minados, quando pararam de desenvolver suas forças. Ao longo de julho de 1942, o assalto era conseguido por contra-ataques, sendo que nenhum dos lados cedia.

ALAMEIN • 1942

Em 13 de julho, Rommel lançou seu Afrika Korps reequipado naquilo que ficou conhecido como a Primeira Batalha de El Alamein. Novamente, os Panzers foram interrompidos e, naquela noite, Auchinleck contra-atacou. Indianos e neozelandeses oprimiram duas divisões italianas e contiveram um contra-ataque dos Panzers.

A batalha tornou-se uma guerra de atritos, deixando cerca de 10 mil mortos. Rommel rapidamente esgotou todos os suprimentos que havia tomado em Tobruk. Ele havia sido reforçado com 260 tanques, mas, depois da queda de Tobruk, Roosevelt tinha enviado aos britânicos cem armas autopropulsoras e 300 tanques Sherman. Os Shermans eram equipados com armas de 75mm que, finalmente, davam aos britânicos um tanque que podia competir com os Panzers Mark III e Mark IV, de Rommel.

Embora Auchinleck tivesse interrompido o avanço de Rommel, ele não havia empurrado Rommel de volta, e, em 4 de agosto, Churchill chegou ao Cairo para ver o que poderia ser feito. Auchinleck disse-lhe que tinha a intenção de adiar todas as ofensivas até setembro, a fim de dar tempo aos novos reforços que acabara de receber para se aclimatarem. Churchill não aprovava nenhum atraso, por isso o demitiu imediatamente e nomeou Sir Harold Alexander como comandante-chefe no Oriente Médio. O comando do Oitavo Exército foi dado ao General Bernard Montgomery, que assumiu em 13 de agosto. Montgomery rapidamente reorganizou o Oitavo Exército para que ele lutasse em divisões, com as unidades dando apoio mútuo umas às outras.

O Oitavo Exército estava esperando que Rommel realizasse a ofensiva em algum momento perto da lua cheia, em 26 de agosto. Estava previsto que ele iria atacar, como de costume, ao sul da linha de batalha. Esperava-se que ele invadisse, cercando o Oitavo Exército em questão de horas e, em seguida, corresse para tomar o Cairo. O local que ele escolheria para o ataque era defendido apenas por um campo minado. Mas Montgomery também tinha percebido a fraqueza de suas defesas. Ele preparou posições atrás do campo minado, para que qualquer força de ataque tivesse de passar pelo corredor polonês de armas antitanques de seis libras e tanques entrincheirados.

As longas linhas de suprimentos de Rommel significavam que ele tinha problemas para obter combustível. Isso atrasou o ataque até 31 de agosto, dando mais tempo para os Aliados se prepararem. Ele esperava que seu ataque pegasse os britânicos de surpresa. No entanto, a força de ataque foi bombardeada pela RAF, duas horas antes de partir. Era composta de 200 Panzers, 243 tanques italianos de porte médio e 38 tanques leves. As tropas que avançavam na frente dos tanques para tirar as minas britânicas ficaram sob fogo pesado de soldados entrincheirados. Mais ataques aéreos foram realizados. O comandante do Africa Korps foi gravemente ferido, e o comandante da 21ª Divisão Panzer foi morto.

Rommel estreitou a frente de batalha, e sua coluna abriu caminho através de dois campos minados, mas acabou interrompida por um terceiro. As divisões Panzer também descobriram que só conseguiam progredir muito lentamente, sobre a areia macia. As baixas foram muitas, já que a coluna paralisada ficou sob fogo de artilharia pesada; mas então uma tempestade de areia surgiu, fazendo a RAF pousar e cegando a artilharia.

Em 1º de setembro, a tempestade aliviou, e os Panzers continuaram seu avanço, mas blindados britânicos os empurraram de volta. Os alemães tentaram uma nova ofensiva na parte da tarde, mas foram derrotados outra vez. Montgomery apertou um anel de aço ao redor do Afrika Korps. Eles tentaram fugir e não conseguiram, provocando muitas baixas. Enquanto isso, eles estavam sendo bombardeados dia e noite. Na tarde de 3 de setembro, os homens de Rommel estavam recuando. Montgomery agora almejava continuar com a ofensiva, mas não sentia que seus reforços eram suficientemente unidos para realizar uma perseguição. Da maneira como estava, ele deixaria os alemães manterem um ponto de resistência entre os dois campos minados, no final da linha de batalha de El Alamein.

Em 7 de setembro, ele interrompeu a batalha e começou a fazer novas preparações. Ele havia criado um artifício para manter a força no inimigo na extremidade sul da linha de batalha. Ele implantou um gasoduto fictício, falsos depósitos de abastecimento e veículos forjados nesse setor. O tráfego de rádio foi reforçado na parte sul da linha de batalha, para sugerir que o ataque seria lançado dali, no início de novembro.

O ataque real seria realizado mais ao norte. As armas e os tanques reunidos ali foram movimentados durante a noite e cuidadosamente camuflados. Trincheiras abertas foram escavadas no deserto, para que a infantaria atacasse a partir dali. Essas também foram camufladas para evitar que o reconhecimento aéreo alemão percebesse as intenções britânicas. Conforme o período de seis semanas de preparação chegava ao fim, a RAF intensificou seus ataques aos campos de aviação inimigos, impedindo a Luftwaffe de voar, em 23 de outubro — a noite do ataque.

Montgomery havia abandonado a sabedoria convencional da guerra no deserto. Ele não atacaria pelo sul e tentaria virar o flanco, nem tomaria os blindados do inimigo e lidaria com a infantaria depois. Ele teria de começar enviando uma força diversiva contra os blindados no sul, a fim de fazer Rommel pensar que o ataque principal aconteceria lá. Enquanto isso, haveria um bombardeio maciço,

O General Britânico Bernard Montgomery fez sua reputação em El Alamein. Depois disso, forçou Rommel a sair da África do Norte, liderou as forças britânicas na invasão da Itália e comandou todas as forças terrestres aliadas, no Dia D.

primeiro, de todas as posições de artilharia no norte do país e, em seguida, das posições de infantaria. A infantaria de Montgomery então se infiltraria em suas trincheiras abertas para pegar as tropas alemãs ainda atordoadas pelo bombardeio. Inevitavelmente, haveria um feroz combate corpo a corpo, mas Montgomery calculou que seus homens se sairiam melhor. Depois disso, os blindados penetrariam pelo espaço aberto pela infantaria, aniquilariam sistematicamente as tropas alemãs e, em seguida, entrariam em posição na retaguarda para lidar com qualquer blindado restante no terreno que eles mesmos escolhessem. Mesmo que não conseguissem destruir completamente os Panzers, os alemães não conseguiriam manter o solo sem infantaria, e teriam de recuar.

Era noite de lua cheia em 23 de outubro. Isso foi vital, porque milhares de minas teriam de ser levantadas para abrir um buraco nas defesas do inimigo. Os campos minados eram reforçados com armadilhas de bombas e arame farpado. Às 21h40, a Segunda Batalha de El Alamein começou, quando mais de mil armas em toda a linha de batalha abriram fogo simultaneamente sobre a artilharia alemã. Vinte minutos depois, eles mudaram o alvo para as posições avançadas do inimigo. Conforme uma enorme cortina de poeira e fumaça subia sobre o inimigo, a infantaria britânica entrou com baionetas fixas, ao som agudo de gaitas de foles.

Os alemães resistiram bravamente, mas, às 5h30 da manhã seguinte, dois corredores tinham sido abertos, e os blindados começaram a se mover sobre eles. Então as coisas começaram a dar errado. A infantaria ainda não havia passado totalmente pelos campos minados, quando se deparou com uma resistência feroz. Isso deixou os blindados perigosamente expostos. No crepúsculo do dia seguinte, uma coluna de blindados conseguiu passar, mas a 10ª Divisão Blindada ainda estava no meio dos campos minados e foi se abrigar atrás da Crista de Miteiriya. Seu comandante, General Lumsden, sempre criticou o plano de Montgomery. Ele pensou que seria suicídio enviar tanques através de corredores estreitos em campos minados onde havia uma pesada artilharia antitanques bem entrincheirada. Se um tanque fosse atingido, os que estivessem atrás não poderiam movê-lo e se tornariam alvos fáceis.

Lumsden foi convocado ao quartel-general de Montgomery e explicou sua posição. Montgomery, então, chamou o Brigadeiro Alec Gatehouse, que estava comandando o ataque, e ordenou-lhe que enviasse a 10ª Divisão Blindada sobre a crista. Gatehouse se recusou a desperdiçar sua divisão de maneira tão imprudente. Depois de uma saudável troca de opiniões, Montgomery ordenou-lhe que enviasse um regimento sobre a crista, e não toda a divisão. Dos 49 tanques do Staffordshire Yeomanry que foram para o ataque, apenas 15 voltaram com dificuldade. Gatehouse tinha razão.

No entanto, o avanço continuou e, na manhã de 25 de outubro, duas colunas de blindados chegaram às posições do inimigo. A situação no campo de batalha havia se tornado confusa, e os alemães fizeram uma série de contra-ataques sangrentos. Um deles, na saliência vital conhecida como Crista de Kidney, foi liderado pelo próprio Rommel. Todos foram repelidos, e a situação, gradualmente, se converteu a favor dos britânicos. Em 27 de outubro, a 1ª Divisão Blindada, sozinha, neutralizou 50 tanques alemães, enquanto repetidas incursões da RAF fragmentavam as formações Panzer. Com os dois exércitos envolvidos em uma luta feroz, ficou evidente para Rommel que tudo dependia de qual lado ficaria esgotado primeiro. No entanto, Montgomery vinha habilmente transferindo unidades para a linha de batalha, a fim de construir uma força capaz de desferir um nocaute. Aqueles que permaneceram foram orientados a adotar uma postura defensiva, mas a utilizar um agressivo fogo de patrulhamento e artilharia, para dar a impressão de que o avanço ia continuar.

Na noite de 28 de agosto, a 9ª Divisão Australiana abriu uma fenda na estrada costeira. Isso era o que Rommel estava esperando. Se os britânicos tentassem se movimentar em volta dele para o norte, ele conseguiria dividir suas forças em duas. Então, ele movimentou seus Panzers para o norte. No entanto, Montgomery não deu seguimento com um grande ataque ao longo da costa. Em vez disso, ele enviou a 2ª Divisão Neozelandesa contra um ponto fraco na linha de batalha alemã que era defendido pelos italianos.

A batalha estava chegando ao clímax. Rommel disse a seus comandantes que eles deveriam lutar até a morte, embora a escassez de combustível significasse que ele já estava considerando a retirada. Então, na noite de 30 de outubro, ele começou a pensar que sua sorte havia chegado. Os australianos saíram de suas trincheiras e avançaram contra uma feroz resistência. Isso inevitavelmente esgotaria os obstinados australianos. No entanto, uma força de Granadeiros Panzer encontrou-se rodeada em uma posição fortificada, conhecida como Thompson's Post. Os outros Panzers atacaram repetidamente, em uma tentativa de libertá-los, e eles conseguiram chegar até os sobreviventes, depois de três dias de combate.

Enquanto isso, o peso total das forças remanescentes de Montgomery foi lançado contra uma extensão de 3.600 metros da frente de batalha. À 1 hora do dia 2 de novembro, duas brigadas de infantaria britânicas se movimentaram através das linhas de batalha neozelandesas e atacaram. Elas foram seguidas de 123 tanques da 9ª Brigada Blindada. Seu objetivo era destruir o escudo antitanques, especialmente as armas letais de 88 milímetros. Montgomery disse a seu comandante, o Brigadeiro John Currie: "Estou preparado para aceitar cem por cento de baixas". Currie liderou o ataque pessoalmente.

Os tanques, que foram seguidos da infantaria com baionetas fixas, atropelaram as minas. Quando o sol apareceu, eles foram atingidos por armas antitanques alemãs entrincheiradas. Quase todos os tanques da 9ª, exceto dezenove, foram neutralizados, e 230 dos 400 soldados de Currie foram mortos. No entanto, o ataque atingiu seu objetivo. A 1ª Divisão Blindada mergulhou através do novo corredor que havia sido criado. Quando Rommel percebeu que tinha sido enganado, enviou formações de Panzers em direção ao sul. No dia seguinte, armas antitanques foram movimentadas para a posição; mas, quando isso aconteceu, os britânicos haviam expandido sua saliência para o sul e estavam forçando inexoravelmente para oeste. A batalha de tanques ocorreu, mas os tanques alemães e italianos foram interrompidos pela RAF e pelo fogo de artilharia. Depois de duas horas, o contra-ataque alemão diminuiu. Naquela tarde, Rommel tentou novamente, lançando uma divisão blindada italiana na briga. Porém, novos reforços britânicos estavam chegando através do desfiladeiro e saindo atrás dele.

O Afrika Korps estava reduzido a apenas 35 tanques, quando Rommel decidiu recuar. Então ele recebeu uma ordem de Hitler, dizendo-lhe para manter a posição até o último homem.

"Não haverá recuo, nem de um milímetro", dizia a mensagem do Führer. "Vitória ou morte."

Rommel sabia que manter sua posição atual seria suicídio. Por outro lado, também seria suicídio desobedecer Hitler. Quando o General von Thoma, chefe do Afrika Korps, pediu permissão para se retirar, Rommel se recusou a dá-la; mas fez vista grossa, quando von Thoma recuou de qualquer maneira. Von Thoma foi capturado pouco depois e não teve de enfrentar a ira de Hitler. Depois de doze dias de combate, as forças do Eixo estavam agora em plena retirada. O combustível estava reduzido e havia apenas veículos suficientes para cobrir a recuada dos alemães. Os italianos foram abandonados e se renderam aos milhares.

O Brigadeiro Gatehouse pediu permissão para a 10ª Divisão Blindada fazer uma perseguição. Ele tinha certeza de que poderia superá-los e destruí-los, em 48 horas. Porém, Montgomery se recusou, porque Rommel já havia mostrado que poderia, de repente, montar um contra-ataque que conseguiria transformar uma derrota em uma nova ofensiva. A coluna de retirada foi bombardeada e metralhada pela RAF, e a 8ª Brigada Blindada conseguiu evitar uma coluna alemã e também levar um grande número de prisioneiros, tanques e caminhões. Outras unidades também fizeram perseguições, mas uma chuva torrencial, em 7 de novembro, transformou a estrada em um atoleiro, e o Afrika Korps conseguiu escapar. Ela deixou 10 mil homens para trás. Outros 20 mil italianos tinham sido capturados e mais 20 mil foram mortos ou feridos. Havia 450 tanques nocauteados no campo de batalha, junto com 75 que tinham sido abandonados pelos italianos devido à falta de combustível. Mais de mil armas inimigas foram destruídas ou deixadas para trás.

O Oitavo Exército Britânico sofreu 13.500 baixas durante a Batalha de Alamein. Cerca de 500 tanques britânicos foram nocauteados, embora 350 desses pudessem ser reparados, e uma centena de armas também foi perdida. Na Grã-Bretanha, os sinos da igreja estavam silenciosos havia anos, porque deveriam funcionar como um alarme de invasão. Churchill ordenou que eles fossem tocados na festa. Falando sobre a vitória em El Alamein na Mansion House, na cidade de Londres, em 10 de novembro de 1942, ele disse, memoravelmente: "Agora não é o fim. Não é sequer o começo do fim. Mas talvez seja o fim do começo".

Para a Grã-Bretanha, a Batalha de Alamein foi um momento decisivo. Durante três anos, os britânicos tinham sido golpeados na Europa, no Atlântico e no Extremo Oriente. "Depois de Alamein", escreveu Churchill, com alguma razão, "nunca tivemos uma derrota."

No final, o Oitavo Exército empurrou o Afrika Korps para fora da Líbia. Em seguida, após uma série de desembarques americanos no Marrocos e na Argélia, os alemães foram forçados a deixar totalmente a África do Norte. Isso abriu caminho para os desembarques anglo-americanos na Sicília e no continente italiano em si.

Stalingrado
O Inferno na Frente Oriental
1942-43

Em seu manifesto político Mein Kampf, *Hitler imaginou um território alemão que se estendia até o Volga. Em Stalingrado, os nazistas ficaram a poucos metros de sua ambição. Mas, a um custo terrível, os russos empurraram os alemães de volta.*

No verão de 1941, Hitler atacou a União Soviética. Suas unidades armadas penetraram profundamente no território soviético. A chegada do inverno interrompeu a ofensiva nos arredores de Moscou. Ainda vestidos em uniformes de verão, seus homens passaram por terríveis provações na frente oriental naquele inverno. Mas Hitler não se abateu, já que a maioria do território europeu da União Soviética agora estava em suas mãos e, em fevereiro de 1942, o contra-ataque do inverno soviético havia esmaecido. Agora Hitler começava a fazer planos para esmagar o Exército Vermelho de uma vez por todas. O reinício da campanha incluiria um ataque a Stalingrado (atualmente Volgogrado), uma cidade que se estendia por cerca de 50 quilômetros ao longo do Volga e ficava a quase mil quilômetros a sudeste de Moscou. Era uma cidade industrial nova e enorme, aclamada como uma das maiores conquistas do sistema soviético. Ela também carregava o nome do líder da União Soviética, que havia organizado suas defesas contra os Russos Brancos na guerra civil que se sucedeu à fundação do estado soviético. Stalin sabia que a cidade precisava ser mantida a todo custo. Se ela caísse, ele também cairia.

STALINGRADO • 1942-43

Stalingrado também era crucial para Hitler. Era um dos símbolos do comunismo e tinha de ser derrotada. Também era um importante centro de produção de armamentos em massa. Após dominá-la, seu exército vitorioso iria até o Volga para cercar Moscou, enquanto um segundo exército se movimentaria para sudeste com o objetivo de tomar os campos de petróleo dos Cáucasos e ameaçar a Turquia e a Pérsia (Irã).

O exército alemão no sul da Rússia foi, então, dividido em dois grupos, sob o controle geral do Marechal von Bock. O Grupo B do Exército, sob o comando do General Freiherr von Weichs, era o mais forte dos dois. Ele incluía o Quarto Exército Panzer, sob o comando do General Hoth, o Segundo Exército e o poderoso Sexto Exército, sob o comando do Marechal Friedrich Paulus, todos apoiados por outras infantarias de elite e divisões Panzer. Em comparação, o Grupo A do Exército era praticamente uma força de reserva. Ele incluía o Primeiro Exército

Um alvo essencial dos alemães era a fábrica soviética de tratores, em Stalingrado. Lá, os trabalhadores continuavam a fabricar munições, entre um ataque e outro: quando um ataque começava, eles pegavam suas armas.

Panzer, sob o comando do Marechal Ewald von Kleist, que ia tomar os campos de petróleo dos Cáucasos, e o 17º Exército de Infantaria. Mas os números se somavam aos das tropas italianas, romenas e húngaras. Todos juntos, agora, somavam 25 divisões Panzer, comparadas com 19 no ano anterior. Hitler também estava colocando em campo tantos homens quanto antes, embora os romenos e os húngaros não fossem muito conceituados como soldados. No entanto, a guerra estava muito diferente, agora. A Wehrmacht já não parecia invencível, e Hitler já não era infalível. Os soldados alemães agora temiam ser alocados na Frente Oriental, onde o tratamento brutal dos civis — incluindo fuzilamentos em massa, incêndios, execução sumária e a fome deliberada de homens, mulheres e crianças — certamente atrairia uma retaliação.

Na primavera de 1942, Stalin fez um contra-ataque na Península Kerch, na Crimeia, que ficou arrasada, e os alemães fizeram 100 mil prisioneiros. Duas novas divisões siberianas enviadas para libertar Leningrado foram cercadas. Seiscentos tanques russos, dois terços de sua frota, atacaram o Sexto Exército Romeno para tomar a Carcóvia. Mas a armadilha se fechou. Von Kleist esmagou o flanco sudeste da equipe de reconhecimento soviética, em 18 de maio, enquanto Paulus golpeava a partir do norte. Os soviéticos perderam cerca de 250 mil homens, junto com todos os seus tanques. O cenário agora estava preparado para a ofensiva de verão de Hitler.

Em 28 de junho, em uma ampla frente de batalha que se estendia de Kursk até Rostov, os Panzers estrondearam pelas estepes abertas. A cortina de poeira que eles provocavam podia ser vista por 60 quilômetros à volta e logo se uniu à fumaça das vilas incendiadas. Não havia forças significativas para se opor a eles, porque as reservas ainda estavam sendo mantidas para a defesa de Moscou. O Exército Vermelho lutou com valentia na cidade industrial de Voronezh e, quando von Bock tentou esmagá-los, em vez de passar por eles e continuar a ofensiva, Hitler o demitiu. O Grupo A do Exército, liderado pelos Panzers de von Kleist, cruzaram o Rio Don e se voltaram para o sul, em direção aos campos de petróleo, enquanto o Grupo B do Exército se dirigiu para Stalingrado.

O Grupo A do Exército progredia rapidamente, e eles estavam quase avistando as torres de petróleo do campo caucasiano, em 9 de agosto. No entanto, o Quarto e o Sexto Exércitos — com 330 mil dos melhores soldados da Alemanha — avançaram mais lentamente ao longo dos 320 quilômetros até Stalingrado e ficaram esgotados. Quando eles se concentraram para provocar um ataque, Stalin tomou a decisão de comprometer a reserva de Moscou para defender Stalingrado, e foi então que começou uma corrida desesperada para levá-los até lá. Entre 25 e 29 de agosto, o Sexto Exército de Paulus fez uma tentativa feroz de tomar de assalto a cidade, antes que os reforços conseguissem chegar. Paulus encontrou uma oposição firme e pediu ajuda ao Quarto Exército Panzer de Hoth. Ele atacou do sul, forçando o 64º Exército Soviético, que estava defendendo essa parte da cidade, a estender seu flanco para enfrentar a ameaça. A frente de batalha soviética agora tinha 13 quilômetros de largura, mas apenas 8 de profundidade. Paulus jogou todo o seu Sexto Exército, agora apoiado pela Unidade do Quarto Exército, contra ela. Em 22 de agosto, as tropas alemãs penetraram nos distritos ao norte e, no dia 23, chegaram ao Volga, à distância de ataque com morteiros de uma importante ponte ferroviária. O 62º Exército Soviético no setor norte agora estava flanqueado, e a Luftwaffe foi chamada para realizar um bombardeio noturno geral. A ideia era desmoralizar os defensores e gerar pânico nos cidadãos. A maioria da população civil fugiu para o outro lado do Volga, e as autoridades começaram a evacuar as fábricas maiores. Quando Stalin soube disso, interrompeu as evacuações. O resultado foi que as próprias fábricas se tornaram centros de resistência. Os trabalhadores da fábrica de tratores continuaram a produzir novos tanques e carros blindados até os alemães chegarem às suas portas. Quando isso acontecia, eles penduravam cintos com munição por cima de seus macacões, pegavam granadas, rifles e armas antitanques, e assumiam posições nos pontos de disparo ou abrigos com seus camaradas do Exército Vermelho. As mulheres, as crianças e os idosos restantes se escondiam em porões, esgotos e cavernas nos penhascos acima do Volga.

Apesar da luta violenta que se seguiu ao terrível bombardeio, o avanço alemão no norte da cidade foi estancado. No sul, os Panzers de Hoth empurraram o 64º Exército de volta, mas eles não conseguiram penetrar na linha de batalha e, quando entraram no coração da cidade arruinada, seu avanço também foi estancado.

Para Hitler, Stalingrado era o local onde ele ganharia ou perderia a guerra. Ele convocou seus comandantes para o novo comando avançado em Vinnitsa, a mais de 800 quilômetros de distância na Ucrânia. O avanço Volga acima era vital para o sucesso da campanha russa, disse-lhes Hitler. Novos exércitos húngaros e romenos tinham sido trazidos para proteger o flanco esquerdo ao longo do Don, e três novas divisões de infantaria foram enviadas para reforçar o Sexto Exército. Stalin também acreditava que a guerra seria perdida ou vencida em Staligrado. Ele movimentou uma nova equipe de comandantes, liderada pelo General Georgy Konstantinovich Zhukov, que havia arquitetado a defesa de Leningrado e Moscou.

Os alemães eram os mestres da Blitzkrieg. Eles não estavam acostumados à luta lenta e desgastante corpo a corpo, nos escombros de uma cidade arruinada. Os russos, por outro lado, aprenderam rapidamente a adaptar suas técnicas à nova situação; e cada movimentação dos alemães lhes custava caro. Depois de semanas de luta interminável contra as tropas de elite alemãs, o Exército Vermelho ainda mantinha uma faixa de 14 quilômetros ao longo das margens do Volga. Uma série de curvas suaves no Volga e inúmeras pequenas ilhas impediam que as tropas de terra alemãs bombardeassem todas as travessias do rio com artilharia e bombas. A Luftwaffe também não os bombardeava, nem a artilharia soviética na outra margem. Em vez disso, eles continuavam a jogar tudo que tinham contra o enclave soviético na margem oeste.

Hitler autorizou uma nova ofensiva, em 12 de setembro. No dia seguinte, Paulus enviou três divisões Panzer apoiadas por oito divisões de infantaria. Contra eles, os soviéticos tinham quarenta tanques, sendo que a maioria, exceto dezenove deles, era imóvel. O 62º Exército havia sido reduzido a apenas três divisões de infantaria, os restos de outras quatro e duas brigadas de tanques danificados em batalha. E não havia reservas, pois todos os homens já haviam sido enviados para a batalha. No entanto, o comando soviético estava no alvo. O General Vasili Chuikov havia feito a perigosa travessia do Volga e estabelecido seu posto de comando em um abrigo antiaéreo junto ao rio, perto da ponte da Rua Pushkin. Virado de costas para o rio, Chuikov ins-

As tropas alemãs e soviéticas foram levadas a lutar de prédio em prédio, com um lado ocupando um andar de um prédio, enquanto o outro lado ocupava outro.

pirou seus homens com as palavras: "Não há terra do outro lado do Volga". Para aqueles que não entendiam a mensagem, havia esquadrões de fuzilamento para lidar com os desertores. Centenas foram mortos a tiros.

Os alemães se lançaram no meio da linha russa e atravessaram e tomaram o Monte Mamaye, na tarde do dia 14. No terreno alto, eles conseguiram concentrar os disparos da artilharia na vital estação de barcas de Krasnaya Sloboda. A 76ª Divisão de Infantaria esmagou os defensores em um hospital destruído, no meio da linha soviética. A vitória agora parecia certa, e muitos alemães ficaram bêbados com a vodca da pilhagem. A única resistência agora parecia ser os atiradores de elite.

Chuikov, então, avançou com seus dezenove tanques, e a batalha começou. Naquela noite, a luta chegou a menos de 200 metros da sede do comando de Chuikov, e os oficiais também participaram. Mas os alemães ainda faziam pressão, e o principal desembarcadouro ficou sob ataque de metralhadoras a uma distância próxima. Na noite de 14 de setembro, guardas russos foram obrigados a desembarcar, trôpegos, sob fogo. Não havia possibilidade de eles contra-atacarem como uma divisão coerente, pois logo foram dispersados em cantos isolados das ruínas, sem intercomunicação.

A luta nas ruas também havia enfraquecido as formações alemãs. Eles agora lutavam nas ruas destruídas, em pequenos grupos de batalha, cada um composto de três ou quatro Panzers e uma companhia de soldados da infantaria alemã que tinha de liberar cada canto de maneira individual e atenta. Atiradores e metralhadores russos se escondiam em prédios destruídos e crateras e atrás de montanhas de escombros. Eles se escondiam até os Panzers irem embora e, então, atacavam a infantaria. Os Panzers eram atacados por T34s móveis ou esbarravam em armas antitanques ou em tanques entrincheirados. Nas ruas estreitas, os Panzers ficavam vulneráveis a granadas, que vinham diretamente de cima, e a armas antitanques, das quais os russos tinham um farto suprimento. Sua munição só conseguia fazer buracos comparativamente pequenos nos prédios, cuja maioria já havia sido destruída, de qualquer maneira. A batalha se articulava com o combate de casa em casa, com balas, granadas, baionetas e lança-chamas.

Os alemães descobriram que era necessário um dia inteiro e inúmeras baixas para avançar menos de 200 metros. Mesmo assim, os russos voltavam à noite, fazendo buracos nas paredes dos sótãos, com o objetivo de reocupar os prédios acima dos alemães. No entanto, a vitória ainda parecia próxima. Um saliente alemão passava pelo afluente Tsarita, chegando ao próprio Volga. Eles tinham quase controle total da cidade e dos desembarcadouros, e a maioria das travessias de rio estava sob a mira de suas armas. A única saída para os russos estava ao norte, onde as barcas não chegavam.

Não parecia importar quanto da cidade os alemães ocupavam — os russos mesmo assim não desistiam. Os remanescentes da 92ª Brigada de Infantaria formavam bolsões isolados de resistência ao sul da cidade. Os silos de grãos que havia ali, embora bombardeados e explodidos, ainda se erguiam, desafiadores. Em todos os níveis, de cima a baixo, eles estavam ocupados por bolsões de guardas e fuzileiros navais russos que repeliam onda após onda de ataques. Sua resistência valente interrompeu inexoravelmente o ataque alemão.

Para os alemães, dois meses de luta por uma estreita faixa da cidade arruinada de Stalingrado era um desastre de propaganda. O povo alemão havia sido informado que os russos estavam jogando onda após onda de homens na batalha e estavam exaurindo suas reservas. No fundo, a verdade era exatamente o oposto. Durante setembro e outubro, os alemães lançaram nada menos que dezenove brigadas armadas e 27 divisões de infantaria recém-formadas na batalha. Nesse mesmo período, apenas cinco divisões russas cruzaram o Volga. Zhukov só enviava o mínimo necessário para segurar os alemães, de modo que ele pudesse reunir forças para um contra-ataque.

Mais ou menos nessa época, houve uma mudança crucial no Exército Vermelho. Como o Exército Vermelho foi criado no início da Revolução de 1917, seus oficiais, muitos dos quais vinham do antigo Exército Imperial, perderam seus postos, e cada movimento deles era vigiado por comissários políticos ligados a cada unidade. Agora, eram distribuídas

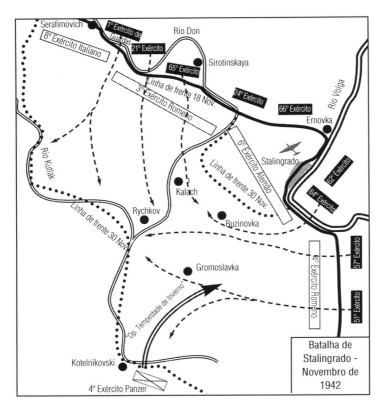

Batalha de Stalingrado - Novembro de 1942

dragonas à moda antiga, bordadas em ouro. As velhas tradições regimentais eram revividas. A interferência política cessou, e os soldados foram informados de que eles não estavam lutando pelo Partido Comunista, mas sim pela Mãe Rússia.

Enquanto o moral dos russos recebia um estímulo, o moral alemão sucumbia. A artilharia russa ficava cada vez mais pesada. Enquanto isso, as noites começavam a ficar mais longas. O céu ficava cinza e o clima esfriava, e os alemães começaram a ter medo de passar outro inverno na Rússia. Paulus rapidamente planejou uma quarta ofensiva geral. Dessa vez, ele estava determinado a conseguir uma grande vitória, pois ouvira que Hitler estava pensando em promovê-lo a Chefe do Alto Comando. Hitler tinha prometido, há pouco, que Stalingrado cairia "em pouco tempo".

Quarenta mil russos agora mantinham uma faixa da cidade com pouco menos de 16 quilômetros. A parte mais larga, chegava a dois quilômetros em terra, a partir da margem oeste do Volga e, a parte mais estreita, media 450 metros. Mas os russos que a defendiam eram tropas endurecidas que conheciam cada porão, esgoto, cratera e ruína dessa terra estéril. Eles observavam os avanços alemães por meio de periscópios e os paravam com tiros de metralhadora. Atiradores de elite vigiavam as ruas esburacadas ou ficavam camuflados e silenciosos durante horas, aguardando suas presas. Contra eles havia tropas alemãs veteranas, que estavam desmoralizadas pelas perdas sofridas, ou recrutas inexperientes, que de maneira alguma poderiam estar preparados para os horrores que estavam prestes a enfrentar.

Em 4 de outubro, os alemães estavam perto de lançar sua ofensiva, quando os russos contra-atacaram na área ao redor da fábrica de tratores. Isso desequilibrou os alemães. Embora eles tivessem perdido pouco terreno, esse evento lhes custou muitas baixas. A Luftwaffe enviou 800 bombardeiros de mergulho, e a artilharia alemã destruiu a cidade sem piedade. De vez em quando, um cachorro escapava de um prédio bombardeado, corria pelo inferno, mergulhava no rio e nadava para a liberdade no outro lado. Depois de um bombardeio de cinco horas, que enterrou vidros estilhaçados profundamente no solo e matou 61 homens no quartel-general de Chuikov, o ataque alemão finalmente avançou.

Em 14 de outubro, duas novas divisões armadas e cinco divisões de infantaria avançaram com uma frente de batalha que tinha apenas cinco quilômetros de largura. Eles foram atraídos para campos de extermínio especiais que os russos haviam preparado, onde casas e, às vezes, praças ou quarteirões inteiros tinham sido extremamente minados. O combate ficou tão próximo que os alemães ocupavam metade de um prédio em ruínas, enquanto os russos ocupavam a outra metade. Quando os russos preparavam o prédio para ser uma fortaleza, eles destruíam as escadas, de modo que os alemães eram obrigados a lutar por cada andar de forma independente. Na hora do combate corpo a corpo, geralmente os russos apresentavam um desempenho melhor. Quando eles perdiam um prédio, os sobreviventes eram enviados de volta no primeiro contra-ataque para retomá-lo. De acordo com Chuikov, aquele dia, 14 de outubro, foi "o dia mais sangrento e feroz de toda a batalha".

Os alemães avançavam em direção à fábrica de tratores simplesmente com o peso dos números, mas os soviéticos a reforçaram com 2.300 homens. Depois de um dia inteiro, os alemães só haviam tomado um quarteirão. Embora tivesse provocado uma quantidade enorme de baixas, a fábrica de tratores acabou caindo em mãos alemãs, e as forças soviéticas foram empurradas para tão perto do Volga que os barcos que levavam suprimentos para o outro lado do rio ficaram sob intenso ataque de metralhadoras.

Ao lado da fábrica de tratores, a arruinada fábrica Outubro Vermelho parecia que também ia cair, mas, no último instante, uma divisão siberiana apareceu. Seus homens receberam instruções de lutar até a morte. Eles se entrincheiraram entre concreto estilhaçado, vigas retorcidas, pilhas de carvão e vagões de trem destruídos. Atrás deles havia as águas geladas do Volga — não era possível recuar.

Incapazes de expulsar os siberianos fanáticos, os alemães os bombardearam com morteiros, artilharia e bombardeiros de mergulho. Mas os siberianos tinham cavado uma série de trincheiras interconectadas, abrigos antiaéreos e pontos de resistência no solo congelado em torno da fábrica. Quando a barragem foi levantada e a armada e a infantaria alemãs entraram, elas foram recebidas com um ataque furioso. Depois de 48 horas de luta contínua, mal havia um único homem no regimento siberiano, mas a ofensiva alemã foi interrompida.

O violento ataque à fábrica Outubro Vermelho continuou pelas próximas duas semanas. Os alemães fizeram 117 ataques isolados — 23 em um único dia. A divisão siberiana resistiu, apoiada pela artilharia do outro lado do rio que era orientada por postos de observação escondidos nas ruínas.

"Imagine Stalingrado", escreveu um veterano alemão, "com oitenta dias e oitenta noites de luta corpo a corpo. As ruas não eram mais medidas em metros, mas em cadáveres. Stalingrado não era mais uma cidade. De dia, era uma enorme nuvem de fumaça escura e em combustão. Era uma fornalha acesa pelo reflexo das chamas."

A ofensiva de Paulus estava paralisada. Os defensores da cidade eram inflexíveis, e Paulus não tinha mais homens para lançar contra eles. Por enquanto, havia um empate, mas o inverno estava a caminho. Foi então que o Sexto Exército recebeu reforços na forma de inúmeros batalhões de Pioneiros. Esses seriam usados na vanguarda de uma nova ofensiva ao longo de uma frente de batalha com apenas 360 metros de largura. Em vez de lutar de casa em casa, eles se movimentariam pelos esgotos, sótãos e túneis sob a cidade.

A ofensiva começou, em 11 de novembro, com um bombardeio que transformou em escombros o que restava da cidade. A primeira investida das novas tropas fez os alemães avançarem os últimos 270 metros sob a cidade, até as margens do Volga. No entanto, quando eles chegaram lá, os russos surgiram de seus esconderijos atrás deles, extirpando-os. As tropas de avanço alemãs foram pegas na armadilha, mas render-se não era uma opção. Eles estavam muito além do ponto onde os prisioneiros eram pegos. O ataque transformou-se em bolsões esporádicos de desesperado combate corpo a corpo em cavernas escondidas sob os escombros, e, em ambos os lados, os homens lutavam com uma selvageria absurda. As tropas estavam nojentas, fedorentas, barbadas e com olhos vermelhos. Eles estavam embriagados com vodca e anfetamina. Nenhum homem são e sóbrio poderia lutar nessas condições. Depois de quatro dias, sobraram apenas russos. Então, um silêncio terrível caiu sobre Stalingrado — o silêncio da morte.

Ao clarear do dia 19 de novembro, o ar ficou repleto de som novamente, quando 200 russos abriram fogo no norte da cidade. No dia seguinte, centenas de outros abriram fogo ao sul. Enquanto os alemães estavam exaurindo suas forças lutando dentro da cidade, Zhukov estava construindo um novo exército, reunindo 900 tanques T34 totalmente novos, 115 regimentos dos temidos lançadores Katyusha de vários foguetes, 230 regimentos de artilharia e 500 mil soldados de infantaria.

Dois líderes de campanha atacaram as pontas norte e sul das forças alemãs. Os flancos alemães viraram 80 quilômetros ao norte e 80 quilômetros ao sul de Stalingrado, e o Exército Vermelho se apressou para cercar as forças alemãs dentro da cidade. Isso pegou os alemães totalmente de surpresa. Paulus havia imaginado que as reservas russas estavam esgotadas e que o Alto Comando Alemão estava se fortalecendo para uma nova ofensiva russa de inverno contra o Grupo de Exércitos Central em Rzhev. Os flancos do exército de Paulus estavam protegidos por tropas romenas, que eram mal equipadas e tinham pouco estômago para lutar. Na opinião deles, esta era uma guerra da Alemanha.

Os alemães nunca souberam o que os atingiu. Eles achavam impossível julgar a escala ou a direção da ofensiva. Paulus enviou alguns Panzers para o norte, mas eles não conseguiram conter a maré por lá. Trinta quilômetros atrás das principais forças alemãs que sitiavam Stalingrado havia a cidade de Kalach, e a ponte que cruzava o Don era uma parte vital da linha de suprimentos de Paulus.

Foram colocadas cargas de demolição para que a ponte pudesse ser explodida se os russos ameaçassem tomá-la; porém, em 23 de novembro, os russos os pegaram de surpresa, aparecendo como um Panzer capturado. Eles metralharam os guardas e removeram as cargas de demolição.

Enquanto isso, ao sul, a tática dos russos de cercar e esmagar o inimigo havia arrasado as linhas alemãs e, então, se voltado para o norte, de modo que os dois líderes de campanha se encontrariam em Kalach, naquela noite. Eles cercaram 250 mil alemães e fizeram o avanço mais decisivo para a Frente Oriental. Um exército italiano, um romeno e um húngaro tinham sido derrotados e 65 mil prisioneiros foram levados. Três dias depois, os russos tinham distribuído 34 divisões ao longo do Don e estavam partindo para o norte. Algumas colunas armadas ficaram para trás, com o intuito de atrapalhar a retaguarda de Paulus, enquanto a infantaria russa se movia ao redor dos alemães e se entrincheirava. Mais de mil armas antitanques foram posicionadas para impedir uma fuga alemã, e os alemães que ameaçavam Stalingrado foram atingidos por uma artilharia pesada que estava no outro lado do Volga.

Hitler disse a Paulus para manter seu território até que a "Fortaleza de Stalingrado" fosse libertada. Göring disse a Hitler que sua Luftwaffe poderia levar de avião 500 toneladas de provisões por dia. Paulus, que não ficou totalmente convencido e que estava consciente de que o inverno se aproximava, preparou uma força com 130 tanques e 57 mil homens para uma invasão. Hitler contraor-

Cerca de 91 mil alemães foram capturados como prisioneiros em Stalingrado. Poucos retornaram da prisão soviética. Ao todo, 300 mil alemães foram perdidos na batalha. Depois de Stalingrado, os alemães passaram por uma retirada longa e quase ininterrupta.

denou. Ele ainda não havia desistido de sua esperança de capturar Stalingrado; por isso ordenou que o General Erich von Manstein, autor do ataque de tanques através das Ardenas, recolhesse as forças remanescentes do Eixo na região e ajudasse Paulus.

Os reforços foram acelerados até Manstein, saindo do Grupo de Exércitos Central em Rzhev e do Grupo A do Exército nos Cáucasos. O ataque começou, em 11 de dezembro, e foi liderado por Hoth e seu Quarto Exército Panzer. Atrás deles havia um comboio de caminhões carregando 3 mil toneladas de suprimentos. Eles fariam o ataque pelo sudoeste e abririam caminho até a cidade, onde Paulus ainda conseguia manter sua posição. O solo estava congelado, e isso era bom para os Panzers, e a neve pesada dificultava sua localização. Os russos em Stalingrado também tinham dificuldades, e as massas de gelo que flutuavam no Volga ameaçavam suas barcas.

No entanto, os russos também sabiam como usar a neve a seu favor. O céu de inverno privava os alemães do reconhecimento aéreo. Conforme Hoth progredia em direção a Stalingrado, ele não percebeu os russos que estavam escondidos atrás da neve nas valas que cruzavam a paisagem. Na aurora e no crepúsculo, T34s surgiam e atacavam os caminhões da infantaria e o comboio de suprimentos que seguiam os Panzers. A armada alemã então era obrigada a parar, virar e lidar com eles, o que desacelerava seu progresso. Apesar disso, em 17 de dezembro, Hoth chegou ao Rio Aksay, a 56 quilômetros de Stalingrado, onde Zhukov tinha enviado 130 tanques e duas divisões de infantaria para encontrá-lo.

A XXXXVIII Unidade Panzer estava planejando um ataque para libertar Stalingrado a partir do nordeste, mas 450 T34s russos surgiram retumbando repentinamente pelo gelo do Don. Eles esmagaram os exércitos italianos, romenos e húngaros naquele setor e continuaram em direção a Voronezh. A XXXXVIII estava tão ocupada contendo essa investida que uma contrainvestida em direção a Stalingrado estava fora de cogitação.

Ao sul, Hoth estava ocupado porque seu flanco nordeste desmoronava ao longo de seus 320 quilômetros de extensão. Manstein agora percebia que a única esperança para os 250 mil alemães na Fortaleza de Stalingrado era se Paulus e Hoth atacassem ambos os lados da linha russa simultaneamente. Paulus se recusou a tentar invadir e declarou que Hitler lhe havia ordenado para ficar onde estava. Não haveria retirada de Stalingrado. Sem contar que suas tropas mal alimentadas não estavam fisicamente fortes o suficiente para viajar por 32 quilômetros, e isso mal os levaria até as linhas russas. Göring ainda estava prometendo lhes fornecer suprimentos, e Hitler queria o exército de Paulus em posição para uma nova ofensiva na primavera seguinte.

Em 19 de dezembro, Hoth atravessou o Aksay e, no dia 21, Manstein disse a Hitler que era vital que o Sexto Exército tentasse invadir e se encontrasse com ele. No entanto, Hitler apoiou Paulus, de modo que Manstein não teve opção, além de destituir Hoth. Ele havia perdido 300 tanques e 16 mil homens na tentativa fracassada de libertar Paulus. Com o recuo de Hoth, o Grupo A do Exército também teve de recuar, pois corria o risco de ser atacado nos Cáucasos.

O Sexto Exército agora estava entregue ao destino. Era irreal acreditar que ele conseguiria manter sua posição durante todo o inverno. A infantaria estava ficando sem munição, e a alocação máxima era de trinta balas por dia. Os russos agora mantinham os 250 mil alemães sitiados cercados por 500 mil homens e 2 mil armas. Enquanto isso, as forças alemãs que recuavam estavam sendo perseguidas no sul da Rússia por uma nova ofensiva soviética.

Em um esforço para liberar mais força de trabalho, em 8 de janeiro, os soviéticos ofereceram a Paulus a oportunidade de se render nas melhores condições possíveis. Haveria alimentos para os famintos, cuidados médicos para os feridos, repatriação garantida para todos, no final da guerra, e os oficiais teriam até mesmo permissão para manter suas armas. Mas Hitler estava pessoalmente encarregado da Fortaleza de Stalingrado e recusou essas condições. Em vez disso, promoveu Paulus a Marechal e disse-lhe para lutar.

Foi estimado que o restante do Sexto Exército pudesse ser mantido com 550 toneladas de suprimentos por dia – 50 toneladas a mais do que Göring, em seu otimismo, havia prometido. A Luftwaffe tinha 225 Junkers Ju 52s disponíveis para a tarefa. O aeroporto mais próximo ficava, então, a uma hora e meia de distância aérea, e presumia-se que cada avião só pudesse fazer um voo por dia. Na verdade, raramente havia mais do que oito Junkers em funcionamento por dia. Dois esquadrões de bombardeiros Heinkel 111 convertidos foram convocados, mas eles só conseguiam carregar uma tonelada e meia de suprimentos cada. Conforme os russos avançavam, o Sexto Exército tinha de ser provisionado por aeroportos cada vez mais distantes. Quando o clima piorou, os suprimentos aéreos ficaram prejudicados. Os soviéticos enfileiraram armas antiaéreas ao longo das rotas de voo, de modo que o Sexto Exército só podia ser reabastecido à noite. Ao todo, 536 aviões de transporte alemães foram derrubados a tiro, e a média de suprimentos jogados do ar caiu para 60 toneladas por noite. A ração de pão foi cortada pela metade, e um quilo de batatas tinha de alimentar quinze homens. Os cavalos da cavalaria romena foram comidos. Cachorros, gatos, corvos, ratos, tudo que os soldados encontravam nas ruínas era consumido. A única água potável vinha da neve derretida.

Quando o laço russo apertou e forçou os soldados a recuarem, os alemães descobriram que estavam fracos demais para cavar novas trincheiras. Eles dormiam com as cabeças sobre travesseiros de neve. Havia uma endemia de ulcerações causadas pelo frio, e qualquer ferida significava que a morte era quase inevitável. Mesmo que os camaradas dos soldados feridos estivessem fortes o suficiente para carregá-los até o posto médico mais próximo, havia poucos suprimentos médicos e havia pouca coisa que os médicos pudessem fazer. O suicídio era tão comum, que Paulus teve de publicar uma ordem especial declarando-o como uma desonra. Mesmo assim, quando surgiu o rumor de que os russos não iam levar prisioneiros, todos mantiveram as últimas balas para si mesmos.

Em 10 de janeiro, os russos começaram seu ataque final. O perímetro diminuía a cada hora. Em 24 de janeiro, os alemães foram forçados a voltar para a linha que os russos haviam tomado em 13 de setembro. A estrutura de comando entrou em colapso. Os postos médicos e os hospitais improvisados estavam repletos de homens feridos implorando aos camaradas que os matassem. As pistas de decolagem — suas únicas linhas de suprimento — foram tomadas, e os remanescentes do Sexto Exército foram obrigados a recuar para as fábricas em ruínas, os porões e os esgotos da cidade. Ainda assim, Hitler não se rendia.

Finalmente, em 30 de janeiro, o posto de comando de Paulus foi invadido e ele foi capturado. Dois dias depois, a resistência estava acabando. Ao todo, 91 mil homens congelados e famintos, incluindo 24 generais, foram capturados. Conforme eles marchavam para longe, um coronel soviético apontou para os escombros de Stalingrado e gritou, com raiva, para um grupo de prisioneiros alemães: "É assim que Berlim vai ficar". Dois exércitos alemães inteiros foram dizimados, incluindo suas reservas. Cerca de 300 mil homens treinados haviam sido perdidos. Eles eram insubstituíveis. A batalha tinha sido um banho de sangue. Apenas nos últimos estágios, 147.200 alemães e 46.700 russos foram assassinados.

Stalingrado foi a batalha decisiva na Frente Oriental. Ela humilhou o que antes se pensava ser um invencível exército alemão. Em 5 de fevereiro de 1943, o jornal do Exército Vermelho, a *Estrela Vermelha*, publicou:

> *O que foi destruído em Stalingrado foi a flor da Wehrmacht alemã. Hitler tinha um orgulho especial do 6º Exército e de sua grande força destruidora. Sob o comando de von Reichmann, foi o primeiro a invadir a Bélgica. Ele entrou em Paris. Participou da invasão da Iugoslávia e da Grécia. Antes da guerra, tinha participado da ocupação da Tchecoslováquia. Em 1942, ele avançou da Carcóvia até Stalingrado.*

Agora não mais. Esse foi um golpe terrível no moral alemão. Com a destruição do Sexto Exército em Stalingrado, a ofensiva alemã na Rússia havia terminado. A maré mudou, e o Exército Vermelho acabaria empurrando a Wehrmacht de volta para Berlim e além.

No cativeiro, a maré também havia virado para Paulus. Antes, um dos generais favoritos de Hitler; como prisioneiro de guerra alemão, ele incitava contra o Führer. Se eles não selassem a paz, alertava ele, toda a Alemanha se tornaria uma "gigantesca Stalingrado". Ele se juntou ao "Movimento Alemanha Livre", apoiado pelos soviéticos, lançando apelos ao Wehrmacht para desistir da luta. Depois da guerra, ele testemunhou no Tribunal Militar Internacional de Nuremberg. Depois de sua libertação, em 1953, ele se estabeleceu na Alemanha Oriental, e morreu em Dresden, em 1957.

Kursk
A Maior Batalha de Tanques
1943

Kursk foi a maior batalha de tanques da história. Ela demonstrou que o Exército Vermelho poderia derrotar os alemães na guerra mecanizada — aquela que tinha proporcionado aos nazistas vitórias surpreendentes no início da guerra.

APÓS A DERROTA EM STALINGRADO, NO INVERNO DE 1943, os alemães estavam em retirada, na Rússia. No entanto, no verão de 1943, eles tentaram aproveitar a iniciativa mais uma vez. Um enorme saliente com 240 quilômetros de largura tinha se desenvolvido em torno de Kursk, com as linhas de batalhas soviéticas se projetando 160 quilômetros a oeste nas linhas de batalha alemãs. Em 15 de abril de 1943, Hitler ordenou a Operação *Zitadelle* ("Cidadela") para "cercar as forças inimigas situadas na região de Kursk e aniquilá-los por meio de ataques concêntricos". O estrategista alemão de tanques, General Heinz Guderian, opunha-se a isso. Ele temia que os alemães sofressem pesadas perdas de tanques que eles não conseguiriam substituir em 1943. Os novos tanques Panther, dos quais o plano dependia, estavam com dificuldades de desenvolvimento, e Guderian pensou que eles deveriam "dedicar a produção de novos tanques para que a Frente Ocidental tivesse reservas móveis disponíveis para usar contra os desembarques dos Aliados que, com certeza, ocorreriam em 1944".

Os alemães não apenas foram derrotados nas batalhas de tanques em terra, mas, além disso, a Força Aérea Vermelha facilmente tomou o controle do espaço aéreo da Luftwaffe. Os soviéticos agora estavam a caminho de Berlim.

O General Walther Model, comandante do Nono Exército Alemão na Frente Oriental, também era contra a operação. Ela poderia ter sido bem-sucedida em março, disse ele, mas em maio não tinha chance. Ele produziu fotografias de reconhecimento aéreo mostrando que os russos tinham preparado fortes defesas em Kursk, em antecipação a um movimento alemão, e tinham retirado a maior parte de sua força móvel do saliente. Mas Hitler ordenou que o ataque fosse realizado "por motivos políticos".

Da qualquer modo, os tanques Panther não ficariam prontos até o final de maio, e a operação foi adiada até 15 de junho. A essa altura, os alemães tinham montado uma força de assalto com cinquenta divisões — 900 mil homens. Eles seriam liderados por dezessete divisões blindadas com 2.700 tanques e canhões de assalto móvel.

O problema era que os soviéticos sabiam o que os alemães estavam planejando. Espiões soviéticos se infiltraram no Alto Comando Alemão, e Stalin ouviu sobre a Operação Zitadelle, 48 horas depois de Hitler ter emitido suas ordens. O Exército Vermelho tinha muito tempo para organizar defesas entre 25 e 40 quilômetros de profundidade no saliente. Seu plano era deixar que os alemães se esgotassem na ofensiva e, em seguida, esmagá-los em uma contraofensiva. A inteligência soviética era tão abrangente que Stalin sabia quantas divisões ele enfrentaria e como elas eram equipadas. Ele também tinha detalhes da cadeia de comando, da posição dos reforços e das colunas de abastecimento e do momento exato do Dia D e da zero hora. Isso permitiu que os russos colocassem 400 mil minas que guiariam as unidades blindadas alemãs para ninhos de armas antitanques.

As defesas soviéticas eram formidáveis. Eles tinham 6 mil armas antitanques, 20 mil outras peças de artilharia, obuses e morteiros e 920 foguetes lançadores. Além disso, tinham 75 divisões e 3.600 tanques a mais que os alemães em campo. Ao todo, eram dois milhões de homens, apoiados por 4 mil aeronaves.

A ofensiva alemã foi adiada para 5 de julho, dando aos soviéticos mais tempo para preparar suas defesas — que facilmente ultrapassavam a capacidade ofensiva alemã. Cerca de vinte minutos antes da zero hora, os soviéticos bombardearam os pontos de concentração alemães. Panzers alemães foram utilizados para

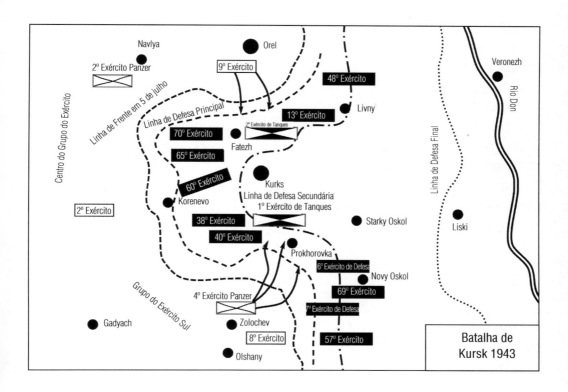

fazer ataques relâmpago, mas, até a noite do primeiro dia, eles tinham avançado apenas nove quilômetros através das defesas soviéticas. Uma razão para isso era que os novos tanques tinham sido construídos com um canhão, mas sem metralhadoras, tornando-os inúteis contra a infantaria.

A investida norte do ataque foi interrompida no segundo dia, a apenas 19 quilômetros da linha de partida. O braço sul conseguiu penetrar 32 quilômetros e, quando estavam com oito dias de batalha, eles tinham tomado 24 mil presos e destruído ou capturado uma centena de tanques e 108 armas antitanques. Mesmo assim, a diferença entre as duas pontas do ataque ainda era de 120 quilômetros. Em 12 de julho, os soviéticos anunciaram que a primeira fase da batalha tinha acabado. Eles lançaram sua própria ofensiva contra o saliente alemão de Orel, imediatamente ao norte.

Hitler agora enfrentava um dilema. Ele já havia perdido 20 mil homens. Sua ofensiva estava parada e agora ele tinha de retirar algumas de suas forças para defender Orel. Enquanto isso, forças britânicas e americanas haviam desembarcado na Sicília, em 10 de julho, abrindo uma segunda frente. As tropas teriam de ser enviadas para defender o sul da Itália. Como resultado, Hitler interrompeu a Operação Zitadelle.

Os soviéticos agora tinham a iniciativa. Eles se vangloriavam de uma barragem de artilharia que era "dez vezes mais pesada que em Verdun". O objetivo era bombardear campos minados alemães, explodindo o máximo de minas possível, a fim de reduzir as baixas russas em seu avanço. No céu, havia enormes batalhas aéreas com perdas de ambos os lados, mas o Exército Vermelho rompeu as linhas inimigas depois de três dias.

Atrás das linhas alemãs, guerrilheiros começaram a explodir as estradas de ferro para impedir que suprimentos e reforços chegassem à frente de batalha. Apenas na noite de 20 de julho, 5.800 trechos de trilhos foram explodidas. No total, entre 21 de julho e 27 de setembro, houve 17 mil ataques de guerrilheiros às ferrovias. Os alemães foram forçados a abandonar o saliente de Orel, queimando as plantações atrás deles.

As coisas não estavam melhores no sul. Os alemães estavam em desvantagem de sete para um. E os soviéticos continuavam trazendo reforços. Hitler se recusava a permitir que as tropas de lá se retirassem para novas posições defensivas, e, em 30 de julho, um grupo Panzer teve um sucesso limitado, obrigando o Exército Vermelho a recuar sobre o rio Mius. Eles deixaram para trás 18 mil prisioneiros, 7 mil tanques e 200 armas. No entanto, em 3 de agosto, os soviéticos bombardearam a lacuna entre os exércitos alemães ao norte e ao sul de Kursk e enviaram uma enorme força mecanizada através da abertura. Em quatro dias, eles tinham avançado 112 quilômetros.

    Grupos Panzer alemães percorriam o campo de batalha lutando em ações esporádicas, mas nada conseguia interromper a ofensiva soviética. Enquanto os alemães perdiam homens durante o recuo, o Exército Vermelho ganhava recrutas a cada quilômetro que avançava. O exército alemão lutou por quase dois anos, mas, depois de Kursk, não havia nada que eles pudessem fazer para impedir que o Exército Vermelho avançasse até chegar a Berlim.

Kohima e Imphal
O Décimo Quarto Exército Mantém a Linha de Batalha
1944

Os japoneses haviam tomado o sudeste da Ásia com uma velocidade surpreendente. Pareciam invencíveis. Mas, quando tentaram tomar a Índia, os exércitos britânico e indiano usaram novas táticas para fazê-los desistir.

KOHIMA É UMA CIDADE LOCALIZADA NOS MONTES NAGA, no nordeste da Índia. Ela ficava na única estrada que saía do terminal ferroviário britânico em Dimapur, a 48 quilômetros a nordeste, e chegava ao depósito de suprimentos em Imphal, a 96 quilômetros ao sul. De abril a junho de 1944, foi o local de uma das batalhas mais cruéis da Segunda Guerra Mundial.

A Índia sempre foi um alvo da expansão japonesa, durante a Segunda Guerra Mundial. No entanto, o Alto Comando japonês há muito considerava que as tropas em movimento pelo terreno da Alta Birmânia tornavam a tarefa quase impossível, especialmente depois que as forças irregulares do General Charles Orde Wingate, os Chindits, operaram com sucesso atrás das linhas de batalha japonesas.

Em 1944, os japoneses haviam sofrido repetidas derrotas nas mãos dos americanos, no Pacífico, e precisavam de uma vitória para estimular seu moral. O Alto Comando decidiu fazer uma "Marcha sobre Déli". Além de dar um golpe incapacitante no Império Britânico, instalando um governo indiano nacionalista sob o comando de Subhas Chandra Bhose — chefe do Exército Nacional Indiano de 7 mil homens, apoiado pelos japoneses —, eles derrubariam as bases aéreas americanas que estavam apoiando as forças nacionalistas antijaponesas na China.

No entanto, ao mesmo tempo, o General William Slim — cujo Décimo Quarto Exército já havia impedido o avanço japonês em Chittagong (agora em Bangladesh) e Imphal, na Índia — estava planejando a reconquista da Birmânia. Durante dezoito meses, ele construiu bases logísticas em Imphal e Dimapur.

As posições britânicas em Kohima, Birmânia, onde os Royal West Kents, com apoio do 1º Punjabis, se mantiveram contra esmagadores ataques japoneses, durante catorze longos dias, em abril de 1944.

No início de 1944, o Décimo Quinto Exército japonês — sob o comando do General Renya Mutagachi, "o vencedor de Cingapura" — recebeu ordens de impedir as preparações britânicas, em Assam, e sua marcha sobre o norte da Índia. A ofensiva japonesa era conhecida como "U-Go". Nela, três divisões japonesas, a 15ª, a 31ª e a 33ª, foram designadas para a destruição das forças anglo-indianas em Kohima e Imphal. Outra ofensiva, conhecida como "Ha-Go", ao sul da costa de Arakan, era almejada para conter as reservas. No entanto, os japoneses não se aperceberam que as tropas britânicas e indianas baseadas em Assam, em 1944, tinham sido adequadamente treinadas para as batalhas que estavam por vir, diferentemente de seus predecessores, em 1942. Slim também tinha desenvolvido

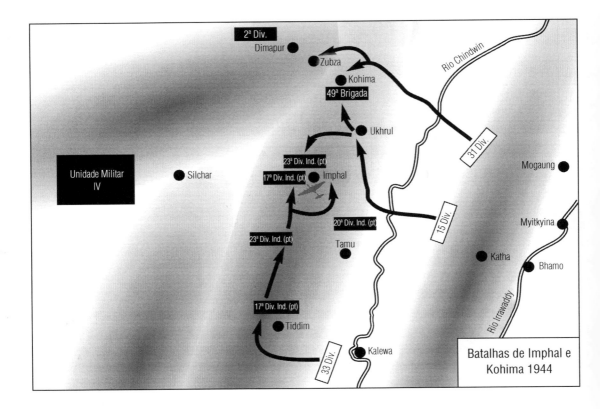

Batalhas de Imphal e Kohima 1944

novas táticas. Em vez da retirada geral na frente dos japoneses invasores, que havia caracterizado as campanhas britânicas no início da guerra, as unidades britânicas agora ficariam onde estivessem e se permitiriam ser cercadas em posições intensamente defendidas, onde poderiam receber suprimentos pelo ar. Isso efetivamente impediria a ofensiva japonesa, pois eles não podiam se arriscar a deixar o inimigo na retaguarda. Isso também gerava o problema do abastecimento das forças sitiadas, já que suas linhas de suprimento estavam sendo perturbadas pelos Chindits.

O plano japonês era que a 31ª Divisão se partisse em três colunas que cortariam a Estrada Kohima-Imphal e cercariam a estação na montanha por três diferentes ângulos. Enquanto isso, a 15ª e a 33ª Divisões cercariam Imphal ao sul. Em 22 de março, elementos da Unidade IV britânica — a 17ª, a 20ª e a 23ª Divisões Indianas — estavam sediados em Imphal e ao seu redor estavam enfrentando a primeira das tropas japonesas. Então, no dia 24, eles receberam a má notícia de que Wingate havia sido assassinado em um acidente aéreo, enquanto inspecionava suas tropas no norte de Assam.

O General Slim sabia que uma grande ofensiva japonesa estava a caminho, mas a inteligência britânica havia pressuposto que poucos batalhões conseguiriam cruzar o sistema de cordilheiras paralelas, algumas com dois quilômetros de altura, entre o Rio Chindwin e Kohima. No entanto, com a estrada Kohima-Imphal interrompida e a cidade cercada, ficou claro que uma divisão japonesa inteira estava se abatendo sobre Kohima.

As únicas tropas estacionadas na região de Kohima eram umas poucas unidades de Rifles de Assam e o 1º Regimento de Assam, que estavam parados a leste de Kohima e tinham recuado, depois de uma luta pesada. Slim enviou a 5ª e a 7ª Divisões Indianas — que tinham participado da ação em Arakan —, pelo ar, para reforçar tanto Imphal quanto Kohima.

A 161ª Brigada da 5ª Divisão Indiana, fortalecida pela batalha, voou até Dimapur, no final de março. De lá, ela se movimentou pela estrada em direção a Kohima. No início de abril, estabeleceu posições de defesa dentro e em volta da estação das montanhas. Eles cavaram uma série de trincheiras ao longo da cordilheira de Kohima. A batalha mais amarga aconteceria no Monte Garrison, e em um espaço cheio de árvores em uma cordilheira a oeste. A posição era tão pequena, que apenas um batalhão do 4º Regimento Royal West Kent poderia ser colocado ali. Os remanescentes da 161ª Brigada Indiana e sua artilharia foram posicionados em Jotsoma, três quilômetros a oeste de Kohima. Foram enviadas unidades de Jotsoma para reforçar o 4º Royal West Kent durante a luta.

Na noite de 5 de abril, os defensores tinham acabado de assumir suas posições, quando mais de 12 mil homens da 31ª Divisão japonesa atacaram. Percebendo que eles estavam em número muito menor, o 4º Royal West Kent foi forçado a reduzir suas defesas. Depois da primeira investida, eles recuaram das posições mais isoladas, proporcionando, assim, aos japoneses progressos significativos na cordilheira e abrindo mão de posições que eles estavam preparando para sua própria defesa. No entanto, em 7 de abril, o moral foi levantado com reforços na forma do Regimento Rajput 4/4 que chegou de Jotsoma.

Em 8 de abril, os japoneses lançaram uma série de ataques sobre as defesas do nordeste. No dia 9, os britânicos os forçaram a recuar. Houve combate corpo a corpo no jardim do bangalô do comissário distrital e em volta da quadra de tênis. Nessa época, os japoneses haviam interrompido a estrada entre Jotsoma e Dimapur e os trilhos entre Jotsoma e Kohima. Os defensores de Kohima não esperavam mais reforços e, em 10 e 11 de abril, eles foram obrigados a reduzir suas linhas de batalha.

Os defensores de Kohima impediram o avanço japonês e forçaram a 31ª Divisão a entrar em uma batalha de atrito. Isso foi uma grande vantagem para os britânicos, que recebiam suprimentos diários pelo ar. Os japoneses não tinham carregado provisões com eles, pensando que conseguiram pegar dos britânicos tudo que precisassem. Em pouco tempo, eles foram forçados a comer galhos de bambu, larvas de insetos e tudo que conseguiam encontrar na floresta. O cerco durou treze dias, e Earl Mountbatten, o supremo comandante dos aliados no sudeste da Ásia, descreveu a situação como "provavelmente uma das maiores batalhas da história... a Termópila entre britânicos e indianos" e elogiou o "heroísmo explícito" dos defensores.

Em 13 de abril, os japoneses lançaram outro assalto contra as posições britânicas na cordilheira. As tropas que estavam montando defesa ao redor do bangalô do comissário distrital ficaram sob artilharia cada vez mais pesada e fogo de morteiro. Eles também tinham de repelir ataques da infantaria e cargas de baioneta, além das granadas que eram jogadas do outro lado da quadra de tênis. Esses assaltos acabaram sendo derrotados pela artilharia, na cordilheira de Jotsoma, que estava sob ataque. No entanto, mais uma vez as tropas britânicas e indianas de lá conseguiram afastar os japoneses.

O momento decisivo do cerco foi em 14 de abril. Embora os japoneses mantivessem seu bombardeiro de artilharia em Kohima e Jotsoma, não houve ataques de infantaria. Os japoneses agora percebiam que sua posição era impossível. Observando que seus soldados estavam morrendo de fome, o comandante da 31ª Divisão, General Sato, pediu permissão para recuar. No entanto, o General Mutaguchi, que estava comandando a ação a partir de uma agradável estação nas montanhas, cerca de 500 quilômetros atrás das linhas de batalha, disse-lhe que o trono do Imperador dependia de ele ficar no local. Sato permaneceu, apesar de os outros comandantes terem sido substituídos, e foi avisado de que poderia enfrentar a corte marcial se recuasse.

Enquanto isso, a 2ª Divisão Britânica havia chegado a Dimapur e estava descendo a estrada para Kohima, destruindo os bloqueios japoneses no caminho. O moral melhorou muito quando essa notícia chegou a Kohima, no dia 15.

Os japoneses lançaram um último ataque desesperado, na noite de 16 de abril. As posições mudaram de mãos mais de uma vez, sob luta pesada; porém, o aumento das baixas forçou os britânicos a recuarem para o Monte Garrison. Esse minúsculo enclave foi atacado pelo norte, pelo sul e pelo leste. A posição parecia perdida; mas, na manhã de 18 de abril, a artilharia britânica abriu fogo, do oeste, contra as posições japonesas. A 2ª Divisão Britânica havia chegado com tanques da XXXIII Unidade. Mas os japoneses só foram forçados a sair de suas posições, quando um tanque foi carregado por homens até a quadra de tênis e o cerco foi

Tenente-General Sir William Slim, comandante do Décimo Quarto Exército na Birmânia. O "Tio Bill", como suas tropas carinhosamente o chamavam, foi um dos maiores estrategistas militares da Segunda Guerra Mundial.

suspenso. Os defensores sofreram mais de 600 baixas. Os últimos japoneses só foram retirados da região de Kohima em 13 de maio. Nenhum deles foi capturado, e a floresta ao redor ficou repleta de cadáveres a céu aberto.

Enquanto Kohima estava sendo atacada, o vale do Imphal estava completamente cercado pelo exército japonês, que havia instalado uma artilharia pesada no alto dos morros. No entanto, eles não tinham suporte aéreo, porque todas as aeronaves japonesas eram necessárias em Arakan, onde as forças britânicas estavam contra-atacando, naquela época. O assalto a Imphal foi liderado pelo Netaji ("Líder Respeitado") Subhas Chandra Bose e pelo Exército Nacional da Índia, mas eles não receberam a ajuda que esperavam do povo local. No entanto, dois soldados japoneses se disfarçaram de trabalhadores locais, roubaram uma aeronave da pista de decolagem, em Palel, e espalharam folhetos que alegavam que Bose tinha chegado para liberar a Índia dos britânicos. Os folhetos também o aliavam ao líder pacifista da independência Mahatma Ghandi. Esse episódio fez pouca diferença, mas, em 14 de abril de 1944, a bandeira tricolor indiana foi hasteada, pela primeira vez, em Moirang, 50 quilômetros ao sul de Imphal, na estrada para Tiddim.

Imphal estava sitiada pela 15ª Divisão Japonesa, que havia cercado a cidade, se entrincheirado nos picos ao norte e interrompido a estrada para Kohima. Acontece que, diferentemente de Kohima, Imphal tinha uma pista de decolagem. O Capitão P. A. Toole, da 305ª Companhia Field Park no Exército Indiano, pousou lá em um Dakota, no início de abril de 1944. Ele se lembra de que chegou quando havia um avião em chamas no final da pista e sons de tiros ao longe. "Eu havia estado na blitz, mas isto aqui era uma guerra de verdade, e não como nos filmes", disse ele.

Ele teve sorte. Muitos aviões se perderam. Embora não houvesse aviões japoneses no céu, pousar em Imphal era complicado por causa do contínuo tiroteio que vinha dos topos das montanhas na direção do solo. Nessa época, os japoneses já tinham descoberto o macete de fazer um avião de caça da Força Aérea Real circular o vale várias vezes para confundir a artilharia japonesa, enquanto os aviões de carga pousavam na pista abaixo. Mesmo assim, a campanha aérea foi um sucesso. Os Dakotas traziam comida e outros suprimentos pelo ar, incluindo 43 milhões de cigarros para manter o moral e 12 mil sacos de correspondência. A RAF também removeu 13 mil corpos. Na floresta, os japoneses não recebiam nada do exterior. Atrás das linhas de batalha japonesas, os Chindits haviam destruído as ferrovias na Birmânia e impedido a passagem de 300 caminhões.

Em 22 de junho de 1944, o Décimo Quarto Exército se uniu à coluna, avançando pela estrada que saía de Kohima, e fez contato com a Unidade IV, que estava mantendo Imphal. Ukhrul, um baluarte japonês a leste, entre Imphal e Chindwin, foi esvaziado, em meados de julho, com muitas baixas japonesas. Em Bishenpur, ao sul, a 33ª Divisão Japonesa resistiu contra a 17ª Divisão (Black Cat), mas eles acabaram sendo afugentados, quando a artilharia britânica bombardeou suas posições com tanta força que não sobrou uma única folha nas árvores.

No início de agosto de 1944, Myitkyina, 320 quilômetros a leste na Birmânia, foi capturada. Isso deixou os japoneses ao redor de Imphal isolados. A monção estava em seu auge, e os soldados japoneses sofriam com o calor, a praga, os mosquitos, a malária, a fome, a falta de munição e a saudade de casa. O sonho de Subhas Chandra Bose de libertar a Índia fracassou. Ele voou de volta para Cingapura e nunca mais se ouviu falar dele. Enquanto isso, os soldados japoneses, doentes e mal nutridos, recuaram pelas montanhas e planícies de Manipur. Apesar da monção, os britânicos começaram um avanço que seria o início da reconquista da Birmânia. O Décimo Quinto Exército Japonês havia acabado. Cerca de 50 mil corpos foram contabilizados no campo de batalha, mas a quantidade que foi deixada a céu aberto na floresta é desconhecida.

Em 15 de dezembro, Slim foi nomeado cavaleiro em Imphal, pelo vice-rei. Seu Décimo Quarto Exército seguiu para tomar a Birmânia, destruindo as forças japonesas e indonésias ali. No entanto, a guerra foi encerrada pelas bombas atômicas jogadas no Japão, em 1945. Qualquer ação posterior contra os japoneses, no sudeste da Ásia, era desnecessária, e os homens que haviam lutado com tanta coragem em Kohima e Imphal começaram a ver a si mesmos como parte do "exército esquecido".

Dia D
A Libertação da Europa
1944

O Exército Vermelho estava avançando pelo leste. Os Aliados Orientais estavam subindo pela península italiana. Mas a armadilha só se fechou sobre Hitler quando os Aliados fizeram um ataque anfíbio na Normandia.

DESDE QUE A UNIÃO SOVIÉTICA ENTROU NA SEGUNDA GUERRA MUNDIAL, EM 1941, ela implorava à Grã-Bretanha para iniciar uma segunda frente de batalha na Europa Oriental. Quando os Estados Unidos entraram na guerra, eles queriam fazer um ataque aos alemães, na França, assim que possível; mas os britânicos estavam mais cautelosos. Por estarem na guerra há mais tempo que os novos aliados, os britânicos achavam que seria tolice arriscar tudo em uma única operação imprudente. Muitos dos comandantes britânicos haviam passado pela carnificina da Primeira Guerra Mundial e tinham medo de jogar os soldados contra as linhas de batalha inimigas em um ataque frontal — o que é inevitável quando se faz um ataque anfíbio contra um litoral fortificado. Como Primeiro Senhor do Almirantado na Primeira Guerra Mundial, o próprio Churchill havia sido responsável pelo desastroso ataque anfíbio à Galípoli, nos Dardanelos, onde 250 mil homens, principalmente australianos e neozelandeses, foram perdidos, antes que os 83 mil sobreviventes pudessem ser evacuados. Os maiores medos da Grã-Bretanha se materializaram quando 5 mil canadenses, mil britânicos e 50 Rangers americanos participaram de um desastroso ataque surpresa no porto do Canal de Dieppe, em agosto de 1942, pois 2.600 homens foram perdidos. O Exército Americano ainda não havia sido testado, por isso o presidente Roosevelt foi persuadido a entrar para a guerra na África do Norte.

Quando esse assunto chegou a uma conclusão bem-sucedida, Churchill propôs um ataque ao "ponto fraco da Europa". Em 10 de julho de 1943, uma força

As tropas aéreas britânicas sincronizam os relógios, antes de liderar o ataque à Normandia, antes da aurora do dia 6 de junho de 1944. Sua tarefa era sequestrar as principais pontes atrás das praias.

anglo-americana pousou na Sicília. A resistência italiana desmoronou, e, em 25 de julho, Mussolini caiu do poder e foi preso. As forças alemãs, sob o comando do Marechal de Campo Kesselring, foram então evacuadas da Sicília e se prepararam para defender a parte continental da Itália.

Em 2 de setembro, uma pequena força aliada pousou no "salto" da Itália e rapidamente capturou os portos de Taranto e Brindisi. No dia seguinte, o Oitavo Exército de Montgomery cruzou o Estreito de Messina e pousou no "dedão" da Itália, encontrando pouca resistência. Naquele mesmo dia, o novo governo italiano concordou em trocar de lado, e sua rendição foi anunciada em 8 de setembro. Em 9 de setembro, o Quinto Exército associado de Estados Unidos e Grã-Bretanha, sob o comando do General Mark Clark, pousou no "cano da bota", em Salerno. Foi nesse ponto que Kesselring achou que seria o ataque. A situação ficou precária por seis dias, mas o Quinto Exército acabou invadindo e tomando Nápoles em 1º de outubro.

A Itália declarou guerra à Alemanha, em 13 de outubro de 1943. Isso não foi inesperado, e Kesselring já havia consolidado sua ocupação no centro e no norte da Itália. Ele também manteve os Aliados na Linha Gustav, uma linha defensiva que cruzava a estreita península da Itália, cerca de 100 metros ao sul de Roma. Para contornar isso, os Aliados desembarcaram 50 mil homens ao norte da Linha Gustav, em Anzio. Eles encontraram pouca resistência, mas, em vez de se dirigirem diretamente para Roma, a força desembarcada parou para consolidar

Rommel inspeciona uma bateria de artilharia na Parede Atlântica. Embora os alemães soubessem que uma invasão através do Canal era iminente, uma brilhante operação ilusória britânica levou-os a acreditar que ela aconteceria no Pas-de-Calais, e não na Normandia.

a cabeça de praia. Kesselring rapidamente contra-atacou, quase empurrando os Aliados de volta para o mar.

A principal força Aliada foi interrompida pelos defensores alemães no Monte Cassino, um monastério do alto de uma montanha que ocupava uma posição importante na Linha Gustav. O Oitavo Exército então mudou do lado adriático da

As tropas britânicas dos 13º/18º Hussars fizeram uma parada temporária nas praias. Suas baixas eram relativamente leves, comparadas com as dos americanos na Praia de Omaha.

península para o flanco ocidental. Os Aliados conseguiram romper a Linha Gustav a oeste do Monte Cassino, na noite de 11 de maio de 1944. Depois disso, ele foi flanqueado e se rendeu à unidade polonesa do Oitavo Exército, em 18 de maio. No dia 26 de maio, a força Aliada se reuniu à cabeça de praia, em Anzio, e, em 5 de junho de 1944, os Aliados entraram em Roma.

No entanto, o progresso em uma frente tão estreita quanto a península italiana era lento e pouco ajudou a desviar a força alemã da frente de batalha russa. Nessa época, o Exército Vermelho estava fazendo um bom progresso contra a Wehrmacht. Considerando-se apenas o peso dos números, ele acabaria superando o exército alemão e invadindo a Alemanha. Mesmo que os Aliados empurrassem Kesselring para os Alpes, teria sido impossível atravessá-los antes que o Exército Vermelho varresse a Alemanha, talvez tomando também o restante da Europa Ocidental, como muitos temiam. Na primavera de 1944, um desembarque na França era politicamente vital.

DIA D • 1944

O atraso na preparação de um ataque anfíbio através do Canal da Mancha deu aos alemães tempo para fortalecer a linha costeira. Eles construíram o que chamaram de "Parede Atlântica", que passava pela costa oeste da Europa, indo do Círculo Ártico até os Pirineus. Na época da invasão, 12.247 das 15 mil fortificações planejadas haviam sido terminadas, junto com 943 ao longo da costa mediterrânea. Além disso, 500 mil obstáculos haviam sido posicionados nas praias e 6,5 milhões de minas haviam sido colocadas.

A enorme extensão da parede era, em parte, resultado de uma campanha de desinformação chamada Operação *Fortitude*. Os britânicos tinham usado esse truque para alimentar os alemães com a ideia de que um desembarque poderia ser feito em qualquer lugar, a qualquer momento. Hitler teria de espalhar suas forças de maneira minguada para defender seu império contra um ataque vindo do oeste.

No início da guerra, os britânicos tinham prendido todos os espiões alemães na Grã-Bretanha e transformado muitos deles em agentes duplos, de modo que pudessem ser usados para levar informações falsas a seus chefes do serviço secreto, em Hamburgo e Berlim. A desinformação também era transmitida pelo tráfego de rádio que os alemães interceptavam. Os britânicos também tinham quebrado o código alemão Enigma, por isso conseguiam descobrir se a ilusão estava funcionando. Na ocasião, os britânicos até mesmo alimentaram os alemães com a informação de que a invasão seria feita pelo sul da França ou da Noruega, ou talvez pelos Balcãs ou pelo Mar Negro. Isso significava que Hitler teria de dispersar suas tropas pelos quatro cantos de seu império.

No entanto, o principal objetivo da Fortitude era convencer Hitler de que os Aliados ocidentais pegariam a rota mais direta. Eles passariam pelo cruzamento mais curto do Canal, do Estreito de Dover até o Pas-de-Calais. Seria mais fácil eles apoiarem os desembarques com cobertura aérea e de artilharia da Inglaterra nesse ponto. Além do mais, isso lhes proporcionaria a menor rota até Paris e a própria Alemanha. Essa ilusão foi reforçada pelo Primeiro Grupo do Exército Americano, um exército não existente, aparentemente reunido em Kent, pronto para embarcar em Dover. O tráfego de rádio escapava de Kent e construtores de cenários de teatro e cinema foram empregados para fabricar tanques e aeronaves falsos que pareciam de verdade nas fotografias de reconhecimento aéreo dos alemães. Um prisioneiro de guerra muito ferido, um oficial Panzer que estava sendo devolvido à Alemanha, realmente viu o Primeiro Grupo do Exército Americano com seus próprios olhos — embora os tanques e caminhões que ele tivesse visto não estivessem de fato em Kent, mas em Hampshire, prontos para embarcar nos portos ao sul. Ele também foi apresentado ao General Patton, que havia sido descrito para a inteligência alemã como o oficial comandante do FUSAG (First United State Army Group). Hitler estava convencido que o FUSAG existia e que era de lá que o ataque viria. Tanto que ele manteve seu poderoso 15º Exército em Pas-de-Calais e seus Panzers a leste do Sena, durante sete semanas depois que os Aliados desembarcaram nas praias da Normandia.

A costa dos Calvados, na Normandia, foi escolhida como o local de desembarque porque tinha uma grande quantidade de praias amplas e retas. As forças que ali desembarcaram conseguiriam, então, se reunir rapidamente e formar uma única cabeça de praia. No entanto, ela era mal protegida. As fortificações ali e em outros locais tinham sido construídas por trabalhadores escravizados que as enfraqueceram por sabotagem deliberada. Muitos dos defensores eram russos, poloneses ou outros europeus orientais que tinham pouca motivação para lutar contra os americanos ou os britânicos. Os alemães que porventura estavam por lá eram velhos demais para lutar na frente russa ou jovens demais. Os outros tinham sido feridos em combate.

A outra vantagem da costa dos Calvados era a falta de um grande porto. A sabedoria convencional dizia que, para uma invasão ser bem-sucedida, a força de desembarque teria de tomar um porto para poder desembarcar homens e material com rapidez suficiente para se defender de um contra-ataque que teria como objetivo empurrá-los de volta para o mar. Essa foi outra razão para Hitler e seu Alto Comando estarem tão convencidos de que o ataque viria de Pas-de-Calais, onde

As tropas de assalto de uma unidade de demolição da Marinha Real saltaram de um navio de desembarque para explodir obstáculos na praia que tornariam impossíveis os desembarques anfíbios.

havia três portos — Calais, Boulogne e Dunkirk. No entanto, o ataque surpresa em Dieppe havia ensinado aos britânicos que um assalto a um porto com muitas defesas não era uma boa ideia. Mesmo que uma força de desembarque conseguisse fazer isso, os alemães tinham colocado cargas de demolição nas instalações do ancoradouro de todos os portos que haviam ocupado. Quando essas cargas explodissem, eles considerariam o porto inútil, e a invasão inevitavelmente fracassaria. Em vez disso, os estrategistas britânicos criaram uma solução engenhosa — os Aliados carregariam seus próprios ancoradouros. Dois ancoradouros "Mulberry" pré-fabricados seriam construídos em seções que seriam, então, rebocadas através do Canal e montados nas praias de desembarque. Os americanos riram quando ouviram a ideia pela primeira vez, mas começaram a levar muito a sério quando perceberam que desembarcar em uma área sem porto daria à força de invasão o elemento surpresa.

Os planos dos Aliados estavam muito avançados quando, em novembro de 1943, Hitler enviou seu comandante mais confiável, agora Marechal de Campo

Erwin Rommel, para assumir o controle da Parede Atlântica. Ele a considerou falha, especialmente na Normandia, e começou a fortalecê-la. Então, apenas uma semana antes dos desembarques aliados, a 352ª Divisão de Infantaria — fortalecida pelas batalhas — direto da Frente de Batalha Russa, foi posicionada para apoiar as defesas ao longo do que se tornaria a Praia de Omaha.

O sul da Inglaterra havia se transformado em um enorme estacionamento para tanques, caminhões e aeronaves, durante o final da primavera de 1944. Havia depósitos de armas e munições em estradas de terra, e os *pubs* das vilas estavam cheios de soldados de toda parte do mundo anglófono, junto com poloneses, tchecos, húngaros, franceses e judeus livres da Alemanha, da Áustria e de todas as partes da Europa ocupada pelos nazistas. Ao todo, mais de seis milhões de pessoas se envolveram nos desembarques do Dia D. Vinte divisões americanas, catorze britânicas, três canadenses, uma francesa e uma polonesa estavam alojadas no sul da Inglaterra, junto com centenas de milhares de outros homens que faziam parte de forças especiais e unidades dos quartéis. Também havia oficiais de comunicações e pessoal da corporação. Então, de repente, enquanto essa gigantesca força abria seu caminho até os portos de embarque, silenciosamente na noite, esses homens simplesmente desapareceram.

Nos portos, esperando para partir, havia 138 navios de guerra, cruzadores e torpedeiros que bombardeariam a costa francesa. Eles estavam acompanhados de 279 escoltas, 287 caça-minas, quatro *line-layers*, dois submarinos, 495 barcos a motor, 310 navios de desembarque e 3.817 barcaças de desembarque e lanchas, que se uniriam a eles como parte do serviço de barcas e que desembarcaria mais pessoal e equipamento, depois que a cabeça de praia estivesse garantida. Outros 423 navios, incluindo rebocadores, estariam envolvidos na construção dos embarcadouros Mulberry; na construção do duto "Plutão" que bombearia petróleo por baixo do Canal; e na colocação de cabos telefônicos que conectariam os comandantes em terra à SHAEF (Quartéis Supremos da Força Expedicionária Aliada), em Londres. Outros 1.260 navios mercantes também seriam envolvidos no provisionamento da força de desembarque, totalizando mais de 7 mil embarcações.

Cerca de 10 mil aeronaves também foram utilizadas na Operação Overlord. Elas bombardeariam importantes fortificações, despejariam paraquedistas, rebocariam planadores carregando tropas aéreas, atacariam formações inimigas e protegeriam o espaço aéreo sobre as praias.

Por motivos políticos, o chefe da invasão precisava ser americano, e Churchill se entendia bem com o General Eisenhower — que havia demonstrado sua competência como comandante na Operação Tocha e nos desembarques na Sicília e na Itália. No entanto, quatro oficiais britânicos sob o comando de Eisenhower estavam realizando os desembarques — o Marechal do Ar Sir Arthur Tedder, assistente de Eisenhower; o Almirante Sir Bertram Ramsay, encarregado da operação no mar; o Supremo Marechal do Ar Sir Trafford Leigh-Mallory, responsável pelas operações aéreas; e o General (posteriormente Marechal de Campo) Bernard Montgomery, líder no solo. Isso gerou um certo ressentimento entre os oficiais americanos, que sentiam que deviam ter sido representados nos altos níveis de comando. No entanto, um dos motivos para a escolha de Eisenhower como comandante supremo era sua habilidade para lidar com as rivalidades entre britânicos e americanos.

Quando Montgomery foi nomeado, na noite de Ano-Novo de 1944, a primeira coisa que fez foi descartar os planos de invasão em que os planejadores americanos estavam trabalhando desde 1942. Ele considerava que a frente de batalha no plano americano era estreita demais e que a força de assalto não era grande o suficiente para realizar a tarefa. Montgomery aumentou de um para três o número

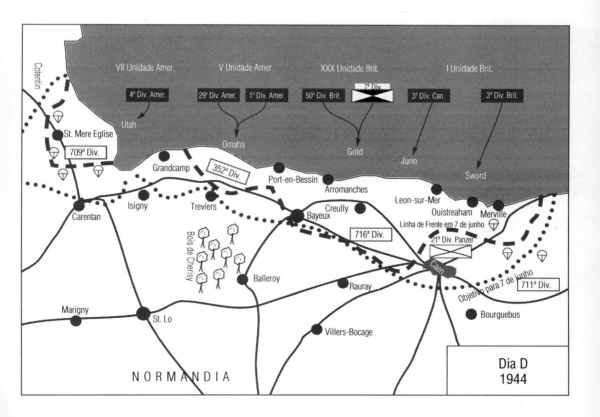

de divisões que desembarcariam nas praias. Montgomery apresentou seu plano para os comandantes militares e políticos graduados na Escola St. Paul, em West Kensington, em 15 de maio de 1944. O plano foi aceito. Uma parte essencial do plano era que números iguais de tropas americanas e britânicas fossem desembarcadas no Dia D. Mas, como as baixas se acumulavam, os britânicos, destruídos pelas batalhas, não conseguiriam manter esse compromisso, enquanto os Estados Unidos tinham um poço quase sem fundo de recrutas. No final, a guerra na Europa Ocidental se tornaria uma questão predominantemente americana. Para refletir isso, o próprio Eisenhower assumiria o comando das forças terrestres, depois que a cabeça de praia estivesse bem estabelecida.

O Dia D deveria ser em 5 de junho de 1944. Nessa data, os Aliados tinham total superioridade aérea sobre a França, e a campanha de bombardeio havia suavizado o inimigo. Grande parte desse bombardeio foi direcionado contra as ferrovias, com o objetivo de impedir que homens, armas e munições fossem levados até a frente de batalha. O bombardeio e a sabotagem à Resistência Francesa haviam derrubado 1.500 das 2 mil locomotivas que estavam disponíveis. Dezoito das 24 pontes sobre o Sena entre Paris e o mar tinham sido destruídas, junto com a maioria das pontes sobre o Loire. Campos de manobra, cruzamentos e outras partes vitais do sistema ferroviário foram atacados, e bombas e foguetes haviam destruído praticamente todas as estações de radar ao longo da costa norte da França.

Conforme o dia 5 de junho se aproximava, os dias agradáveis e ensolarados, que tinham resistido durante o mês de maio, chegaram ao fim. Os defensores ao longo da Muralha do Atlântico, que tinham sido mantidos em alerta constante por alarmes falsos durante meses, começaram a acreditar que os Aliados haviam perdido sua chance. O próprio Rommel aproveitou a oportunidade para voltar à Alemanha e ver a esposa no dia de seu aniversário. No dia seguinte, 6 de junho, ele teria uma reunião com Hitler.

A primeira leva de tropas Aliadas já havia embarcado, em 4 de junho, quando o clima piorou e uma tempestade surgiu. Eisenhower não teve opção senão adiar a invasão. No entanto, naquela noite, os meteorologistas calcularam que poderia haver uma trégua no clima no dia seguinte, e Eisenhower deu a ordem para a frota de invasão partir. Amplas linhas ao longo do canal foram varridas por detectores de minas e, conforme a frota de invasão se dirigia ao mar, gigantescas ondas de pesados bombardeiros da RAF sobrevoavam para bombardear as defesas costeiras com 5.200 toneladas de bombas. Quando a aurora surgiu, em 6 de junho, os bombardeiros e aviões de caça de porte médio da Força Aérea Americana assumiram e continuaram a golpear as posições atrás das praias da invasão.

De acordo com o plano de Montgomery, os Estados Unidos tinham duas praias de desembarque — Utah, na base da Península de Cotentin, e Omaha, mais a leste, ao longo da costa de Calvados. As três praias britânicas — Gold, Juno e Sword — ficavam ainda mais a leste. As duas frentes tinham cerca de 30 quilômetros de comprimento. Durante a noite, entre meia-noite e 3h da madrugada, uma divisão aérea britânica e duas americanas desembarcaram no que Hitler chamava de *Festung Europa* (Fortaleza Europa), atrás da Muralha do Atlântico. A 6ª Divisão Aérea Britânica pousou a leste de Caen para tomar pontes vitais sobre o Rio Orne, com o objetivo de impedir que os Panzers que estavam estacionados a leste atacassem o flanco esquerdo da força de desembarque. Além disso, a 82ª Americana e a 101ª Aérea desceram sobre a base da Península Cotentin para evitar que as tropas estacionadas em Cherbourg contra-atacassem. Eles também receberam a responsabilidade de proteger os trilhos elevados nas áreas inundadas atrás das praias da invasão.

Os paraquedistas tinham sido carregados sobre o Canal em 1.100 aviões, partindo de vinte diferentes campos de aviação. Os paraquedistas britânicos foram jogados muito a leste, mas pegaram o inimigo de surpresa da mesma forma. Eles tomaram a vila de Ranville e garantiram as zonas de desembarque para os planadores que trariam mais homens e armas antitanques cerca de duas horas depois. Essa aeronave descarregou perto das pontes e cumpriu quase todos os seus objetivos, menos um: a ponte de Troarn, que ligava a estrada principal de Caen a Le Havre e Rouen. Uma equipe sob o comando do Major Rosveare pegou alguns explosivos, confiscou um jipe, dirigiu absurdamente rápido até a ponte e a explodiu. Enquanto isso, 150 paraquedistas britânicos atacaram a bateria costeira em Merville, que cobria a praia de Sword. Depois de uma dura luta corpo a corpo, que custou metade deles, os paraquedistas capturaram a bateria e destruíram suas armas.

Os desembarques aéreos americanos foram bem piores. Uma artilharia antiaérea e nuvens pesadas levaram os transportes a se dispersarem. Os pilotos voaram alto demais e rápido demais, espalhando os paraquedistas da 101ª Aérea sobre uma área de 970 quilômetros quadrados. Dos 6.100 homens que eles desembarcaram, apenas mil chegaram ao ponto de encontro. A 82ª teve uma sorte melhor e conseguiu capturar St. Mère Église, na estrada de Cherbourg. Foi a primeira cidade na França a ser libertada e, ao amanhecer, a bandeira americana tremulava no exterior da prefeitura, no local onde a suástica nazista tinha estado pendurada durante quatro anos. Os paraquedistas americanos também enfrentaram problemas. Apenas 22 dos 52 planadores pousaram nas zonas de descida, e a maioria ficou muito danificada com o impacto. Isso deixou as tropas aéreas sem transporte, equipamentos de sinalização e armas antitanques, o que os impossibilitou de capturar as pontes sobre o Rio Merderet. Os paraquedistas que foram despejados a oeste do Merderet caíram em uma região repleta de pontos de resistência alemães. Eles foram tão amplamente dispersos que todos os seus esforços foram dedicados à sobrevivência, e não a garantir seus objetivos. Mas, embora não tivessem tomado as pontes, eles combateram totalmente a 91ª Divisão Alemã onde estava, e ela não se dirigiu às praias.

Ao longo da noite, os centros de operações alemães receberam relatórios esporádicos de pousos de paraquedistas. No entanto, como as tropas e a resistência francesa estavam se dedicando a cortar fios telefônicos, foi impossível que qualquer pessoa no comando montasse uma imagem clara do que estava acontecendo. Às 2h45, o quartel do General von Rundstedt recebeu um relatório que dizia: "Barulho de motor ouvido sobre o mar na costa leste de Cotentin". Isso foi desprezado, e os alemães só tomaram consciência da invasão iminente, quando o navio de desembarque estava a 19 quilômetros da costa. Ainda assim, eles pensaram que era um ataque diversivo para atrair os defensores alemães para longe de Pas-de-Calais, onde seria a verdadeira invasão.

À primeira luz do dia, uma frota Aliada combinada de 200 navios de guerra começou a bombardear a costa da Normandia. E os navios de desembarque começaram a invasão. Os mares estavam pesados, e a maioria dos homens, que tomou um café-da-manhã reforçado, estava enjoada. Para aumentar a desgraça, eles logo ficaram encharcados até a alma, conforme as ondas quebravam sobre a proa do navio de desembarque. Um flautista tocava em frente a uma das embarcações britânicas. Em outra, o Major C. K. "Banger" King, do Regimento de East Yorkshire, lia citações extraídas de Henrique V, de Shakespeare, sobre o Tannoy. Em frente ao navio de desembarque que carregava as tropas havia uma linha de tanques anfíbios. Atrás deles havia embarcações carregando artilharia e lançadores de múltiplos foguetes que começaram a bombardear os alemães. As fortificações alemãs tinham sido construídas para aguentar bombardeios e tiros vindos do mar. Embora os ocupantes estivessem confusos com o bombardeio, a maioria das posições ainda estava intacta, e eles estavam prontos para matar indiscriminadamente a infantaria, enquanto os soldados saíam do navio de desembarque.

No entanto, eles não esperavam ser atingidos pela artilharia montada no navio de desembarque, nem estavam preparados para a visão dos tanques anfíbios rolando pelas praias na frente das tropas.

Houve mais surpresas. Tanques adaptados com gigantescos tambores giratórios de correntes debulhadoras foram posicionados para limpar os campos minados. Outros tanques carregavam pontes ou montes de toras que romperiam paredes ou encheriam trincheiras. Alguns tanques até mesmo estavam adaptados com lança-chamas para limpar os ninhos de metralhadoras. A ideia da Muralha do Atlântico era destruir os invasores antes que eles tivessem a chance de sair das praias. Isso seria impossível.

O plano de Montgomery era que os britânicos entrassem em combate com os Panzers alemães nas proximidades de Caen, mantendo-os ali antes de, finalmente, destruí-los. Enquanto isso, os americanos iam limpar a Península de Cotentin. Depois de tomar Cherbourg, os Aliados poderiam aumentar sua força e fugir para a cabeça de praia ao sul. A chave para isso era que a 1ª Unidade Britânica, que desembarcou nas praias de Sword e June, se unisse à 6ª Aérea, no Orne. A 3ª Divisão Britânica desembarcou na praia de Sword, perto da embocadura de Orne, e levou menos de uma hora para fechar a praia e penetrar no continente. Eles tinham viajado cerca de três quilômetros da costa, quando foram parados pela infantaria alemã e as armas 88 milímetros autopropulsoras do 21º Panzers. Isso pegou as tropas britânicas de surpresa. Eles tinham sido muito treinados para a luta nas praias, onde muitos esperavam morrer. Depois de terem sobrevivido a isso, eles não tinham muita certeza do que fazer, e levaram oito horas para se encontrar com a 6ª Aérea.

A oeste do setor britânico, a 50ª Divisão — que tinha sido vista em ação na África do Norte — e a 8ª Brigada Armada lutaram contra as defesas inimigas, por uma hora. Às 12h, a cabeça de praia estava com extensão de cinco quilômetros e profundidade de quatro quilômetros. A infantaria e a blindagem britânicas, apoiadas por outras barreiras navais, haviam limpado as praias em torno de Arromanches, local de um dos portos de Mulberry, quando o sol se pôs. Nesse momento, foi enviada uma mensagem para que os gigantescos *cassers* do porto começassem sua jornada de volta, cruzando o Canal. Quando escureceu, as patrulhas britânicas haviam chegado aos limites da cidade histórica de Bayeaux, e a cabeça de praia da 50ª Divisão tinha quase dez quilômetros de largura e quase dez quilômetros de profundidade.

Os canadenses que desembarcaram na praia de Juno, entre Sword e Gold, tiveram mais dificuldades porque sua área de desembarque estava obstruída por um recife que atrasou o desembarque em meia hora. Os tanques anfíbios e os tanques removedores de obstáculos, que deveriam desembarcar em terra firme antes da infantaria, ficaram detidos. Quando os tanques finalmente chegaram a terra firme, os canadenses ainda levaram várias horas para superar os pontos de resistência do inimigo no embarcadouro de Seulles. Nesse ponto, eles descobriram que não tinham as blindagens especializadas de que precisavam para limpar as saídas das praias, e os soldados e os veículos recuaram para a faixa de areia.

A leste de Juno, a falta de tanques significava que os canadenses sofriam muitas baixas na corrida de 90 metros até a proteção do quebra-mar. No entanto, um navio quase entrou na praia para bombardear as defesas alemãs, e os canadenses começaram a fugir correndo da praia. Ao anoitecer, eles tinham tomado a cidade de Bernières e tinham viajado onze quilômetros, penetrando no continente — o máximo que qualquer uma das forças Aliadas tinha conseguido no primeiro dia. Quando eles estavam esquadrinhando a estrada principal entre Bayeaux e Caens, a cinco quilômetros de Caen, eles se uniram à 50ª Divisão Britânica. O resultado foi uma cabeça de praia conjugada entre britânicos e canadenses, que tinha 19 quilômetros de comprimento e quase 11 quilômetros de profundidade.

Na praia de Utah, a oeste da seção americana, 32 tanques anfíbios ficaram sob um pesado bombardeio que foi realizado por dois encouraçados, dois cruzadores e 12 torpedeiros. Vinte e oito desses tanques conseguiram cobrir os três quilômetros até a costa. Quando a primeira onda de infantaria atingiu as praias e atravessou os 450 metros até a faixa litorânea, eles descobriram que estavam sendo recebidos por um tiroteio apenas ocasional. Esse setor estava com uma defesa leve porque a área atrás dele estava inundada, e não havia expectativa de ataque ali. A 4ª Divisão de Infantaria, na verdade, tinha desembarcado na praia errada. No entanto, em três horas, eles tinham limpado os caminhos através dos obstáculos e campos de mina da praia, e seus tanques corriam para avançar e tomar as áreas inundadas.

> *Para os homens da 3ª Divisão de Infantaria dos Estados Unidos, a Praia de Omaha se transformaria em seu Calvário.*

Por outro lado, os desembarques na praia de Omaha foram quase um desastre. A praia em si estava longe de ser ideal. Os 270 metros de faixa litorânea arenosa eram ladeados por um banco escarpado de cascalho. Atrás disso havia um quebra-mar ou dunas de areia, além das quais havia um platô com 45 metros de profundidade, com posições defensivas no topo. Quatro ravinas cortavam a encosta do platô. Essas eram as únicas saídas da praia, e todas elas estavam bem protegidas. Em qualquer uma das pontas do platô, os penhascos se erguiam a uma altura de 30 metros.

Embora a praia não fosse adequada para um ataque anfíbio, ela foi escolhida porque os Aliados precisavam tomar uma praia entre Gold e Utah para estabelecer uma única cabeça de praia. Mas, para piorar, este local era onde a 352ª Divisão de Infantaria endurecida pela batalha estava estacionada. Os Aliados sabiam disso, mas as tropas americanas, que eram novas no combate, não foram informadas para não minar o moral.

A praia de Omaha era mais exposta que a de Utah, e apenas quatro dos tanques anfíbios conseguiram cobrir os seis quilômetros até a costa sem serem esmagados. A visibilidade ruim significava que o bombardeio inicial não tinha conseguido neutralizar as defesas do inimigo. Os foguetes dos lançadores de múltiplos foguetes que seguiram a infantaria haviam pousado sem danos nas partes rasas.

Quando o navio de desembarque atingiu as praias e suas rampas foram abaixadas, as tropas que saíram correndo foram recebidas com um tiroteio arrasador. Logo o mar estava repleto de sangue e cadáveres. Aqueles que sobreviveram o fizeram porque se esconderam atrás dos obstáculos nas praias, que os engenheiros deveriam ter explodido. A segunda onda de tropas teve um destino semelhante, exceto uma pequena parte que conseguiu desembarcar em uma área da praia, que agora estava coberta de fumaça. Quase uma companhia de infantaria inteira conseguiu chegar ao quebra-mar e abrir caminho através do campo minado atrás, mas isso só aconteceu porque eles tinham sido empurrados para leste de sua zona de desembarque designada. Fortalecidos por uma formação de Rangers que tinha chegado antes, eles abriram caminho até o platô, em tempo de evitar um contra-ataque na praia. Ainda mais a leste, dois batalhões tinham conseguido chegar a terra firme sob a cobertura de uma fumaça densa de pequenos arbustos em chamas e de um prédio incendiado pelo bombardeio naval. Eles abriram caminho para sair da praia, antes que a artilharia alemã conseguisse perceber a extensão daqueles que os seguiam.

A principal força os encontrou imobilizados atrás do banco de cascalho, onde estavam sujeitos a metralhadoras assassinas e fogo de artilharia. O Coronel G.A.

Embora a resistência ao longo da maioria das praias fosse surpreendentemente fraca, ainda havia pontos de resistência no continente. Eles tinham de ser meticulosamente eliminados.

Tayler reuniu seu regimento. "Dois tipos de pessoas ficam nesta praia", disse-lhes ele, "os mortos e aqueles que vão morrer." Alguns homens corajosos então se ergueram e atacaram as defesas alemãs. Outros escalaram os penhascos à esquerda e fugiram para se encontrar com os britânicos.

Mesmo assim, o General Huebner, oficial comandante da 1ª Divisão de Infantaria, percebeu que algo drástico tinha de ser feito. Ele organizou um novo bombardeio naval das fortificações alemãs, apesar do risco de atingir seus próprios soldados. Os encouraçados navegaram até tão perto da costa que foram atingidos por tiros de rifle, mas realizaram sua tarefa de maneira tão eficaz que os alemães saíram com as mãos para o alto. No entanto, só às 19h os caminhos através dos campos minados foram clareados, e os obstáculos explodidos ou removidos por guindastes, de modo que a blindagem pudesse sair das praias. Eles então avançaram sobre as vilas fortificadas atrás.

No crepúsculo, a cabeça de praia de Omaha tinha apenas um quilômetro de profundidade. Adiante dela, o inimigo estava se acumulando para um contra-ataque. Entretanto, em vez de empurrar os americanos de volta para o mar, em Omaha, os alemães correram com suas blindagens em direção ao que eles consideravam uma grande ameaça — os britânicos e os canadenses que estavam avançando sobre Caen. Um batalhão da 352ª Divisão de Infantaria foi enviado para lidar com os paraquedistas americanos, em Cotentin, e outro foi enviado contra os britânicos, deixando apenas um batalhão para cuidar dos americanos que desembarcavam em Omaha. Na manhã seguinte, os britânicos de Gold viraram para leste para se unirem aos canadenses que estavam em Juno. No início da noite, eles tinham derrotado os pontos de resistência restantes entre eles, e as praias britânicas agora formavam uma cabeça de praia contínua. A paisagem da parte norte da Normandia é conhecida como região dos bosques cerrados, que se caracterizam por pequenos campos separados por uma larga cerca viva em bancos altos e estradas afundadas. É um terreno fácil de defender. Centenas de tanques alemães e armas de 88 milímetros estavam entrincheirados e camuflados, e as forças Aliadas tiveram de lutar para abrir caminho de cerca viva em cerca viva nessa região. No entanto, os bombardeiros, os caças e o apoio preciso da artilharia naval dos Aliados — que conseguia lançar bombas para o continente a uma distância de 25 quilômetros — tornaram difícil para os alemães se reunirem nas formações necessárias para montar um contra-ataque harmônico. O melhor que os defensores conseguiam fazer era diminuir o avanço dos Aliados, em vez de impedi-los ou fazê-los voltar atrás.

O especialista em guerras com tanques, Coronel-General "Fast Heinz" Guderian havia se vangloriado de que o Panzer Lehr "jogaria os anglo-americanos no mar", mas seus 260 tanques foram arrasados por assaltos aéreos. No Dia D+1, uma Divisão da SS foi enviada à frente de batalha, mas simplesmente se desintegrou sob ataques aéreos que utilizaram bombas e foguetes — seus homens acabaram se escondendo nas florestas até escurecer. Os aviões dos Aliados nem sequer tinham de esperar até que o inimigo chegasse ao campo de batalha, antes de enfrentá-lo. Eles atacavam os trens que os traziam para a frente de batalha, às vezes a uma distância de até 48 quilômetros.

Também no Dia D+1, as tropas aéreas americanas tinham começado a se formar em uma coesa força de batalha. A extensão de 16 quilômetros entre as praias de Utah e Omaha ainda era mantida pelo inimigo. No entanto, com ajuda dos Typhoons da RAF e do bombardeio naval, a Marinha Real, na praia Gold, tinha tomado o pequeno porto de pesca de Pont-en-Bessin, a meio caminho entre Gold e o flanco esquerdo de Omaha. No dia seguinte, as forças das praias britânicas e americanas se uniram.

Montgomery mantinha a pressão sobre Caen, frequentemente combatendo batalhas sangrentas, que tinham o objetivo de manter o inimigo desequilibrado. Elas eram dispendiosas em termos das baixas britânicas, mas forçavam os alemães a usarem seus tanques como artilharia entrincheirada e, além disso, retiravam a pressão dos americanos. As 160 tropas britânicas que tomaram a principal vila de Breville sofreram 141 baixas. Depois que ela foi tomada, no entanto, a parte leste da cabeça de praia estava segura. Depois de uma luta feroz, as tropas americanas tomaram Carentan, em 12 de junho, e as cabeças-de-ponte de Omaha e Utah finalmente se uniram, dando aos Aliados um gigantesco enclave ao longo de 96 quilômetros de largura e 24 quilômetros de profundidade na costa da Normandia. A frente de batalha alemã no oeste estava começando a ruir. Uma investida americana através da Península de Cotentin até Barneville, na costa Atlântica, isolou Cherbourg. Outro empurrão criou uma saliência de 32 quilômetros ao sul.

No Dia D+12, havia 500 mil homens em terra firme. Com vinte divisões agora na Normandia, os Aliados tinham conseguido aumentar suas forças mais rápido que os alemães. A destruição de ferrovias e pontes e os constantes ataques aéreos — os aviões agora estavam partindo de pistas de decolagem dentro da cabeça de praia — tornavam impossível para Rommel levar até a região formações prontas para a batalha. As divisões tiveram de ser quebradas, e era necessário viajar à noite, com a infantaria muitas vezes a pé ou em bicicletas. Os tanques não podiam se reunir para um grande assalto na cabeça de praia, então eles simplesmente se fragmentavam para proteger a linha de batalha. Duas Divisões Panzer SS trazidas da Frente Oriental foram devastadas muito antes de chegarem ao campo de batalha.

Em 19 de junho, um desastre quase pegou os Aliados, quando a pior tempestade em quase 50 anos surgiu no Canal. Ela se intensificou durante mais de três dias e três noites, tempo em que uma dúzia de navios foi afundada no mar, e 800 embarcações foram levadas a terra firme. O porto de Mulberry, em Arromanches, estava muito danificado, mas ainda era usável. No entanto, o porto que ficava na praia de Omaha foi destruído em pedaços. De repente, os Aliados não estavam apenas sem suprimentos e munição, mas também sem cobertura aérea. Era a oportunidade perfeita para Rommel contra-atacar. Mas suas forças estavam distribuídas para defesa e não estavam em posição de aproveitar a última chance de empurrar os Aliados de volta para o mar.

Depois que a tempestade terminou, os caminhões anfíbios usados durante os assaltos nas praias foram utilizados para rebocar os suprimentos a terra. Ao final do mês, a tonelada diária que era levada a terra estava de volta aos níveis pré-tempestade. Pedaços do porto de Mulberry, em Omaha, foram recuperados e eram usados para remendar o porto de Arromanches. Em duas semanas, 700 dos 800 navios que estavam encalhados foram consertados e recuperados. Em 27 de junho, o porto de Cherbourg estava nas mãos dos americanos, mas tinha sido tão danificado e estava tão cheio de armadilhas que não pôde ser usado por várias semanas.

Os britânicos tinham planejado atacar Caen no dia 19. No entanto, o ataque havia sido atrasado e finalmente foi lançado, em 26 de junho. Os britânicos, com apoio maciço da artilharia, conseguiram tomar a principal parte alta, a Montanha 112, ao sul de Caen. No dia seguinte, houve um maciço contra-ataque armado que utilizou os remanescentes das divisões SS, que tinham sido trazidos da Rússia, e uma divisão Panzer trazida do sul da França. Essas formações ficaram sob um desmoralizante ataque aéreo dos Typhoons, que atiravam foguetes da RAF. Conforme os tanques alemães avançavam pela região do bosque cerrado, eles ficavam vulneráveis ao antitanque britânico Piat, que podia atirar de uma distância pequena por trás das cercas vivas. Ambos os lados ainda davam tudo de si na luta. Uma batalha de cinco dias irrompeu sobre a Montanha 112, e a luta se tornou tão intensa que o pequeno Rio Odon ficou represado com cadáveres humanos. O resultado foi um empate, e os britânicos não tomaram completamente a Montanha 112, até 10 de julho.

Choveu intensamente durante o mês de julho. A luta se tornou literalmente atolada, e ambos os lados temiam que a batalha pela Normandia pudesse se transformar no tipo de guerra de trincheiras e carnificina sem fim, que tinham sido vistas na Primeira Guerra Mundial. A opinião pública na Grã-Bretanha e nos Estados Unidos ficou impaciente. Enquanto isso, Hitler substituiu seu comandante no oeste, o Marechal de Campo Gerd von Rundstedt, pelo Marechal de Campo Gunther von Kluge, um veterano endurecido da Frente Russa.

Ao custo de 11 mil baixas, as tropas americanas cruzaram os campos e pântanos do oeste da Normandia para tomar as ruínas ardentes de St-Lô, que ficava no início de uma estrada em boas condições que ia para o Vale de Loire, no sul. Um plano com o código de Operação Cobra tinha sido programado para fazer uma invasão ali, usando uma coluna de tanques de movimentação rápida sob o comando do General Patton. Para conseguir isso, Montgomery teria de manter os tanques alemães parados a leste. Os canadenses fizeram um ataque ao campo de aviação, em Carpiquet, sofrendo dolorosas baixas. Os britânicos então lançaram um renovado ataque furioso sobre Caen, depois que a RAF soltou 2.500 toneladas de bombas sobre a região. Depois de dois dias de luta feroz, os britânicos capturaram a parte noroeste da cidade, sobre o Rio Orne. Um novo assalto à Montanha 112 resultou em 3.500 baixas britânicas.

> *"O campo de batalha em Falaise foi, inquestionavelmente, um dos maiores campos de extermínio de todas as guerras."*

Montgomery planejava manter a pressão com a Operação Goodwood, um ataque maciço contra posições preparadas a leste e a sul de Caen. Na noite da batalha, Rommel foi atingido em seu carro oficial pelas metralhadoras de um avião de caça da RAF, e depois disso não participou mais da luta. Ele cometeu suicídio enquanto estava convalescendo, depois de ter sido envolvido em uma trama para assassinar Hitler.

Os britânicos perderam 1.500 homens e 200 tanques, no primeiro dia da Goodwood, mas ainda assim não conseguiram avançar. Apesar disso, eles mantiveram a pressão por 72 horas, antes que a ofensiva fosse interrompida por uma tempestade de raios. No entanto, a Operação Goodwood teve um efeito inesperado. Ela finalmente convenceu Hitler de que não haveria um ataque a Pas-de-Calais — os desembarques na Normandia eram reais, então ele ordenou que os 250 mil homens de seu Décimo Quinto Exército entrassem na batalha. Devido à devastação causada pelos ataques aéreos dos Aliados, eles demoraram um mês para chegar à Normandia. Nessa época, os Aliados tinham um milhão de homens em terra firme, e o Décimo Quinto Exército provou ter chegado tarde demais.

Montgomery recebeu muitas críticas pelo fracasso da Operação Goodwood. No entanto, o Chefe do Corpo Imperial Geral, Marechal de Campo Alan Brooke, observou que não apenas ele havia conseguido atrair a maior parte da blindagem alemã, mas também a tinha destruído em um ritmo mais rápido do que ela conseguia ser recuperada. O General Omar Bradley, agora comandando as forças americanas na Normandia, também apreciou a estratégia. Ela havia permitido que ele colocasse seus soldados em posição para uma investida.

Patton desembarcou na praia de Utah, em 6 de julho, sem sequer molhar os pés, e começou a reunir o Terceiro Exército em um acampamento bem camuflado na Península de Cotentin. Com o Décimo Quinto Exército a caminho da parte leste da frente de batalha, Hitler sentiu que era seguro movimentar sete de suas divisões, incluindo duas divisões Panzer, para oeste, aumentando o número ali para 65. Isso fortaleceu a linha de frente alemã contra qualquer investida americana, mas também os enganou, fazendo-os cair em uma armadilha mortal. Em 25 de julho, 3 mil bombardeiros da Força Aérea dos Estados Unidos soltaram 4 mil toneladas de bombas de fragmentação e napalm, altamente explosivas, sobre uma extensão de oito quilômetros da frente alemã a oeste de St-Lô. O comandante alemão, General Bayerlein, alegou que essa investida transformou a área em uma *Mondlandschaft* — uma paisagem lunar. Ele estimou que 70% das tropas alemãs naquele setor tinham sido retiradas de ação — estavam mortas, feridas ou loucas. As tropas de Patton se moviam lentamente em direção à região do bosque cerrado — que os GIs chamavam de "Getsêmani das cercas vivas". Em 27 de julho, Countances foi tomada, e, em 30 de julho, Avranches, e a retirada alemã havia se transformado em uma confusão. Em 24 horas, Patton empurrou três divisões para o desfiladeiro de oito quilômetros que foi aberto em Avranches. Seus soldados agora estavam fora da região do bosque cerrado e se localizavam nas estradas abertas da Grã-Bretanha.

Montgomery ainda estava fazendo progressos lentos a leste, e virou suas tropas para o sul, com os canadenses avançando sobre Falaise. Bradley enviou Patton e seu Terceiro Exército por uma longa extensão ao sul, depois a leste, para cercar os alemães. Hitler percebeu o perigo tarde demais. Ele havia ordenado von Kluge a remover quatro divisões armadas da frente de batalha britânica e utilizá-las contra os americanos, mas von Kluge não conseguiu liberá-las antes de 7 de agosto. Hitler planejou um contra-ataque contra a estreita passagem em Avranches. Seu alvo era fechar o desfiladeiro e cortar as linhas de suprimento de Patton. Mas ele estava a 1.300 quilômetros de distância, em seu quartel-general, a Toca do Lobo, no leste da Prússia. Seus comandantes no solo da Normandia eram contra o ataque. Eles sabiam que a batalha da Normandia estava perdida e que eles deviam fazer uma retirada ordenada cruzando o Sena.

Hitler enviou as quatro divisões do Décimo Quinto Exército, que ele estava mantendo em Pas-de-Calais. Bombardeiros Aliados interromperam a recuada alemã, bombardeando as pontes restantes ao longo do Sena. Enquanto isso, Patton estava fazendo uma marcha rápida ao longo das estradas abertas do noroeste da França, tomando Le Mans, em 8 de agosto. Ao norte, a caminho de Avranches, cinco Panzers e duas divisões de infantaria encontraram uma única divisão americana, em Mortain. Os americanos os mantiveram ali até outras unidades Aliadas chegarem para ajudá-los. Poderosas formações americanas revidaram em Vire, enquanto os britânicos forçavam do norte contra Condé, e Patton virava para o norte com o objetivo de fechar a armadilha. Os alemães agora estavam presos em um pequeno bolsão entre Mortain e Falaise, onde as forças aéreas Aliadas implacavelmente os bombardeavam e metralhavam. Em 14 de agosto, a única saída era através de um desfiladeiro de 28 quilômetros entre os canadenses em Falaise e o 3º Exército de Patton. Patton queria dirigir até Falaise e fechar o desfiladeiro, mas, nessa época, seu exército acelerado tinha perdido sua coesão, e Bradley ordenou que ele parasse. Nesse momento, as unidades alemãs estavam sendo cortadas pela Resistência Francesa ou se rendendo em massa às forças Aliadas. Von Kluge ficou perdido na confusão. Pouco depois de reaparecer, ele perdeu o cargo de comando e, em seguida, cometeu suicídio. Em 17 de agosto, o desfiladeiro de Falaise estava reduzido a dezoito quilômetros, e as forças alemãs estavam descendo em direção a leste através dele. Em 18 de setembro, o desfiladeiro havia sido espremido e reduzido a nove quilômetros, e os ataques aéreos sobre ele eram tão implacáveis que qualquer tentativa de passar por ali resultava em morte quase certa. O desfiladeiro de Falaise foi fechado, em 20 de agosto.

O General Eisenhower disse, sobre a batalha:

> *O campo de batalha em Falaise foi, inquestionavelmente, um dos maiores campos de extermínio de todas as áreas da guerra. Estradas, rodovias e campos estavam tão repletos de equipamentos destruídos e homens e animais mortos que a passagem pela área era extremamente difícil. Quarenta e oito horas depois do fechamento do desfiladeiro, fui conduzido a pé, encontrando uma cena que só poderia ser descrita por Dante. Era quase literalmente possível andar por centenas de metros de uma vez esbarrando apenas em corpos em decomposição.*

Cerca de 10 mil alemães foram mortos, em seis dias, no Bolsão de Falaise, e 50 mil prisioneiros foram levados. Dos 20 mil a 50 mil que escaparam, muitos outros morreram antes de chegarem ao Sena. Outros milhares que foram encontrados em diferentes locais se renderam aos Aliados. Duas divisões Panzer e oito divisões de infantaria foram capturadas quase completas. Ao todo, as baixas alemãs na Normandia somaram 400 mil homens, metades dos quais foram capturados. As baixas dos Aliados totalizaram 209.672 homens, dos quais 36.976 foram mortos. Os alemães também perderam 1.300 tanques, 1.500 armas e 20 mil veículos. O que restou do exército alemão, na Europa Ocidental, correu rapidamente para a fronteira alemã. Em 25 de agosto de 1944, depois de quatro anos de ocupação, Paris foi libertada.

Iwo Jima
Uma Ilha Fortificada no Japão

1945

Pulando de ilha em ilha no Pacífico, as tropas americanas encontraram uma resistência fanática dos japoneses, que prefeririam morrer a se render. A batalha de Iwo Jima seria mais cansativa do que qualquer outra.

Enquanto a guerra assolava a Europa, as forças americanas estavam pulando de ilha em ilha no Pacífico. Eles ainda estavam lutando nas Filipinas e em Bornéu, quando foram criados os planos para a invasão do Japão. Os planejadores decidiram que a invasão começaria com desembarques em Kyushu, a mais meridional das principais ilhas japonesas.

Nos últimos meses de 1944, as Superfortalezas B-29 que estavam estacionadas nas Ilhas Marianas, sob o comando do General Curtis E. LeMay, iniciaram uma campanha de bombardeio. Mas era uma viagem de quase 5 mil quilômetros de ida e volta entre Saipan e a principal ilha do Japão — um voo longo até mesmo para as Superfortalezas. No entanto, se as forças americanas tomassem a pequena ilha vulcânica de Iwo Jima, nas Ilhas Bonin, que ficavam cerca de 1.200 quilômetros a sudeste do Japão, elas reduziriam pela metade a distância até Tóquio, e, com caças estacionados ali, a USAAF conseguiria defender seus bombardeiros contra seus alvos. Iwo Jima era um objetivo duplamente importante porque o Japão considerava que a ilha era seu "porta-aviões impossível de afundar". Era uma base de radar e caças cuja aeronave interceptava as Superfortalezas em suas missões de bombardeio sobre o Japão.

De formato irregular, Iwo Jima tem cerca de oito quilômetros de extensão e varia de 730 metros a quatro quilômetros de largura. Os japoneses estavam determinados a mantê-la. Eles guarneceram a ilha com 21 mil soldados, sob o comando do Tenente-General Kuribayashi Tadamichi, e ela tinha as defesas mais

Fuzileiros Navais americanos, em Iwo Jima, explodem uma caverna ligada à extensa rede japonesa de defesas subterrâneas, em fevereiro de 1945. Os japoneses tinham construído mais de cinco quilômetros de túneis em uma ilha com apenas 20 quilômetros quadrados.

fortes de todas as possessões japonesas no Pacífico. Ela estava sob bombardeio constante, desde a queda das Marianas, em julho de 1944; mas o combate prolongado nas Filipinas tinha atrasado o ataque, dando aos japoneses alguns meses para melhorar as já formidáveis fortificações da ilha. Como em outras ilhas do Pacífico, eles tinham criado defesas no subsolo, fazendo o melhor uso possível das cavernas naturais e do terreno rochoso.

Durante alguns dias antes dos desembarques, Iwo Jima foi submetida a um bombardeio maciço por armas de fogo navais, foguetes e ataques aéreos que utilizavam bombas carregando o recém-desenvolvido napalm. Mas os japoneses estavam tão bem entrincheirados que nenhuma quantidade de munição ou bombas conseguiu abatê-los.

Em 19 de fevereiro, o 5º Corpo de Anfíbios, sob o comando do General Harry Schmidt, desembarcou no sul da ilha. Schmidt previu, de modo confiante, que tomaria a ilha em quatro dias. Mas não seria tão fácil. Na verdade, essa seria a batalha mais cara da história do Corpo de Fuzileiros Navais dos Estados Unidos.

Quando a primeira onda de Fuzileiros Navais cruzou a praia, que tinha apenas 180 metros de largura, eles foram capturados em um fogo cruzado selvagem e foram atingidos por morteiros disparados de poços com menos de um metro de largura. Lança-chamas, explosivos e tanques foram necessários para limpar o terreno. Dos 30 mil homens que desembarcaram nas praias, no primeiro dia, 2.400 foram atingidos pelos japoneses. Os fuzileiros logo tinham uma cabeça de ponte de 3.600 metros de extensão, mas só conseguiam se mover lentamente para o interior da ilha por causa do solo de cinza vulcânica.

O 5º Batalhão de Fuzileiros Navais, então, dividiu suas forças. Metade entrou para o interior e tomou o primeiro dos dois aeroportos japoneses — um terceiro aeroporto estava em construção. A outra metade se voltou para o sul para tomar o Monte Suribachi. A força das posições japonesas era tamanha, que só no terceiro dia o Monte Suribachi foi cercado. Na manhã seguinte, os 28º Fuzileiros

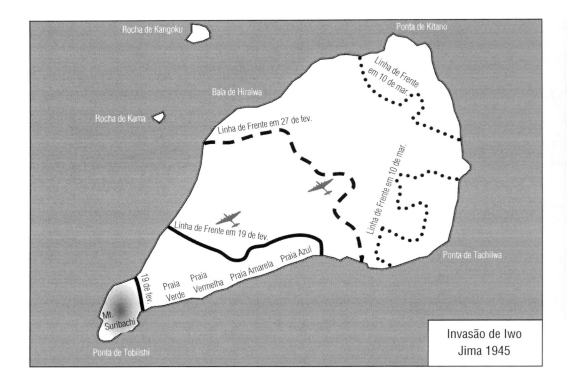

Invasão de Iwo Jima 1945

Navais ocuparam 180 metros das encostas mais baixas. Então, aviões atacaram as posições japonesas.

Em 23 de fevereiro, a Companhia F do 2º Batalhão voltou de sua patrulha e relatou que os japoneses tinham caído. Uma patrulha maior, sob o comando do Tenente Harold G. Shrier, finalmente chegou à cratera e tomou o ponto mais alto, depois de um rápido tiroteio. O hasteamento da bandeira americana por seis Fuzileiros Navais, no Monte Suribachi, foi fotografado por Joe Rosenthal, da Associated Press. Ela se tornou uma das imagens mais conhecidas da guerra do Pacífico, e estátuas, pinturas e desenhos para selos postais americanos se basearam nela. A foto, na verdade, mostra uma segunda bandeira sendo levantada sobre o Monte Suribachi. A primeira bandeira foi levantada pelo Tenente Shrier, algumas horas antes, mas era pequena demais para ser vista pelas outras tropas na ilha, e uma maior, emprestada de um navio, foi substituída para fins de propaganda.

Enquanto os 5º Fuzileiros Navais se movimentavam pela costa oeste, os 4º Fuzileiros Navais abriam caminho pela costa leste. Apesar de um bombardeio naval, golpes aéreos e fogo da artilharia dos Fuzileiros Navais, o 4º foi interrompido por minas e armas antitanques. O 5º conseguiu tomar algumas posições japonesas sob fogo pesado e tinha avançado 450 metros, no final do primeiro dia.

A luta foi tão intensa que o 3º Fuzileiros Navais, uma reserva flutuante, precisou desembarcar. Seu objetivo era tomar o planalto norte, uma estranha paisagem lunar que tinha sofrido erosão do vento e da chuva e assumido formas estranhas. Era um terreno defensivo perfeito para a determinada força japonesa, e tanques lança-chamas tiveram de ser trazidos para incinerá-los nos abrigos imunes a bombardeios. Por fim, os Fuzileiros Navais conseguiram capturar todas as colinas com vista para o terceiro aeroporto e, em 28 de fevereiro, todos os três aeroportos estavam em mãos americanas.

Os Fuzileiros Navais tinham alcançado seu objetivo, mas a luta estava longe de terminar. Eles passaram a atacar o Monte 382 e o Monte 362A. Ambas as colinas eram povoadas de abrigos e túneis. A crista do Monte 382 tinha sido escavada para criar um enorme abrigo que mantinha armas antitanques, e havia tanques escondidos nas valas. Ao sul, havia uma bacia natural que foi nomeada de "Anfiteatro" pelos Fuzileiros Navais, e uma enorme pedra que ficou conhecida como "Turkey Knob". As baixas dos Fuzileiros Navais foram tão altas nessa área que esses acidentes geográficos ficaram conhecidos como o "Moedor de Carne".

Os Fuzileiros Navais abandonaram a prática normal e atacaram à noite, quando tentaram capturar o complexo do Monte 362A. Embora eles tivessem supre-

O hasteamento da bandeira americana, no Monte Suribachi, foi uma das imagens mais duradouras da guerra. No entanto, ele foi, na verdade, uma recriação; uma bandeira menor tinha sido hasteada no pico, mais cedo.

endido o inimigo, foram necessários seis dias — de 2 a 8 de março — para tomar a posição.

Então, em 8 de março, os japoneses contra-atacaram em um ponto entre os 23º e os 24º Fuzileiros Navais. Mas o ataque foi em campo aberto, sem nenhum apoio de artilharia. Eles recuaram, deixando 650 mortos.

Os Fuzileiros Navais prosseguiram até o centro da ilha e, em 9 de março, chegaram à costa nordeste. Em 15 de março, os japoneses fizeram uma série de tentativas de se infiltrar nas linhas de batalha americanas, mas foram empurrados de volta. O último bolsão de resistência, na Ponta de Kitano, na extremidade norte da ilha, foi considerado seguro, em 25 de março. No entanto, no dia seguinte, cerca de 350 japoneses surgiram por entre as rochas negras. A história conta que eles eram liderados pelo próprio Kuribayashi. Eles atacaram a área de acampamento onde os soldados do 5º Batalhão de Pioneiros estavam dormindo. O 8º Depósito de Campo dos Fuzileiros Navais e o VII Comando de Caças do Exército Americano criaram uma linha defensiva, e, ao amanhecer, cerca de 223 japoneses estavam mortos.

Depois disso, toda a resistência desmoronou. Mais de 20 mil japoneses, incluindo o próprio Kuribayashi, tinham sido mortos, e apenas 261 foram levados como prisioneiros. Os Fuzileiros Navais e o Exército perderam 6.812 de seus membros, e outros 19.189 foram feridos. No entanto, as vidas de 24.761 pilotos americanos e tripulantes aéreos foram salvas usando Iwo Jima como base aérea avançada.

A Batalha de Iwo Jima gerou uma vitória cara, mas decisiva. Agora, o ataque total à principal ilha japonesa poderia começar, e, nos cinco meses seguintes, mais de 2 mil Superfortalezas partiram dos aeroportos de Iwo Jima em missões de bombardeio. No entanto, a escala dos recentes combates havia deixado os americanos com uma questão preocupante. Se os japoneses lutaram tão ferozmente por uma ilha de apenas 20 quilômetros quadrados, que tinham conquistado apenas em 1891, que tipo de resistência os americanos enfrentariam quando desembarcassem na principal ilha do Japão?

Berlim
A Queda do Terceiro Reich
1945

A guerra na Europa chegou a um clímax terrível em Berlim. A cidade já havia sido danificada pelos bombardeios da RAF. A artilharia do Exército Vermelho ia demoli-la. Então, a morte de Hitler finalmente provocou a capitulação da Alemanha.

No INÍCIO DE 1945, ACONTECIA UMA CORRIDA ATÉ BERLIM. Embora os soviéticos tivessem três grupos de exército prontos na Linha de Batalha Oder-Neisse (atual fronteira polonesa), o 21° Grupo de Exército de Montgomery estava se movimentando em um ritmo tão rápido, que parecia que eles podiam chegar primeiro à capital alemã. Montgomery propôs usar sua força esmagadora em um único ataque, a partir do Ruhr, que tomaria Berlim e terminaria a guerra. No entanto, Eisenhower vetou esse plano.

Ao longo da invasão, Eisenhower tinha favorecido Montgomery em detrimento de seus próprios generais. Agora ele havia alterado seus recursos para o 12° Grupo de Exército do General Omar Bradley, no sul da Alemanha. Ele achava que as forças de Bradley poderiam fazer um ataque rápido à área em torno de Dresden, onde poderiam se encontrar com o Exército Vermelho. Isso cortaria a Alemanha em duas. O medo de Eisenhower, no entanto, era que Hitler pudesse abandonar Berlim e retirar-se para a região montanhosa do sul da Alemanha para continuar a luta.

No dia 28 de março, Eisenhower enviou a Stalin um esboço de seus planos e indagou sobre os planos soviéticos. Churchill protestou violentamente quando descobriu. Ele escreveu a Roosevelt, que estava doente, mostrando a necessidade de tomar Berlim como "o símbolo supremo da derrota". Mas Churchill tinha outros interesses. Ele era um fervoroso anticomunista e tinha sido um dos arquitetos da intervenção dos Aliados na Rússia, em 1919, que tentaram estrangular o Estado bolchevique em seu nascimento. Ele já temia que os russos pudessem tomar toda a Europa Ocidental e tinha até feito planos para lutar contra Stalin, reequipando o exército alemão, após a morte de Hitler. Ele escreveu, na época:

> *Se os russos tomarem Berlim, será que a impressão de que eles foram os esmagadores contribuintes para a vitória comum não será indevidamente impressa em suas mentes, e isso não pode levá-los a um estado de espírito que criará dificuldades graves e terríveis no futuro?*

Era de extrema necessidade que Berlim fosse tomada por uma força anglo-americana.

No entanto, deixando a política de lado, Eisenhower estava correto em termos militares, e sua equipe o apoiou. Stalin enviou uma resposta em 2 de abril, na qual concordava que o plano de os dois exércitos se encontrarem perto de Dresden era estrategicamente sólido. Como resultado, complementou, ele enviaria apenas uma força de segunda categoria contra Berlim, que tinha "perdido sua antiga importância estratégica". Nada poderia estar mais longe da verdade. Stalin

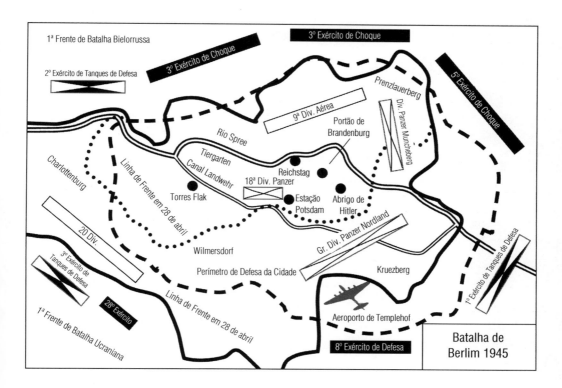

era um político, e não um general. Ele sabia a importância política da tomada de Berlim e suspeitava que Eisenhower estava lhe pregando uma peça. Antes de responder, ele havia falado com seus dois marechais de campo veteranos, Ivan Konev e Georgii Zhukov. Os dois eram grandes rivais, e ambos tinham implorado pela chance de tomar Berlim. Ele deu a cada um 48 horas para criar um plano.

Embora Stalin tivesse dito a Eisenhower que pretendia atacar Berlim em maio, Konev e Zhukov tinham certeza de que ele queria fazê-lo antes disso, embora seus exércitos estivessem exaustos, depois de semanas de violentos combates. A 1ª Frente Ucraniana de Konev — ou Grupo do Exército — estava na margem leste do Rio Neisse, cerca de 120 quilômetros a sudeste de Berlim. Ele propôs iniciar a ofensiva utilizando 7.500 armas em um bombardeio de artilharia de duas horas e meia. Ao amanhecer, ele jogaria fumaça e, em seguida, forçaria uma travessia do rio com dois exércitos de tanques e cinco exércitos de campo — mais de 500 mil homens ao todo. Ele manteria seus tanques à direita. Eles esmagariam as defesas alemãs e, em seguida, virariam para noroeste e correriam até Berlim. Infelizmente, dois dos exércitos dentro de sua força planejada eram apenas uma promessa — não eram confiáveis.

A 1ª Frente de Batalha Bielorrussa de Zhukov estava no Rio Oder, 80 quilômetros a leste de Berlim, com uma cabeça de praia no lado ocidental do rio, em Küstrin.

Seu plano era começar usando 10 mil armas em um bombardeio, antes do amanhecer. Ele, então, viraria 140 holofotes antiaéreos na direção dos defensores alemães, cegando-os, enquanto ele atacava. Dois exércitos de tanques e quatro exércitos de campo sairiam da cabeça de praia de Küstrin, com mais dois exércitos em cada flanco.

Com total superioridade aérea e 750 mil homens à sua disposição, Zhukov estava confiante de uma vitória rápida.

Stalin deu sinal verde para Zhukov porque ele estava mais perto de Berlim e, além disso, mais bem preparado. No entanto, ele incentivou a rivalidade entre os dois marechais de campo, informando a Konev que ele estava livre para fazer um ataque a Berlim, se achasse que conseguiria chegar lá antes de Zhukov. A data inicial para a ofensiva foi fixada em 16 de abril. Os dois marechais de campo tinham apenas treze dias para se preparar.

Os americanos entraram na corrida, em 15 de abril, quando o Nono Exército do Tenente-General William Simpson atravessou o Rio Elba. O único obstáculo entre o Nono Exército e Berlim eram os remanescentes do Décimo Segundo Exér-

Depois que Hitler cometeu suicídio, parecia não haver mais nada pelo que lutar, mas ainda havia bandos de nazistas fanáticos que mantinham bolsões de resistência.

cito Alemão, comandado pelo General Walther Wenck. Essa força pouco podia fazer para impedir Simpson de atacar a capital. No entanto, Eisenhower ordenou a Simpson que parasse no Rio Elba até que conseguisse realizar o encontro com o Exército Vermelho, em Dresden.

Três chamas vermelhas iluminaram o céu sobre a cabeça de praia de Küstrin, às 4h da manhã seguinte. Elas foram seguidas da maior barragem de artilharia que havia sido montada na frente oriental. Morteiros, tanques, armas autopropulsoras, artilharia leve e pesada — junto com 400 lançadores de múltiplos foguetes Katyusha — esmagaram as posições alemãs. Vilas inteiras foram explodidas e viraram escombros. Árvores, vigas de aço e blocos de concreto foram arremessados para o ar. Florestas inteiras foram incendiadas. Os homens foram ensurdecidos pelas armas e cegados pelos holofotes da Rússia, uma tática nova e não totalmente bem-sucedida. Depois de 35 minutos de bombardeio, os soviéticos atacaram.

Em seu abrigo fortificado sob o Reichschancellery, Hitler ainda acreditava que poderia vencer. Ele previu que os russos sofreriam sua maior derrota nos portões de Berlim, pois seus mapas lhe diziam isso. Eles ainda estavam cobertos das bandeirinhas que representavam as unidades da SS e do Exército. Infelizmente, a maioria dessas bandeirinhas eram apenas isso — bandeirinhas. As unidades que elas representavam há muito haviam deixado de existir ou estavam tão cronicamente esmagadas que eram quase inúteis. Mas qualquer pessoa que afirmasse isso era demitida. Até mesmo Guderian foi dispensado de seu cargo como Chefe do Estado Maior, em 28 de março, por sugerir que era hora de negociar.

Hitler também demitiu o *Reichsführer* Heinrich Himmler, criador de galinhas que se tornou polícia secreta de Hitler e o arquiteto do Holocausto, de sua posição de Comandante do Grupo de Exércitos do Vístula — que não via o Vístula, rio que atravessa a Varsóvia, havia algum tempo. Ele foi substituído por um veterano militar, o coronel-general Gotthard Heinrici. À sua disposição havia o Terceiro Exército Panzer, do General Hasso von Manteuffel, que ocupou a parte norte da frente de batalha. O centro era mantido pelo Nono Exército do General Theodor Busse, enquanto o sul era mantido pelo esgotado grupo de exército do Marechal Ferdinand Schörner. E ele poderia chamar trinta outras divisões que estavam nos arredores de Berlim.

Heinrici era especialista na guerra defensiva. Ele havia recuado suas tropas da linha da frente, na véspera do ataque soviético, a fim de que o bombardeio maciço de Zhukov caísse sobre posições vazias. O Nono Exército tinha cavado trincheiras nas elevações de Seelow, bloqueando a estrada principal Küstrin-Berlin, e os soldados de Zhukov, que estavam atacando mais abaixo na estrada, sofreram terríveis baixas. Os russos acabaram derrotando a linha de batalha de Seelow pelo simples peso dos números, mas depois eles encontraram mais defesas alemãs, reforçadas pelo 56º Panzer do General Karl Weidling, e foram interrompidos. Stalin estava furioso. Ele ordenou a Konev, que estava fazendo um bom progresso em direção ao sul, que voltasse suas forças para Berlim.

O Reichstag, prédio do parlamento da Alemanha, era um objetivo importante do Exército Vermelho. Um incêndio ali, em 1933, tinha sido usado como desculpa para o início da repressão de Hitler.

E, em 20 de abril, o Marechal Konstantin Rokossovsky, da 2ª Frente de Batalha Bielorrussa, fez um ataque isolado a von Manteuffel.

O Nono Exército de Busse começou a se desintegrar nesse ponto, e Zhukov chegou perto o suficiente de Berlim para começar a bombardear a cidade com uma artilharia de longo alcance. As forças de Konev também estavam se aproximando do sul, e a capital alemã foi capturada em um movimento orquestrado. Para garantir que os americanos não roubariam seu prêmio no último instante, tanto Zhukov quanto Konev enviaram forças para se encontrarem com Simpson, no Elba. Eles fizeram contato, em Torgau, em 25 de abril, apenas para descobrir que ele estava parado de frente para ninguém. Dois dias antes, Wenck tinha recebido ordens de voltar para defender Berlim. Em 28 de abril, ele havia chegado à periferia de Potsdam, onde encontrou uma feroz resistência soviética. Ele conseguiu livrar sua força e, em seguida, tentou articular-se com os remanescentes do Nono Exército. Nesse ponto, ele se movimentou para oeste, na esperança de se render aos americanos. Hitler amaldiçoou sua traição e ordenou sua prisão. Busse e Wenck lutariam nas florestas, ao sul de Berlim, e se renderiam aos americanos.

O que o ministro da propaganda Joseph Goebbels agora chamava de "Fortaleza de Berlim" foi defendida por 90 mil rapazes da Juventude Hitlerista e homens idosos do *Volkssturm* ou da Home Guard, todos mal equipados. Os dois milhões de berlinenses que ainda tentavam fazer seu trabalho na cidade em ruínas brincaram: "Os russos vão levar exatamente duas horas e quinze minutos para capturar Berlim — duas horas dando gargalhadas e quinze minutos derrubando as barricadas".

Himmler e outros grandes nazistas então deixaram a cidade, mas Hitler se recusou a ir. Por um tempo, ele fingiu que a situação poderia ser revertida e emitiu uma enxurrada de ordens para seus exércitos inexistentes. Então, quando os soviéticos apertaram o cerco e 15 mil armas russas começaram a atingir a cidade, Hitler abandonou sua ilusão de estar no controle e anunciou que cometeria suicídio antes que os russos chegassem.

Enquanto as tropas soviéticas entravam na cidade, Hitler demitiu seu sucessor designado, Göring, por tentar assumir o controle, enquanto ele ainda estava vivo, e Himmler, por tentar hastear bandeiras de paz para os britânicos e os norte-americanos. O Grande Almirante Karl Dönitz foi nomeado seu novo sucessor. Foi então que chegou a notícia de que Mussolini estava morto. Capturado, quando tentava fugir para a Áustria em um uniforme alemão, ele foi executado junto com a amante, Claretta Petacci, em 28 de abril, e seus corpos foram pendurados de cabeça para baixo na Piazza Loreto, em Milão. Em 29 de abril, Hitler se casou com sua fiel amante Eva Braun. Ele ditou seu testamento pessoal e seu testamento político final, no dia seguinte. Naquela tarde, Hitler e sua esposa de um dia cometeram suicídio em seus aposentos particulares. Os corpos foram queimados em uma trincheira rasa nos Chancellery Gardens.

As tropas de Zhukov e de Konev estavam agora na cidade. No entanto, Konev foi ordenado a parar, com o objetivo de dar aos soldados de Zhukov a honra de hastear a Bandeira Vermelha sobre o Reichstag. A resultante popularidade de Zhukov foi rapidamente vista como uma ameaça por Stalin, que o baniu à obscuridade, em 1946.

Ainda havia bolsões de resistência na cidade, e aqueles que permaneceram no abrigo de Hitler tentaram negociar os termos de rendição. Os soviéticos não aceitariam nada além da rendição incondicional — que o General Weidling concedeu, em 2 de maio. A rendição das forças alemãs, no noroeste da Europa, foi assinada na sede do comando de Montgomery, em Lüneburg Heath, em 4 de maio. Outro documento de rendição, que abrangia todas as forças alemães remanescentes, foi assinado com mais cerimônia no centro de operações de Eisenhower, em Reims. E, à meia-noite, de 8 de maio de 1945, a guerra na Europa estava oficialmente terminada.

Não se sabe quantas pessoas morreram na Batalha de Berlim. As estimativas indicam que o número de alemães mortos chegou a 200 mil, e as baixas russas a 150 mil. As tropas soviéticas então iniciaram uma orgia de bebedeiras, saques e estupros. Estima-se que cerca de 100 mil mulheres tenham sido estupradas — muitas vezes em público — durante esse período em Berlim, e cerca de dois milhões em todo o território da Alemanha Oriental. Os russos muitas vezes atiravam em suas vítimas depois. Outras mulheres cometeram suicídio. Em um único distrito de Berlim, 215 suicídios femininos foram registrados em três semanas.

Em fevereiro de 1945, na conferência de Yalta, na Crimeia, foi acordado que Berlim seria dividida entre as quatro potências — Grã-Bretanha, França, Estados Unidos e União Soviética. Quando a Comissão de Controle das Quatro Potências chegou para assumir o controle, a orgia havia acabado. Quase imediatamente, a Guerra Fria começou. A parte da cidade que ficou nas mãos das potências ocidentais tornou-se Berlim Ocidental — um enclave da democracia e do capitalismo de livre mercado, fundada na região dominada pela União Soviética, que se estendia por uma centena de quilômetros a oeste da capital. Essa situação se manteve como um ponto de discórdia durante os próximos 55 anos, até a reunificação da Alemanha em 1990.

Dien Bien Phu
Uma Derrota Francesa

1954

Em Dien Bien Phu, um exército colonial francês com reforço norte-americano foi terminantemente derrotado por um exército local vietnamita. Durante séculos, os combatentes vietnamitas lutaram contra os chineses, e agora vinham para derrotar os norte-americanos.

A COLÔNIA FRANCESA DA INDOCHINA COMPREENDIA OS PAÍSES DO VIETNÃ, Camboja e Laos. Ela foi ocupada pelos japoneses, durante a Segunda Guerra Mundial, e ali os britânicos os renderam, em 1945. Os britânicos rearmaram os japoneses para manter a ordem até que a França pudesse enviar tropas, pois eles estavam ansiosos para restabelecer a legitimidade de suas próprias colônias no Extremo Oriente.

Contudo, havia um rival em busca do poder no Vietnã, que era o Viet Minh, um grupo comunista e nacionalista que lutara contra os japoneses com apoio norte-americano. No dia 2 de setembro de 1945, seu líder, Ho Chi Minh, proclamou a República Democrática do Vietnã. Começaram os diálogos com os colonialistas franceses, mas, ao se mostrarem infrutíferos, o Viet Minh começou um combate de guerrilha com a intenção de libertar o Vietnã do domínio francês.

A guerra continuou de forma inconclusa pelos oito anos seguintes. Nesse período, os franceses conseguiram manter o controle da maior parte da região sul do país, enquanto o Viet Minh permanecia nas áreas rurais do norte. Em 1953, a Guerra da Coreia chegava ao fim. Isso permitiu que os chineses realocassem grandes quantidades de armas para os seus camaradas comunistas no Vietnã. Agora bem equipado, o Exército Vermelho do Viet Minh, sob o comando do general Vo Nguyen Giap, rapidamente dobrou de tamanho. Os franceses os trataram como um bando de camponeses atrasados, mas Giap acabaria mostrando que ele tinha criado um exército bem armado e disciplinado.

Naquele mesmo ano, o general Henri Navarre foi indicado como o novo comandante-chefe francês no Vietnã. Determinado a resolver o impasse, Navarre adotou uma nova estratégia. Ele atrairia as guerrilhas para fora das fortificações na selva e então lançaria Giap numa batalha campal, ocasião em que o derrotaria.

O lugar escolhido para essa batalha foi um pequeno vale no noroeste do Vietnã, que tinha uma pequena vila chamada Dien Bien Phu. Ficava a 241 quilômetros de Hanói, apenas 40 quilômetros da fronteira com Laos e a 120 quilômetros da fronteira chinesa, ao norte. O local da batalha ficava bem no meio do território Viet Minh. Uma ação de sucesso efetivamente dividiria o território do inimigo em dois, isolando-o de suas rotas de fornecimento através do Laos e da China. A vila era rodeada por terreno aberto, por isso as guerrilhas seriam forçadas a usar o armamento convencional. Dien Bien Phu também era um bom lugar do ponto de vista logístico. Ela possuía ligações com Sam Neua, a base francesa no Laos, e com a guarnição francesa em Lai Chau, no Rio Song Da, no norte, além de ter sua própria pista de pouso.

Se as guerrilhas não chegassem a Dien Bien Phu, os franceses estariam em uma boa posição para enviar as patrulhas às áreas em volta. De qualquer modo, o Viet Minh estaria acabado se Navarro conseguisse tomar o noroeste vietnamita das guerrilhas.

Na manhã de 20 de novembro de 1953, sessenta e seis Dakotas C-47 lançaram três batalhões de paraquedistas franceses e vietnamitas coloniais sobre Dien Bien Phu. Eram soldados experientes de guerra que tinham presenciado a ação na Indochina e na Segunda Guerra Mundial. No entanto, eles logo se viram em problemas. Os soldados Viet Minh do 149º Regimento realizavam treinamentos no vale, naquele momento. Eles correram para suas posições de defesa e enfrentaram o 6º Batalhão de Paraquedistas Coloniais enquanto esses ainda estavam no ar. Quando pousaram, eles descobriram que estavam em combate total pela zona de lançamento de paraquedas. A luta ficou ainda mais intensa porque não conseguiram encontrar as metralhadoras, morteiros e outros armamentos pesados que foram lançados com eles. Pouquíssimos rádios também sobreviveram à queda e, portanto, as comunicações tinham de ser feitas por mensageiros.

O 2º Batalhão do Regimento de Caçadores Paraquedistas não serviu de muita ajuda ao pousarem no sul. Eles ficaram espalhados e levaram muitas horas para se reagruparem em unidades de combate. Entretanto, o 6º Batalhão de Coloniais conseguiu forçar as guerrilhas de volta à vila e obrigá-los a aparecer. O 1º Batalhão Colonial ajudou a limpar as áreas de forte resistência, depois de saltarem às 15h. Enquanto isso, a principal força Viet Minh escapou de forma organizada, levando os aldeões com eles. Após essa ação, havia treze franceses mortos e quarenta feridos.

O 8º Batalhão Vietnamita de Paraquedistas e o 1º Batalhão de Paraquedistas da Legião Estrangeira foram lançados no dia seguinte. Com eles vieram o comandante-chefe dos batalhões paraquedistas, Coronel Pierre Charles Langlais, que quebrou a perna ao pousar, e o Brigadeiro-General Jean Gilles, que tomaria o controle de toda a operação.

Em 22 de novembro, havia quatro mil e quinhentas tropas francesas no chão, em Dien Bien Phu. Muitos estavam sem equipamentos, que foram espalhados pelo vale ao serem lançados dos aviões. Os engenheiros então começaram a construir fortificações, mas o Viet Minh rapidamente cortou todos os acessos a Dien Bien Phu. Estimava-se que os engenheiros precisassem de trinta e seis mil toneladas de materiais e equipamentos para reforçar a base. Isso agora precisava ser fornecido pelo ar.

Seriam necessários doze mil voos para carregar todo aquele material em aeronaves de transportes C-47. Embora os Estados Unidos tivessem enviado grandes transportadores C-119, a tarefa ainda parecia ser impossível. No total, os engenheiros apenas receberam quatro mil toneladas, incluindo três mil toneladas de arame farpado, apenas 11% do que foi solicitado. Os franceses enviaram missões de reconhecimento em grande número, na tentativa de fazer contato com suas forças, no Laos. Quando isso falhou, eles se restringiram a patrulhar a área ao redor. Raramente faziam contato, embora houvesse provas das atividades do Viet Minh. Giap quis evitar qualquer enfrentamento até estar bem preparado.

Ele sabia que teria de cercar o forte, em Dien Bien Phu, com número superior se quisesse derrotar os franceses. Giap calculou que precisaria de apenas cinco mil e quinhentas tropas para fechar o vale. Esses homens tinham de ser fornecidos. Os veículos pesados estavam disponíveis, mas as estradas poderiam ficar intransitáveis pelas chuvas das monções ou destruídas pelos bombardeios franceses. Assim sendo, ele montou linhas de fornecimento que dependiam de mulas, bicicletas e carregadores humanos.

As posições francesas se carregaram com 24 howitzers 150 mm, quatro howitzers 155 mm, 32 morteiros pesados e poder de fogo de dez tanques M-24, que vieram pelo ar, em partes. Esse era todo o poder de fogo de que eles precisavam, pois estavam confiantes que seria impossível para o Viet Minh trazer peças de artilharia para o terreno acidentado. O Coronel Piroth, comandante das baterias de artilharia, em Dien Bien Phu, apostou sua reputação ostentando que, no caso improvável de aparecer uma artilharia inimiga, ele a silenciaria antes que três séries de tiros fossem disparadas.

Contudo, os franceses não contaram com a habilidade de organização de Giap e a determinação do Viet Minh. Através de selvas e sobre as montanhas, eles con-

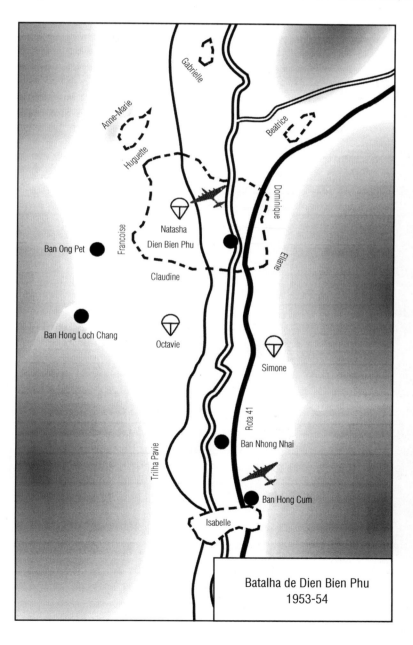

Batalha de Dien Bien Phu
1953-54

seguiram deslocar manualmente 140 howitzers de campo, entre 70 e 80 canhões sem recuo, 50 morteiros pesados, 36 armas antiaéreas leves e doze lançadores de foguetes Katyusha, do tipo usado na batalha de Berlim.

Em vez de se concentrarem em seus próprios problemas de logística, os franceses usaram sua aeronave de transporte para trazer delegações britânicas e norte-americanas de alta patente para a área, na esperança de ganhar o apoio de seus governos. Embora os franceses se evadissem das perguntas delicadas dos militares, o vice-presidente norte-americano Richard Nixon, que visitou a base, ficou impressionado. A Guerra Fria estava no seu auge, e os Estados Unidos queriam ver os franceses derrotarem a ameaça comunista no sudoeste da Ásia.

Em um esforço de isolar Dien Bien Phu, o Viet Minh enviou sua 316ª Divisão contra Lai Chau. Os franceses foram forçados a transportar a guarnição pelo ar. Com a falta de transporte aéreo necessário, dois mil soldados ficaram para trás para fazer a longa caminhada de quase dez quilômetros até Dien Bien Phu. Somente 175 homens chegaram ao destino, nenhum deles com patente de oficial.

O Viet Minh já tinha vencido a batalha da logística em Dien Bien Phu. Se os aviões franceses não pudessem aterrissar por causa do mau tempo ou fogo antiaéreo, a guarnição deveria se virar sozinha. Os franceses também tinham perdido a batalha da inteligência. Restritos ao vale, eles não faziam ideia de contra quem estavam combatendo. As posições Viet Minh estavam bem camufladas. Concentrações de soldados, nos montes em volta, eram escondidas pela folhagem da selva e o Viet Minh havia colocado bonecos para confundir ainda mais o cenário.

Por outro lado, os observadores Viet Minh conseguiam olhar para baixo, de cima dos montes, e observar como os franceses preparavam suas defesas. Quando a batalha começou, os homens de Giap tinham mapas precisos que mostravam cada detalhe da fortaleza francesa e do posicionamento estratégico das tropas. O Viet Minh também tinha a vantagem de lutar em seu próprio território.

Além de possuir mais armas, o Viet Minh excedia os adversários em oito homens por um. Uma vantagem adicional era que metade da guarnição francesa era composta de tropas coloniais do sul do Vietnã, fáceis de desmoralizar e que desertaram quando a marcha ficou mais dura.

As defesas francesas consistiam de uma série de pontos fortes entrelaçados e fortificados, aos quais foram dados – como era esperado – nomes femininos. Claudine, Elaine, Dominique, Huguette e Françoise circundavam a pista de decolagem e a vila. Anne-Marie protegia o noroeste; Gabrielle defendia a estrada para o norte, cerca de três quilômetros para fora; Beatrice ficava na Rota 41 para o nordeste; e a 6,5 quilômetros ao sul ficava Isabelle. Essa era uma área de segurança para onde os franceses poderiam escapar, caso perdessem o complexo principal. Ela guardava a passagem para fora da vila, ao sul, e tinha sua própria pista de decolagem improvisada.

No final, os franceses tinham seis mil e quinhentos homens, em Dien Bien Phu. Eles eram apoiados por uma quantidade de bombardeiros combatentes que saíam do aeroporto principal. Contra eles, Giap reuniu cinco divisões, uma das quais era composta inteiramente por artilheiros e engenheiros. O cerco a Dien Bien Phu agora estava a caminho.

O Viet Minh começou a lançar as ações de guerrilha para perturbar os adversários. Elas custavam muito aos franceses: entre novembro de 1953 e o final de fevereiro de 1954, eles perderam o equivalente a um batalhão. Embora garantissem a recuperação total aos treze batalhões que defendiam Dien Bien Phu, as baixas falaram mais alto. Essas ações perturbadoras também custaram munições. Por causa da situação logística, o quartel-general francês em Hanói deu instruções para racionar a munição. Somente um número fixo de séries de tiros

Três batalhões de paraquedistas franceses enviados para tomar a cidade estratégica de Dien Bien Phu aterrissaram no local em que soldados vietnamitas realizavam treinamentos, com consequências desastrosas.

poderia ser feito por dia nos combates contra o inimigo. O Viet Minh não sofria tais restrições.

Conforme as perturbações aumentavam, os veteranos franceses se preparavam para um ataque completo. Os relatórios da inteligência mostravam que isso ocorreria na metade de março. Na noite de 12 de março, o Coronel Christian de Castries, sucessor do General Gilles, dava as instruções aos seus oficiais sobre o ataque iminente. Naquele mesmo momento, o general Giap deu as ordens para um ataque total, às 17h do dia seguinte.

Os franceses localizaram movimentos de tropa ao redor de Gabrielle, ao norte, e Beatrice, ao nordeste, por volta de 13 de maio, mas ainda não estava claro de onde partiria o ataque Viet Minh. Tudo ficou em silêncio às 17h. A tensão era palpável. Contudo, os franceses começaram a achar que eles foram enganados sobre o ataque, conforme os minutos passavam. Então, às 17h14, bombas começaram a cair em Beatrice. Os homens do 3º Batalhão, a 13ª Semibrigada da Legião Estrangeira Francesa, que protegia o posto avançado, estavam sob ataque. A artilharia Viet Minh rapidamente destruiu as armas de 105 milímetros de Beatrice e derrotaram o posto de comando, matando o Coronel Gaucher. Então, dois regimentos da 312ª Divisão Viet Minh apareceram, a cerca de 180 metros, e marcaram o perímetro.

Às 21h, eles estavam dentro da área protegida com arame farpado e as outras baterias francesas tinham parado de atirar em apoio, pois temiam atingir seus próprios homens. A luta continuou até pouco depois da meia-noite, quando Beatrice ficou quieta. O único barulho que quebrava o silêncio era o de soldados franceses gritando para se identificarem, enquanto recuavam para o complexo principal. Menos de duzentos homens conseguiram chegar. Três quartos do batalhão foram exterminados em menos de sete horas.

Os franceses ficaram atordoados com a velocidade e a força do ataque. O Coronel de Castries ligou para Hanói requisitando mais homens e munições. Mas ele tinha um problema. Por causa da precisão da artilharia Viet iMnh, a pista de decolagem precisou ser fechada quando a aeronave de ataque não danificada partiu na manhã seguinte.

Mais tarde, naquele dia, o 5º Batalhão Vietnamita de Paraquedistas pousou. De Castries considerou a tentativa de retomar Beatrice do Viet Minh, mas as nuvens sobre o vale estavam muito baixas para o apoio aéreo.

Às 18h daquela tarde, o Viet Minh começou a bombardear Gabrielle. Dessa vez, dois regimentos atacaram, o 88º e o 165º Regimentos da 308ª Divisão de Elite Viet Minh. Era uma cópia idêntica do ataque em Beatrice. O posto avançado era defendido por um batalhão argelino, alguns legionários e oito morteiros pesados. Um forte combate corpo a corpo seguiu pela noite, mas pela manhã os franceses ainda mantinham Gabrielle. De Castries rapidamente contra-atacou com seis de seus dez tanques, duas companhias de legionários e um batalhão de vietnamitas. Um fogo devastador acabou com seu progresso, a cerca de novecentos metros de Gabrielle, mas eles conseguiram evacuar os 150 argelinos restantes, antes de recuarem.

Quando a situação foi reportada de volta a Hanói, os comandantes franceses não conseguiam crer que dois postos avançados fortemente armados e dois batalhões e meio foram perdidos, em apenas quarenta e oito horas. Além dos problemas da guarnição, o General Navarre, o comandante em Saigon, e o General Cogny, que acabara de assumir em Hanói, competiam entre si pelo comando.

O moral desmoronava em Dien Bien Phu. Depois de ver a maior parte de sua artilharia destruída, o Coronel Piroth, que se gabou dizendo que o Viet Minh nun-

Os vietnamitas atacavam em ondas, que eram reduzidas. Mas os franceses não esperavam que eles fossem capazes de levar sua artilharia sobre as montanhas até um local tão remoto.

ca faria mais do que três séries de tiros, retirou-se para o seu abrigo, onde cometeu suicídio com uma granada de mão.

Em 16 de março, mais tropas francesas foram transportadas pelo ar como um exercício para levantar o moral. Ao mesmo tempo, o 3º Batalhão Tailandês desertou Ann Marie, em massa, deixando o posto avançado abandonado. Alguns deles voltaram para casa e outros se esconderam ao longo do Rio Nam Noua, do outro lado de Beatrice, para assistir ao desfecho da batalha.

O Coronel de Castries compreendeu que estava pisando em terreno desconhecido. Em 24 de março, ele transferiu o comando efetivo ao Coronel Langlai e ao Major Bigeard, comandante do 6º Batalhão de Paraquedistas, permanecendo somente nominalmente em comando. Eles entenderam que a situação era desesperadora, mas sentiram que ainda poderiam salvar a guarnição se fizessem o Viet Minh pagar bastante caro.

Até então, os ataques do Viet Minh a Beatrice e Gabrielle tinham custado caro. Giap diminuiu o ritmo, porque esperava que pudesse lentamente sufocar a guarnição. Seus engenheiros começaram a cavar túneis sob as posições francesas, que foram preenchidos com altos explosivos.

O ataque Viet Minh parou, e, em 30 de março, Giap voltou à tática que lhe dera Beatrice e Gabrielle. Após um bombardeio de artilharia, as 312ª e 316ª Divisões atacaram Dominique e Elaine. Seguiram-se quatro dias de combate corpo a corpo, com as posições mudando de lado mais de uma vez. Os franceses atiraram mais de 13 mil séries de bombas de 105 milímetros em um dia, mas ainda assim falharam em expulsar o Viet Minh.

Depois de um hiato de dois dias, Giap enviou a 308ª Divisão contra Huguette. Era aqui que Bigeard havia concentrado seus homens. Eles se fixaram em Huguette e, ao final da ação, mais de oitocentos integrantes do Viet Minh foram encontrados pendurados na cerca de arame do perímetro. Os paraquedistas de Bigeard também conseguiram retomar um dos postos de Elaine, aumentando mais o moral. As forças de Giap agora estavam exaustas, e ele precisou do resto de abril para se reagrupar. Afinal, a guarnição francesa cercada por tropas não iria a nenhum lugar. No dia 1º de maio, eles tinham rações para apenas três dias e munição suficiente para uma última ação. Às 22h, Giap iniciou a ofensiva geral.

Pelos cinco dias seguintes, o Viet Minh tomou posição após posição, encolhendo o perímetro francês a cada dia. De alguma maneira, Langlais e Bigeard conseguiram manter as tropas coloniais argelina e vietnamita lutando ao lado de seus paraquedistas. No dia 6 de maio, uma aeronave francesa tentou dar apoio de solo, mas apenas conseguiu provocar mais baixas francesas. Mais tarde naquele dia, Giap usou seus lançadores de foguete Katyusha para acabar com o que restava do depósito de munição francês. Com isso, as tropas coloniais desertaram.

Não havia agora nenhum lugar para os franceses fazerem o último baluarte, enquanto Giap começava a detonar os explosivos nos túneis que os engenheiros Viet Minh cavaram, semanas antes. No dia 7 de maio, o Viet Minh invadiu. O Major Bigeard tentou um contra-ataque com duas companhias de paraquedistas e com o tanque remanescente. Contudo, Dien Bien Phu foi invadida naquela tarde. Isabelle se rendeu no dia seguinte. O cerco havia durado 56 dias. As forças francesas perderam duas mil tropas, cinco mil estavam feridos e sete mil foram feitos prisioneiros – desses, somente metade sobreviveria ao cativeiro. Os vietnamitas contaram oito mil mortes e quinze mil feridos.

Dien Bien Phu acabou com o poder colonial francês na Indochina. Enquanto a batalha tornava-se enfurecida, uma conferência de paz aconteceu em Genebra. Ficou decidido que o governo francês, no sul, e o Viet Minh, no norte, deveriam permanecer no local até que uma eleição unificasse o país. Os Estados Unidos garantiriam o acordo. Contudo, quando começou a ficar claro que os comunistas desejavam vencer quaisquer eleições, os Estados Unidos declararam que lá não existiriam eleições livres e justas. Eles estabeleceram um governo fantoche no sul e anunciaram que o norte e o sul do Vietnã deveriam permanecer divididos. Esses eventos prepararam o cenário para a guerra do Vietnã, que ocorreria onze anos mais tarde.

Leia também
visite nosso site *www.mbooks.com.br*

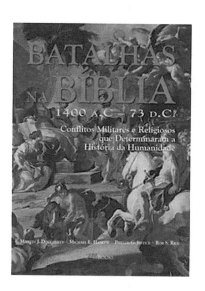

BATALHAS NA BÍBLIA
Martin J. Dougherty e outros

Importantes batalhas narradas na Bíblia, no Velho Testamento, são descritas neste livro, por meio de uma nova e surpreendente visão dos verdadeiros objetivos que levaram povos, reis e nações a digladiarem-se em busca de vitórias e conquistas. Este livro fartamente ilustrado apresenta, entre outras, as conquistas de Josué, as campanhas bem-sucedidas dos reis Saul e Davi, as vitórias de Judas Macabeu, a conquista de Judá pelos babilônios, o cerco de Jerusalém, as invasões assírias e a ocupação de todo o território bíblico pelos romanos. Inclui mapas das batalhas mostrando as disposições, os movimentos táticos e militares, além de um quadro de referência rápida com detalhes das datas, localizações, líderes envolvidos, número de combatentes, e resultados finais das batalhas e guerras.

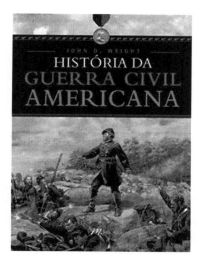

HISTÓRIA DA GUERRA CIVIL AMERICANA
John D. Wright

Este livro traz as mais importantes batalhas, os principais conflitos, os mais importantes eventos e a descrição histórica abrangente de um dos períodos mais sanguinários e controvertidos da América do Norte. Ricamente ilustrado com fotos de personagens que vivenciaram e fizeram a história. A Guerra Civil Americana foi um dos momentos históricos mais importantes na formação econômica e social de todo o mundo, notadamente nas Américas e na Europa, nos últimos três séculos. Este livro descreve toda a evolução do conflito e das consequências que a Guerra Civil promoveu. O texto é ricamente ilustrado, mostrando personagens importantes que marcaram a história americana.

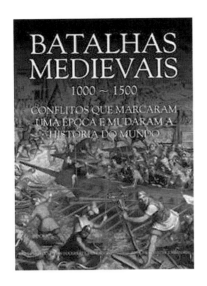

BATALHAS MEDIEVAIS
Phyllis G. Dickie e outros

Batalhas Medievais é um registro histórico dos principais conflitos da Idade Média e uma fonte essencial para todos os interessados em batalhas e táticas de guerras medievais. Começando com a Batalha de Hastings (1066), na qual a cavalaria de Guilherme da Normandia derrotou as forças saxônicas de Haroldo e finalizando com a Batalha de Brunkeberg (1471), em que uma milícia sueca derrotou um exército profissional moderno, liderado pelo rei dinamarquês Cristiano I. Cada batalha inclui uma introdução, uma descrição concisa da ação e uma análise das consequências. Inclui mapas coloridos, especialmente para ilustrar as disposições e a movimentação dos exércitos, e, – em um relance – o desenvolvimento da batalha.

ENCICLOPÉDIA DAS GUERRAS
Adrian Gilbert

Enciclopédia das Guerras traz um panorama da história remota e da recente, revelando o papel trágico, mas decisivo dos conflitos bélicos no destino das sociedades humanas. O livro combina, de forma diversificada, análises das principais guerras, de suas batalhas mais significativas e dos comandantes mais destacados da história. O sucesso na guerra pertence àqueles que possuem melhor treinamento, municiamento, organização do exército e liderança. Quando a combinação entre metas e meios é deficiente, mesmo as nações mais poderosas podem fracassar – como foi o caso dos Estados Unidos no Vietnã. Os cinco mil anos de guerra registrados aqui proporcionam um panorama fascinante e instrutivo da história da humanidade.

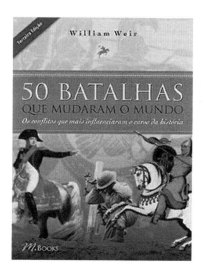

50 BATALHAS QUE MUDARAM O MUNDO
William Weir

Esta é uma das melhores obras já escritas sobre batalhas. As batalhas são listadas por ordem de importância desde 490 a.C. até a atualidade. Além das batalhas, que tiveram importância vital na formação cultural e geográfica dos povos e das nações, o livro analisa as razões e as consequências de cada conflito. A preservação da democracia, a prevenção contra anarquia, a promoção da ordem, as disputas religiosas e econômicas, e as conquistas de território são exemplos de justificativas ou razões para as batalhas. De acordo com William Weir, os critérios básicos para escolher a importância das batalhas que mudaram o mundo são: "o quão grande foi a mudança causada por uma batalha e quanto essa mudança nos afeta".

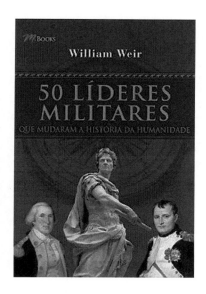

50 LÍDERES MILITARES
Que Mudaram a História da Humanidade
William Weir

Você vai ficar fascinado com as histórias, as proezas e o heroísmo de muitas figuras que pensava já conhecer, de Alexandre, o Grande, a Guilherme, o Conquistador, e de Simón Bolívar, a Mao Tsé-tung. E ficará intrigado com as vidas daqueles cujos nomes talvez nem reconheça. Alguns, como Gêngis Khan, foram brilhantes. Outros, como Ivan, o Terrível, foram, quando muito, generais medianos. Joana d'Arc é oficialmente uma santa enquanto, Adolf Hitler é universalmente considerado um monstro, Átila, o Huno, violentou, pilhou e matou brutalmente milhares, e Mao Tsé-tung matou milhões a mais até mesmo do que Hitler. Você talvez já saiba a história da maioria dos líderes relacionados neste livro.